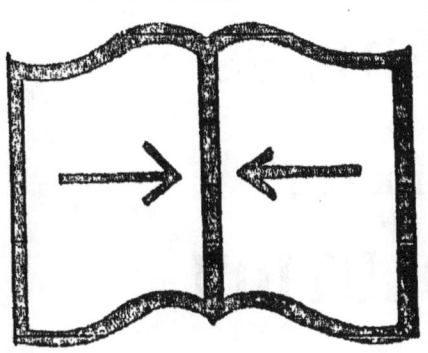

RELIURE SERREE
Absence de marges
intérieures

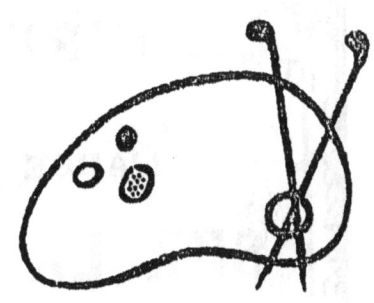

Début d'une série de documents
en couleur

Valable pour tout ou partie
du document reproduit

N° 10 — COLLECTION ARTHUR SAVAÈTE A 3 FRANCS 50

Politique et Littérature, Arts, Sciences, Histoire, Philosophie et Religion.

ŒUVRES INÉDITES
DE
L'ABBÉ DE BONNEVAL
SUR LA RÉVOLUTION

PUBLIÉES PAR

L'ABBÉ EUGÈNE GRISELLE

CHANOINE HONORAIRE DE BEAUVAIS
DOCTEUR ÈS LETTRES
LAURÉAT DE L'ACADÉMIE FRANÇAISE

PARIS
ARTHUR SAVAÈTE, ÉDITEUR
76, RUE DES SAINTS-PÈRES, 76

Tous droits réservés.

ARTHUR SAVAÈTE, ÉDITEUR, 76, RUE DES SAINTS-PÈRES, PARIS

NOTRE-DAME DE LOURDES

PAR
H. LASSERRE

1 vol. in-12 de xii-664 pages, orné de 3 gravures. Prix : **3 fr. 50**
LE MÊME, 1 vol. in-8° illustré. Prix . . . . **3 fr. 50**
LE MÊME, 2ᵉ édition illustrée, ornée de 15 gravures, titre rouge et noir. 1 vol. grand in-8° de viii-355 pages. Prix . . . . **7 fr. 50**
LE MÊME, un beau vol. in-4° illustré d'encadrements variés à chaque page et de chromolithographies. Broché . . . . **25 fr.**
Relié percaline avec plaques spéciales, tranches dorées . . . . **30 fr.**
Relié dos chagrin, tranches et ornements dorés . . . . **35 fr.**

Les Épisodes miraculeux de Lourdes

Du même. In-12, br. Prix : **3 fr. 50**
LES MÊMES, 1 vol. grand in-8°, broché. Prix . . . . **7 fr. 50**
LES MÊMES (Édition artistique Palmé). Un beau vol. in-4° illustré par Yan'Dargent. Encadrements variés à chaque page et chromolithographie. Broché . . . . **25 fr.**
Relié percaline, plaques spéciales, tranches dorées . . . . . **30 fr.**
Relié dos chagrin, tranches et ornements dorés . . . . **35 fr.**
Relié amateur, dos et coins chagrin, tranche supérieure dorée . **35 fr.**

BERNADETTE, SŒUR MARIE-BERNARD

1 beau volume in-18 jésus de 630 pages, illustré de nombreuses gravures, quatorzième édition. Prix . . . . **3 fr.**
— Le même, un vol. in-8° illustré, broché . . . . **7 fr. 50**

MOIS DE MARIE DE N.-D. DE LOURDES

Abrégé de Notre-Dame de Lourdes, divisé en 31 lectures avec une prière spéciale à la fin de chaque lecture. 1 vol. in-18 jésus, 19 × 12. Prix . . . **2 fr.**

Nouveau Mois de Marie de Notre-Dame de Lourdes

Récents épisodes avec une prière spéciale après chaque lecture, faisant suite au Mois de Marie de Notre-Dame de Lourdes. 1 volume in-18 jésus, 19 × 12. Prix . . . . **2 fr.**

LE CAS DE M. HENRI LASSERRE
LOURDES et ROME
Par l'Abbé PAULIN-MONIQUET

1 vol. in-8° carré . . . . **2 fr.**

LES ORIGINES DE N.-D. DE LOURDES

Défense des Évêques de Tarbes et des Missionnaires de Lourdes, examen critique de divers écrits de M. H. Lasserre par l'Abbé PAULIN MONIQUET.
1 vol. in-12 de 500 . . . . **3 fr. 50**

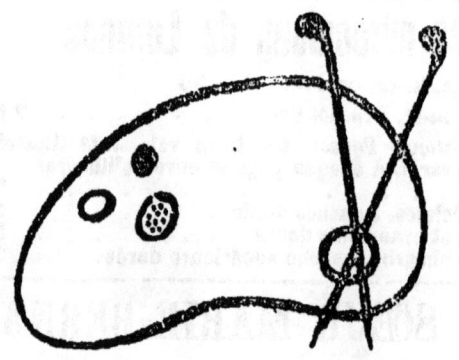

Fin d'une série de documents
en couleur

Œuvres inédites de l'Abbé de Bonneval

SUR LA RÉVOLUTION

N° 10 — COLLECTION ARTHUR SAVAÈTE A 3 FRANCS 50

Politique et Littérature, Arts, Sciences, Histoire, Philosophie et Religion.

ŒUVRES INÉDITES
DE
L'ABBÉ DE BONNEVAL
SUR LA RÉVOLUTION

PUBLIÉES PAR

L'Abbé Eugène GRISELLE

CHANOINE HONORAIRE DE BEAUVAIS
DOCTEUR ÈS LETTRES
LAURÉAT DE L'ACADÉMIE FRANÇAISE

PARIS
ARTHUR SAVAÈTE, ÉDITEUR
76, RUE DES SAINTS-PÈRES, 76

Tous droits réservés.

ŒUVRES INÉDITES DE L'ABBÉ DE BONNEVAL
SUR LA RÉVOLUTION

I

Mémoire sur la Constitution Civile du Clergé

L'auteur de ce *Mémoire*, l'abbé Sixte Ruffo de Bonneval, chanoine de Notre-Dame de Paris et député aux Etats-Généraux de 1789, mérite d'être mieux connu que par la notice sommaire et inexacte de Feller ou de Michaud. Cette biographie empruntée d'ailleurs à l'*Ami de la Religion* du mois d'août 1820, devra être complétée et corrigée. Mais ce travail, déjà promis depuis quelque temps [1], pourra être utilement entrepris qu'après la publication de quelques-unes des œuvres inédites de l'abbé Bonneval.

Qu'il me suffise, en attendant, de renvoyer aux lettres que j'ai déjà publiées de lui et qui le montrent, dans son exil de Vienne, dès l'année 1799, observateur singulièrement averti et juge sagace des événements politiques qui se déroulaient sous ses yeux. La lettre à Bonaparte a été remarquée à bon droit par un des meilleurs historiens de notre époque [2]. Le *Mémoire* qu'il adressa officieusement au cardinal Zelada en vue de combattre la pression que l'on faisait dans l'entourage de Louis XVI, pour obtenir de Rome

---
1. Voir *Bulletin du Bibliophile*, janvier 1907, p. 3, note 1.
2. *Ibid.* p. 15-22.

la sanction de la constitution civile du Clergé, le montre sous un autre jour, et il est une pièce instructive sur l'état des esprits en France à cette époque. On pourrait lui donner pour titre : « La Crise intellectuelle en 1790 », mais mieux vaut le citer sans commentaire, sauf à en tirer des conclusions lorsque nous reprendrons la carrière trop oubliée de ce chanoine de Paris que les événements firent écrivain malgré lui.

Né à Aix en 1742 d'une famille originaire de la Calabre, fixée à Marseille, il fut, dès l'âge de dix-sept ans, chanoine de l'église de Paris. Elu député du Clergé aux Etats-Généraux de 1789, il engagea une lutte dont les phases seront intéressantes à étudier en détail. Après avoir écrit, outre un certain nombre de brochures politiques pour défendre les droits de l'Eglise, des *Lettres à ses commettants* pour se séparer nettement de l'Assemblée Constituante et renoncer à son mandat, il émigra en Allemagne. Son exil finit à Vienne avec sa vie le 1er mars 1820. C'est d'une des premières étapes de son séjour à l'étranger, que fut écrit, le 15 décembre 1790, à OEttingen [1], en Souabe, le Mémoire que nous transcrivons sur l'autographe conservé à la bibliothèque Mazarine [2], accompagné d'une lettre au cardinal Zelada. Ces documents sont importants pour l'histoire de l'Eglise de France.

OBSERVATIONS SOMMAIRES
ADRESSÉES A LA COUR DE ROME SUR LES ENTREPRISES DE L'ASSEMBLÉE DITE NATIONALE CONTRE LA RELIGION CATHOLIQUE EN FRANCE.
(15 Décembre 1790).

Peut-être qu'en mettant au net le brouillon qui contenait ces observations, il y a été fait quelques petits changements, ou additions ; mais le fond est le même que ce qui a été envoyé à S. E. le Cardinal Zelada.

---

1. On notera sa façon d'écrire le mot, égaré qu'il fut par la prononciation, il date sa lettre : à *Detzingen*, au lieu de mettre OEttingen.

2. Bibliothèque Mazarine, n° 1200. Le manuscrit est intitulé : *Cinq Mémoires de l'abbé de Bonneval (Ruffo de) sur les affaires de la religion catholique en France*, 1790-1814. Nous donnons aujourd'hui le premier.

L'Assemblée dite Nationale a rendu, le 27 novembre dernier, un décret qui ordonne l'exécution de la nouvelle prétendue Constitution du Clergé, sans attendre la décision de la Cour de Rome, et qui prononce la destitution et d'autres peines contre les Archevêques, Evêques, membres des Chapitres, Curés et tout ecclésiastique ou employé à quelque fonction dans l'Eglise, qui refuseront de se soumettre à cette monstrueuse Constitution appelée constitution civile du Clergé.

Dans tout autre temps que celui où nous sommes, une entreprise aussi impie qu'audacieuse soulèveroit le peuple et réveilleroit en lui son antique attachement à la religion catholique. L'invincible résistance que tout le corps du Clergé tant séculier que régulier, y opposeroit, fortifieroit la sienne; et animé par cet exemple, il réclameroit à grands cris l'intègre conservation de la religion de ses pères, de ses règles et de sa discipline.

Mais on ne peut pas se dissimuler qu'une longue suite d'enseignements philosophiques qui malheureusement ont été tolérés en France depuis près d'un siècle, n'a que trop agi sur les esprits et sur les cœurs, jusques dans le sein des campagnes, et même, on rougit de le dire, jusques sur quelques portions du sanctuaire et des cloîtres : en sorte qu'on peut craindre sans exagérer les dangers du moment, que si le Souverain Pontife n'employoit pas toute la force de ses armes spirituelles contre ce torrent d'innovations, afin d'arrêter ses ravages, et que si jamais il usoit de quelque condescendance envers les attentats de ces hardis novateurs, leur audace n'entraînât dans une partie du Clergé françois, des défections qui, de quelque espèce et en quelque nombre qu'elles fussent, seroient une grande plaie pour la religion catholique, pour l'Eglise et pour la France [1].

1. Les défections ont été bien moins nombreuses qu'on ne l'eût pu craindre. Je citerai, à ce propos, une correspondance privée du 16 septembre 1780, que me communique M. Marius Sepet (n. a. fr. 4382, p. 3161) dans laquelle on écrivait de Paris, à propos de l'assemblée du Clergé : « M. de Maurepas, le Clergé, le Ministre de la feuille et le Directeur général disent *Amen* au plan touchant la réforme des économats. C'est

Il importe essentiellement de bien connoître quelle est la nature et le but de ce qu'on appelle en France la révolution. La philosophie (*sic* pour *le philosophisme*) moderne la prêche et la prépare depuis trente ans. Il l'exécute aujourd'hui. L'anéantissement de la religion catholique et de la royauté est la fin qu'il se propose.

Les diverses sectes philosophiques qui depuis longtemps conspirent à corrompre l'opinion publique, quoique divisées en apparence, s'accordent toutes sur un point qui leur sert de base commune, sur la destruction de toutes les religions, de tous les gouvernements, de toutes les institutions qui se sont établies sur la terre. Les Encyclopédistes à la tête desquels étoit leur patriarche Voltaire, ont commencé par introduire un pyrrhonisme universel. Contents d'avoir ébranlé et même renversé tous les principes, ils n'ont rien mis à la place. C'est ce qui les a fait appeler *Riennistes*.

Jean-Jacques Rousseau se sépara d'eux. Il leur déclara une guerre ouverte et fit sentir, avec toute la force de son éloquence, le vide affreux du *Riennisme*. Mais d'accord avec eux pour tout détruire et refaire tout à neuf, avide d'élever un monument à sa gloire, il produisit dans le monde un système non moins impie que le *Riennisme*, et si dépourvu de bon sens et de raison, si rempli de paradoxes et d'extravagances, qu'après quelques moments d'enthousiasme, le public ne tarda pas à s'en dégoûter.

Sur ces entrefaites sont survenus les philosophes économistes. Mettant à profit le pyrrhonisme inspiré par les Encyclopédistes et avertis par le discrédit où étaient tombées les idées extravagantes et contradictoires de Rousseau, ils ont débuté dans le monde, afin de ne pas prévenir contre eux, sous le masque de simples agronomes qui ne se pro-

---

l'archevêque d'Aix qui a fait le mémoire pour cette réforme ». « Le Clergé de France fourmille de grands hommes doués de l'esprit d'administration. Ils entendent toutes autres affaires, excepté celle de Dieu. » Ce propos sévère et chagrin du nouvelliste anonyme ne doit pas être généralisé sans discrétion, mais sa critique, pour excessive qu'elle était, mettait le doigt sur la plaie la plus vive.

posoient que d'apprendre aux hommes à tirer de plus grands produits de la terre. Leurs formes d'enseignement et leur bonhomie apparente, loin de mettre en garde contre eux, leur attirèrent une sorte de confiance. Peu à peu ils élevèrent le ton. Les promesses pompeuses dont ils flattèrent les Rois et les peuples, le soin qu'ils prirent de mettre à la portée du public ce qu'ils nommoient la « science », en l'enveloppant toutefois de formules mystérieuses, les secours que leur prêtèrent les Encyclopédistes qui, tout en se moquant de leur jargon et de leur doctrine énigmatique, se joignirent à eux pour égarer de plus en plus l'opinion publique, finirent par leur obtenir tant de succès, que les esprits, déjà ébranlés par le retentissement des idées philosophiques, furent subjugués.

Cette secte économiste a fait les plus grands progrès, non seulement en France, mais dans toute l'Europe, et s'il étoit possible de pénétrer dans les mystères des illuminés d'Allemagne, peut-être y trouveroit-on de grands rapports entre eux et les économistes. Ceux-ci, pour ne pas heurter de front les opinions établies et ne pas effaroucher au premier abord, parlent, dans leurs écrits, de Dieu, de l'Etre suprême, du Créateur, de la Providence, de la Religion; mais ces mots, dans leur langage énigmatique, ne sont que des déguisements. Ils ne signifient dans leur système que le grand ordre auquel ils attribuent l'unité, la nécessité, l'immutabilité, l'éternité et qui n'est, au fond, que la loi générale du mouvement et de l'enchaînement progressif des impulsions physiques qui mènent nécessairement tous les êtres à leur destination. Le besoin physique est, selon eux, le seul guide des hommes, le seul agent de leur perfectibilité, la seule règle du bien et du mal, du juste et de l'injuste, de l'honnête et du déshonnête. Ils sont purement, et dans toute la force du mot, matérialistes, c'est-à-dire athées, si tant est que l'homme puisse jamais l'être complètement. Mais l'adresse avec laquelle ils ont enveloppé leurs principes a caché au public ce qu'ils renferment de hideux et de révoltant. Ils n'en ont mis à découvert que les conséquences les plus éloignées, de manière que les esprits peu capables de réfléchir, et leur nombre n'est malheureusement que trop grand, ne pussent pas remonter à leur source. Leurs adeptes séduits sont devenus implicitement et peut-être sans s'en douter, aussi matérialistes qu'eux-mêmes.

C'est cette secte, à proprement parler, qui fait en France ce qu'on y appèle la révolution. Depuis la fin du règne de Louis quinze, et depuis le commencement de celui de Louis seize, elle s'est introduite à l'insçu de ces deux Rois toujours fortement attachés à la Religion catholique, dans le ministère. Afin de se donner plus de moyens, elle s'est associé dans son entreprise les protestants et les jansénistes, ainsi que tous les hommes perdus d'honneur, de dettes, de réputation, et renommés pour leur immoralité. On sait que les protestants, en général, ne sont aujourd'hui que de véritables sociniens. S'ils paroissent fortement attachés à la publicité de leur culte, ce n'est que pour rivaliser le culte catholique (sic) et l'anéantir en amenant une parfaite indifférence religieuse par la publicité de tous les cultes.

Quant aux jansénistes, depuis longtemps leur affinité avec les protestants est connue. Ils ont été, depuis qu'ils existent, les plus farouches ennemis du Clergé. C'est eux qui ont fait la nouvelle Constitution ecclésiastique à qui ils ont donné le nom de Constitution civile du Clergé. Elle est particulièrement l'ouvrage des avocats Camus et Martineau, et du conseiller Freteau, jansénistes reconnus. Le ministre protestant, Rabaud, de Saint-Etienne, y a également influé, ainsi que l'économiste Dupont de Nemours. Ces différents personnages sont députés à l'Assemblée dite Nationale.

On n'a pas osé attaquer la religion dans la religion même, dans ses dogmes et dans sa morale. Cette marche auroit été trop lente et auroit préparé une trop grande résistance de la part des peuples. On l'a attaquée dans ses ministres, dans la hiérarchie et la discipline de l'Eglise, dans les propriétés qui lui sont consacrées. On s'est couvert, dans toutes ces entreprises, du manteau hypocrite de la régularité, de la réforme et d'un grand respect pour la religion, dont les novateurs de tous les siècles ont toujours eu grand soin de se couvrir. Pour complaire aux Luthériens, aux Calvinistes, et familiariser le peuple avec l'idée de la diversité des cultes publics, on a refusé de déclarer la religion catholique, apostolique et romaine, loi de l'État, ainsi qu'elle l'a toujours été, et de lui assurer explicitement la publicité extérieure de son culte.

En mettant les ecclésiastiques aux gages de la Nation, par la voie des salaires, on s'est flatté et on a prévu que la surcharge qui en résultera pour le peuple, les lui rendra odieux, et que lui-même, pour alléger son fardeau, demandera bientôt une nouvelle réduction d'Évêchés et de Cures. Moins les établissements ecclésiastiques seront nombreux, plus l'exercice et la pratique de la religion catholique deviendront pénibles et difficiles. Le peuple s'en déshabituera peu à peu. Le petit nombre de ministres qui lui seront conservés dépendront de lui par les élections; et les mauvais choix qu'elles entraîneront nécessairement, les manœuvres scandaleuses dont elles seront précédées, accompagnées et suivies, accroîtront de plus en plus dans l'esprit des peuples, le discrédit de la religion catholique et de ses ministres. L'enseignement public leur sera bientôt enlevé par la nouvelle Constitution du Royaume. Ils ne constateront plus la naissance, les mariages et la mort des citoyens. Les magistrats les remplaceront dans ces différents actes civils que la piété et la loi avoient essentiellement liés avec la religion catholique qui, dans les vues des novateurs, ne doit plus être insensiblement qu'une affaire de pure spéculation délaissée au jugement et à l'inclination de chaque particulier. Le peuple perdra toute idée religieuse. Son intérêt pécuniaire lui fera demander l'abolition du culte catholique. Alors les philosophes économistes ne trouveront plus d'obstacle pour l'exécution de leur plan. Ils ont toute prête une religion purement agricole qui n'a aucun rapport avec Dieu, qui n'en a qu'avec ce qu'ils appellent la nature, et qui ne consiste que dans des fêtes civiques, établies pour célébrer les semences, les moissons, les vendanges et tous les travaux de l'agriculture. Aux saints que l'Eglise révère ils substituent ce qu'ils appellent leurs grands hommes, leurs maîtres, leurs philosophes déistes, matérialistes ou athées, les prétendus héros de la Révolution. Ils donneront cette religion aux peuples, parce que dans leur système politique, ils pensent qu'un simulacre religieux est nécessaire à une grande société civile.

Tel est le but que se propose manifestement, dans l'ordre de la religion, cette secte aujourd'hui dominante. Il n'y a qu'à examiner avec attention sa doctrine pour s'en convaincre. Ce n'est point ici l'époque de Luther, de Calvin, de Henri huit. Ces hérésiarques s'en tenaient à vouloir des changements sacrilèges dans le dogme, dans la foi, dans la hiérarchie, la doctrine, la discipline et les cérémonies de l'Eglise. Leurs erreurs, quelque grandes qu'elles étoient, ne partoient pas d'une incrédulité entière. Ils se séparoient de la communion catholique, ils ne renonçoient pas à être chrétiens et à reconnoître l'Evangile, quoiqu'ils s'arrogeassent le droit de l'interpréter à leur gré. C'est une secte qui dit dans son cœur, et qui bientôt dira hautement, dès qu'elle en trouvera le moment favorable : *Non est Deus*. Quel accommodement y a-t-il à faire avec elle ? Quel qu'il fût, il est évident que la moindre condescendance dont le Saint Père useroit avec elle, seroit une arme de plus à mettre entre ses mains. Elle en profiteroit avec audace ou avec adresse, pour accélérer l'exécution de ses desseins. Elle feroit valoir l'autorité du Souverain Pontife pour forcer le Clergé de se soumettre à l'ordre des choses qu'elle jugeroit à propos d'établir en le couvrant des formes les plus astucieuses. Elle se prévaudroit de cette autorité à laquelle elle ne croit pas, pour déguiser son impiété, qu'il est indispensable de mettre à découvert aux yeux des peuples, et elle ne tarderoit pas à l'employer à anéantir l'Eglise, par le ministère de son vénérable Chef lui-même et dans ses membres, afin de faire disparoître en France, insensiblement, jusqu'au moindre vestige de la religion catholique.

Le profond respect et la parfaite soumission du Clergé de France pour le Saint Siège ne se sont jamais démentis. Les liens qui l'unissent avec lui sont indissolubles. Mais indépendamment de ce que depuis son établissement, l'Eglise de France tient pour maxime certaine que tout ce que le Souverain Pontife feroit dans l'exercice des pouvoirs qu'il a reçus de Jésus-Christ même, sans observer les règles prescrites par les saints Canons, seroit nul, et que ses jugements ne sont irréformables que lorsqu'ils ont été adoptés publiquement ou tacitement par l'Eglise universelle assemblée ou dispersée, maxime dans laquelle elle a été confirmée par les décisions du saint Concile de Constance, son droit public ecclésiastique veut que rien de ce qui émane du Pape, hors du for intérieur, ne puisse être mis à exécution en France, qu'après y avoir été revêtu des formes établies par ses lois. C'est en cela que consiste ce qu'on appelle ses libertés, qui ne sont autre chose que l'observation des anciens Canons. Cette doctrine qu'elle a toujours conservée et constamment observée, était également celle de la vénérable Eglise d'Afrique, qui avoit aussi ses libertés et qui, ainsi que le fait l'Eglise de France depuis qu'elle existe, n'a jamais cessé de distinguer entre le Saint-Siège et la personne du Souverain Pontife.

Or, quelles seroient, dans les circonstances présentes, l'autorisation et les formes légales qui pourroient donner la force de loi aux changements que le Pape consentiroit? Seroit-ce du Roi qu'elles émaneroient? mais le Roi est captif; et, dans cette scandaleuse privation de la liberté, aucun acte de sa puissance suprême ne peut être ni valide ni reconnu. Seroit-ce de l'enrégistrement (*sic*) des grandes cours de justice? Mais elles n'existent plus. La révolution a étendu sur elles comme sur tout ce qui entroit dans la composition du gouvernement de la France sa faux destructive. Seroit-ce de l'Assemblée dite Nationale? Mais cette Assemblée est évidemment nulle, puisqu'elle n'a jamais été libre, et que de sa propre autorité, elle a dénaturé son titre et violé sa mission. Tous ses décrets sont frappés de la nullité radicale qui la frappe elle-même.

Si le Très Saint Père condescendoit en tout ou en partie à la suppression des Evêchés, des Chapitres, des Abbayes, des Ordres religieux de l'un et l'autre sexe, des vœux de religion, des cures, de tous les bénéfices de quelque espèce qu'ils soient; s'il ne s'élevoit pas de toute la force de ses pouvoirs contre les atteintes monstrueuses portées à la juridiction des Evêques par la nouvelle Constitution dite civile du Clergé, ou par d'autres Constitutions qui, suivant toute apparence, se succèderont dans le tumulte et avec rapidité, à quoi pourrait-on attribuer une si extraordinaire condescendance, sinon à la reconnoissance directe ou indirecte du faux et pernicieux principe de la souveraineté du peuple? Et il en résulteroit une conséquence immédiate, que la Cour de Rome sonneroit le tocsin de la révolte contre tous les Souverains légitimes, et appèleroit l'irruption populaire contre le trône pontifical lui-même.

On doit s'attendre que la totalité de la partie saine du Clergé qui heureusement est la plus nombreuse, ne souscriroit jamais à des mesures évidemment funestes en elles-mêmes et dans leur suite, si, à Dieu ne plaise, elles étoient prises par le Saint Père dans l'espoir de rétablir en France l'exercice public et paisible de la religion catholique. Evêques, Chapitres, Abbés, Ordres religieux, bénéficiers de toute espèce, universités, tout l'ordre ecclésiastique réclameroit contre la surprise qui auroit été faite au Pape, et la réclamation seroit inébranlable. Il ne pourroit pas arriver un plus grand malheur pour l'Eglise de France. Sa profonde affliction ne diminueroit en rien l'inviolable respect dont elle est pénétrée pour le Souverain Pontife. Mais les novateurs incrédules qui ne veulent que l'anéantissement de la religion de Jésus-Christ et celui des successeurs de saint Pierre ne manqueroient pas de se prévaloir d'un état de choses aussi déplorable, pour susciter et exercer la persécution la plus violente contre le Clergé françois et les bons catholiques. Déjà plusieurs ministres de la religion ont été massacrés; tous sont menacés.

La fermentation qui agite tous les esprits dans toute l'Europe, et qu'il est impossible de méconnoître, doit faire appréhender à Sa Sainteté que si elle cédoit en tout ou en partie aux violences de la Révolution françoise, les autres puissances ou les autres gouvernements catholiques ne voulussent tirer avantage de cette déférence inspirée par l'esprit de paix. Partout les biens consacrés à l'Eglise ont excité et exciteront toujours la cupidité. Les finances de presque tous les empires sont en souffrance aujourd'hui. Pour peu que les souverains fussent encouragés par le relâchement auquel le pape se prêteroit, pour la France, des règles prescrites par les saints Conciles, et, en dernier lieu, par le Concile de Trente, pour la conservation des biens ecclésiastiques, ne seroit-il pas à craindre qu'ils ne suivissent chez eux le même exemple d'invasion, et qu'ils ne tardassent pas à dépouiller leurs églises? Quel seroit le sort de la religion dans cette spoliation universelle? Son exercice cesseroit bientôt si l'entretien de ses établissements, de ses ministres, de son culte, étoit à la merci des trésors publics des nations. L'impôt par lequel on remplaceroit peut-être les propriétés ecclésiastiques deviendroit odieux et insupportable aux peuples, ou s'il continuoit à être payé, les gouvernements toujours prêts des besoins (sic) finiroient par s'en emparer pour l'appliquer à d'autres usages.

Ces différentes considérations auxquelles l'étude du tableau désolant que présente la France, dans ces temps de désastres, peut donner tous les développements que ne comporte pas ce mémoire abrégé, paroissent démontrer que la Cour de Rome ne sauroit, sans courir risque de tout perdre en France, se prêter à aucun accommodement avec ce qu'on appèle la Constitution civile du Clergé. Si elle composoit sur quelques uns de ces points, elle ne tarderoit pas à être forcée sur tous les autres. La persévérance du refus du Saint Père, motivée sur les règles fondamentales de l'Eglise, ne peut opérer que les meilleurs effets. Elle fortifiera les foibles, confirmera les forts, et consolera toutes les consciences affligées. Elle n'aggravera pas ce que la position actuelle du Clergé françois a de pénible et de périlleux. Elle est le seul secours que le Pape puisse donner dans ce moment en France à la religion catholique, à ses ministres, au Roi, à la nation entière, et le seul moyen de faire revenir le peuple des fausses impressions qu'on cherche à lui donner et de le ramener à ce qu'il doit être ; tandis qu'une condescendance quelconque pour les novateurs et leurs œuvres perverses, entraîneroit une multitude de maux publics et privés dont la religion catholique, ses ministres, le Roi et le peuple lui-même seroient infailliblement les victimes.

Les instances qui sont peut-être faites dans ce moment, au nom du Roi Louis seize par une suite de la violence manifeste dont il est assailli, en faveur de la soi disant Constitution civile du Clergé, ne peuvent être d'aucun poids auprès du Très Saint Père. Un Roi dans les fers ne produit aucun acte libre de sa volonté ; et tout acte obtenu par la force et la violence est, de droit et de fait, radicalement nul pour les Rois encore plus que pour les autres hommes.

LETTRE A S. E. LE CARDINAL ZELADA
SECRÉTAIRE D'ÉTAT DU SOUVERAIN PONTIFE
LE PAPE PIE VI [1].

MONSEIGNEUR,

Ma profonde vénération pour le Très Saint Père et pour le saint et auguste caractère dont il est revêtu, mon inaltérable

---

1. Cette lettre est partie pour Rome, avec les observations ci-dessus, le jour de sa date.

attachement à la religion catholique, apostolique et romaine et au Clergé de France, et ma constante fidélité envers le Roi Louis seize, mon légitime souverain, me font prendre la respectueuse liberté d'adresser à V. E. les observations ci-jointes. Elles ont été faites à la hâte et je sollicite pour elles votre indulgence. Daignez les lire et en faire l'usage que votre sagesse et votre prudence vous dicteront si vous jugez qu'elles puissent être de quelque utilité.

En ma qualité de député du Clergé de Paris aux Etats Généraux qui, de leur propre autorité, se sont donné le nom d'Assemblée Nationale, et d'où je me suis retiré au bout de plus d'une année de séance, dans la conviction intime que je ne pouvois plus y être utile à la religion, à l'Eglise, au Roi et à mes commettants, et que ma présence, quoique dans le parti de l'opposition, me faisoit en quelque manière participer à des opérations que ma conscience et mon mandat désavouent également, j'ai cru qu'il étoit de mon devoir de faire hommage à la Cour de Rome de quelques observations que je crois d'une haute importance dans la position lamentable où se trouve la France. Si V. E. les juge dignes d'être mises sous les yeux du Très Saint Père, je la supplie de me prosterner humblement à ses pieds.

J'aurois adressé ces observations à Monseigneur le Cardinal de Bernis, en le priant de les remettre à V. E., si je n'avois pas craint que, comme chargé des affaires du Roi auprès de Sa Sainteté, cet envoi de ma part ne pût l'embarrasser et le compromettre.

Je suis, avec le respect le plus sincère, Monseigneur, de Votre Eminence, le très humble et très obéissant serviteur.

Signé : l'abbé de BONNEVAL
Chanoine de l'église métropolitaine de Paris et député du Clergé de Paris aux Etats généraux de 1789.

A Detzingen en Souabe,
Commanderie de l'ordre de Malthe,
par Stutgart, ce 15 décembre 1790.

∗

Il ne semble pas que les différents historiens de la « Constitution civile du Clergé » aient connu ces pièces. Sans entreprendre ici d'en faire remarquer l'intérêt, car le texte lui-même n'en offre aucune obscurité, il est loisible cependant de souligner la valeur de ce tableau des progrès et des conséquences du « philosophisme », décrits par un contemporain certainement clairvoyant. Les positions gallicanes et l'espèce de mise en demeure adressée au Pape de ne pas souscrire à la Constitution civile, sous peine de n'être pas suivi, sont aussi un fait à noter. Enfin, on remarquera sans peine l'exposé des conséquences fiscales d'un impôt remplaçant le maintien des biens du Clergé et des inconvénients prévus du salariat projeté par la nouvelle Constitution. Nous verrons dans d'autres *Mémoires* du même auteur sa pensée sur les serments exigés des prêtres par la Révolution. Ces écrits, trop perdus de vue, reproduits tels quels, fourniront matière à des réflexions utiles. *Historia testis temporum.*

II

Mémoire contre les prêtres jureurs

Si nous voulions, après le *Mémoire sur la Constitution civile du Clergé*, présenté par l'abbé de Bonneval au cardinal Zelada [1], dépouiller la suite du recueil de ses œuvres inédites, nous serions rejetés jusqu'à l'année 1809. Il est donc préférable de laisser de côté la classification qu'il avait adoptée lui-même pour nous attacher plutôt à l'ordre chronologique. Avant d'étudier son rôle politique après le Concordat, nous exhumerons ses écrits contre la Révolution.

Celui qui va suivre, composé à Rome en octobre 1793, fut présenté à Pie VI, mais n'eut aucun succès, comme le constate la note additionnelle que l'auteur a inscrite après coup.

On n'en sera pas surpris à la lecture. Le document est suggestif et témoigne de l'état d'esprit de l'ancien député des Etats Généraux. Il fait partie d'une liasse de *Quatre Mémoires*, tous précieux pour l'histoire religieuse de la Révolution [2].

---

1. Voir plus haut, p. 1 à 14.
2. Biblioth. Mazarine, ms. 2035.
Quatre Mémoires de l'abbé de Bonneval sur les devoirs des Ecclésiastiques et l'administration des Diocèses de France.
Contre la prestation du Serment à la Constitution civile du Clergé, 1793, 1795, 1796.

OBSERVATIONS

Sur la conduite à tenir relativement aux curés et autres ecclésiastiques titulaires de bénéfices à charge d'âmes, ou ayant un service habituel à remplir dans les églises, qui ont prêté le serment prescrit par la prétendue constitution civile du clergé et qui ne l'ont pas rétracté dans les délais accordés par le Saint-Père.

Le retour à la religion commence à se manifester en France. Il est attesté par trop de faits et trop de témoignages pour pouvoir être révoqué en doute. Le moment marqué par la Providence divine pour la libération de ce malheureux royaume approche. Tout doit faire espérer qu'après avoir gémi pendant sept ans sous le féroce despotisme de l'incrédulité et du sacrilège, il respirera bientôt dans la pieuse et sage liberté de la foi et de la religion catholique. Plus ces heureuses espérances sont fondées, plus il est à désirer que Notre Saint Père le Pape, qui est par excellence le *sel de la terre*, fasse connoître aux Evêques et au Clergé français la conduite qu'ils auront à tenir pour réconcilier la France avec l'Eglise.

Parmi la multitude des questions qui ont été mises sous les yeux de la Congrégation de Nosseigneurs les Cardinaux chargés par le Souverain Pontife d'examiner ces diverses matières, il en est une de la plus grande importance, celle qui concerne les curés et autres ecclésiastiques titulaires de bénéfices à charge d'âmes, ou ayant un service habituel à remplir dans les églises, qui ont prêté le serment prescrit par la prétendue Constitution civile du Clergé et qui ne l'ont pas rétracté dans les délais accordés par le Saint Père.

Il est incontestable que ces hommes coupables qui, soit par l'esprit de révolte, soit par ambition, soit par foiblesse ont donné un si grand scandale et un exemple si funeste, ne peuvent pas conserver leurs places, sans exposer aux plus grands périls l'efficacité de leur ministère. L'Eglise, indulgente et miséricordieuse comme son divin fondateur, sollicite le retour des brebis égarées; elle leur rouvre avec le saint empressement de la charité, la porte du bercail, mais elle veut des réparations proportionnées à la faute. Les grâces qu'elle accorde pour le for intérieur ne la dispensent pas d'exiger des satisfactions extérieures. Elle ne perd jamais de vue les rapports intimes que les grands délits en matière publique ont nécessairement avec l'ordre public. Sa miséricorde toujours circonspecte et éclairée s'impose pour règle le saint amour qu'elle a pour lui. Or, rien ne troubleroit davantage cet ordre si nécessaire que la conservation des jureurs dans les places qu'ils occupent ou dans celles qu'ils occupoient.

Il n'est que deux moyens pour les leur faire quitter : ou leur destitution, ou leur démission. La première doit être prononcée par le droit, la seconde peut facilement s'opérer par le fait. Lequel de ces deux moyens est préférable et plus approprié aux circonstances présentes ? C'est ce que nous allons discuter brièvement : mais, avant d'entrer dans cette discussion, il est de notre devoir d'avertir de quelques-unes des dispositions de la législation française en matière publique ecclésiastique. Le clergé de France est trop respectueusement et trop fidèlement dévoué au Saint-Siège pour ne pas appréhender tout ce qui pourroit compromettre la suprême dignité du chef de l'Eglise.

Dire simplement ce qui est et ce qu'il n'est pas au pouvoir du clergé de changer n'est autre chose que déposer d'un fait.

Les limites des deux puissances ecclésiastique et civile sont parfaitement établies en France. Les tribunaux reconnoissent aujourd'hui tout le mal qu'ils ont fait en dépassant les bornes de celle dont l'exercice leur est confié. Mais dans l'accord du sacerdoce avec l'empire, il est de certains usages, propres à ce royaume, que le temps, la pratique et la législation ont tellement consolidés qu'ils ont acquis toute la force de la loi. Tel est celui qui veut que nul *rescrit* de la Cour de Rome en matière publique ecclésiastique ne reçoive son exécution en France que préalablement il n'ait été revêtu de lettres données par le Roi, vérifiées et enregistrées par les grands Tribu-

Études sur la Révolution.

naux. Cette disposition de la législation françoise tient à ce que la Religion catholique, apostolique et romaine étant loi de l'Etat, il importe que le Roi, qui est appelé en France l'Evêque du dehors, donne sa sanction, uniquement pour les effets civils, à tout ce qui appartient à l'ordre public ecclésiastique. Cette sanction elle-même est soumise à des formes que le Roi ne peut se dispenser d'observer. Elles consistent dans la vérification et l'enregistrement faits par les grandes cours de justice.

Le retour à ses anciennes lois est la conséquence nécessaire du rétablissement de la France. Il est presque impossible de concevoir qu'elle puisse se rétablir autrement. En effet, qui lui donneroit des lois nouvelles? Seroit-ce le Roi? Mais, quoique législateur suprême et unique, il n'auroit pas ce pouvoir, sans accomplir les formes usitées qui sont le pivot de la Constitution françoise. Seroit-ce la nation? Mais elle le pourroit encore moins, puisqu'elle n'a aucun droit actif à la législation. Seroient-ce le Roi et la nation réunis, dans ce sens que la nation demanderoit et que le Roi accorderoit? Mais il est évident que le moment actuel seroit peu favorable pour opérer entr'eux ce concert, et que pour y parvenir il faudroit calculer sur de grandes longueurs. Avant que de penser à changer ses lois, le gouvernement a besoin de se rétablir. Il ne le peut qu'en exécutant celles qui lui sont propres, et qui constituent son existence. C'est pourquoi le rétablissement du culte catholique dans ses principales dépendances et des tribunaux sera simultané en France avec celui de la monarchie, parce que nul ordre public, de quelque nature qu'il soit, ne peut avoir lieu sans une religion et ses ministres, sans des tribunaux et leurs magistrats. Il faut donc regarder comme certain qu'au moment où le Roi remontera sur son trône, les peuples catholiques recouvreront leurs pasteurs, la prière publique, ses cantiques, et les lois leurs organes. Les mêmes rapports et les mêmes liens qui existoient entre la magistrature spirituelle et la magistrature civile se retrouveront tels qu'ils étoient avant les désastres de la France, et c'est dans ce sistème, non seulement le seul vraisemblable, mais le seul possible, qu'il faut se placer pour préparer toutes les mesures qu'exigera le rétablissement du culte et du service religieux.

Il est facile de prévoir, d'après ces dispositions de la législation françoise en matière publique ecclésiastique, que si par une suite de l'inépuisable charité qui anime le Saint Père, il intervenoit sur les curés et autres ecclésiastiques jureurs, une décision qui, en se contentant de les suspendre de leurs fonctions, les conservât dans leurs places, elle seroit incontestablement vue de mauvais œil par les tribunaux, de quelque manière qu'elle fût modifiée. Ils ne manqueroient pas de dire aux Evêques : « Vous conservez dans des places qui intéressent essentiellement l'ordre public, des hommes coupables de félonie envers le Roi et la royauté, auteurs, fauteurs ou complices de la rébellion. Si leur état de suspense doit durer longtemps, pourquoi leur conserver leurs places? Ils y seront au moins inutiles. S'il ne doit pas avoir une longue durée, ils y seront dangereux. Dans l'un et l'autre cas, nous ne pouvons pas les laisser impunis. Nous allons les poursuivre avec toute la rigueur de la loi. » Par cela même, l'indulgence dont on useroit envers les jureurs leur deviendroit funeste, et de nouveaux débats s'élèveroient entre les magistrats et les Evêques dans un moment où pour le bien public l'union la plus intime doit s'établir entr'eux.

Bien loin de remédier aux maux actuels, la simple suspense des jureurs, si elle n'étoit suivie ni de la destitution ni de la démission ne feroit que multiplier les entraves et les embarras. Le premier besoin de la France, dès l'instant où la religion pourra y recouvrer son plein exercice, sera que les paroisses et les églises soient pourvues de pasteurs et de ministres qui puissent ramener le peuple au sentiment et à la pratique de ses devoirs. La suspense des jureurs ne faisant pas vaquer leurs titres, les patrons ne pourroient pas les remplacer. Les Evêques seroient obligés de s'en tenir à mettre des desservants à leur place, soit dans les cures, soit même en cas de besoin dans les églises. Ce moyen provisoire entraîneroit de graves inconvénients.

1º En laissant les jureurs en possession de leur titre, ils continueront à jouir des revenus de leur bénéfice, et ils en administreront le temporel, sauf à payer la pension du desservant. Cette administration leur conserveroit avec leurs paroissiens et leurs églises des relations qui ne pourroient être que très nuisibles.

2º La réintégration des propriétés ecclésiastiques devant être la suite du rétablissement de l'ordre en France, il faudra que chaque titulaire de bénéfice recherche et revendique ses propriétés dans les différentes mains où elles ont passé. Qui feroit cette recherche et revendication dans les paroisses et les églises des jureurs? Seroient-ce eux-mêmes? Mais quel crédit pourront avoir des hommes flétris par une censure humiliante? Le mépris qu'elle inspirera pour eux ne refroidiroit-il pas les détenteurs des biens sur le pénible sacrifice de la restitution? Seroit-ce le desservant? Mais n'étant pas en titre, il n'auroit ni qualité, ni intérêt à la chose.

3º Sous le rapport spirituel, on ne pourroit pas se flatter qu'un desservant revêtu d'une commission précaire, acquît assez de poids sur les esprits pour pouvoir faire tout le bien que les circonstances exigeront. Combien d'ecclésiastiques fidèles les Evêques et les patrons n'auront-ils pas à récompenser! Seroit-ce une récompense suffisante que de leur donner une simple place de desservant? Si les bénéfices ne vaquoient pas, et ils ne vaqueroient pas par la seule suspense, il en résulteroit que tous les prévaricateurs dans la classe des curés et des autres ecclésiastiques ayant un service habituel à remplir dans les églises, resteroient en titre, tandis que tous ceux qui, dans les classes inférieures, se sont montrés si fidèles, n'auroient qu'une existence incertaine, peu favorable à la considération et peu encourageante pour le zèle.

Il faut donc quelque chose de plus que la simple suspense. Il faut ou la destitution ou la démission. La première auroit des dangers dans ses suites et éprouveroit des difficultés dans son exécution. La seconde ne présente que des avantages, et les moyens de l'obtenir seroient faciles.

Le nombre des jureurs n'est malheureusement que trop grand. L'édification et l'utilité publique veulent qu'ils soient punis. Mais en même temps la charité et les besoins du culte veulent que leur punition soit telle, qu'après l'avoir subie et après avoir satisfait à tout ce que la réparation exige, ils puissent être retrouvés par l'Eglise et employés aux diverses fonctions qu'elle jugera à propos de leur confier de nouveau. La vigne du Seigneur a fait bien de pertes (sic), les ouvriers seront si rares qu'elle ne doit renoncer à aucun de ceux qui donneront des marques suffisantes de repentir. L'humiliation dans la pénitence intérieure ne sauroit aller trop loin, mais elle doit avoir ses bornes au dehors. Or celle à laquelle la destitution condamneroit les jureurs, ne seroit-elle pas trop forte? Ne les rendroit-elle peut-être pas irréconciliables avec leur propre estime et celle du public? Ne leur imprimeroit-elle pas une tache de diffamation très difficile à effacer, et qui les rendroit désormais presque incapables de remplir utilement aucune fonction publique dans le saint ministère? Tels seroient les dangers de la destitution.

Quant à son exécution, il faut observer qu'elle ne pourroit avoir lieu que par les moyens de droit, c'est-à-dire en conséquence d'une loi. Cette loi ne pourroit pas émaner du Roi seul, parce que l'écclésiastique et le civil seroient tellement mêlés dans cette cause, qu'elle exigeroit nécessairement, sous le rapport de la législation, le concours des deux puissances, celui de la spirituelle pour prononcer, celui de la temporelle pour exécuter.

Ce seroit donc au pape qu'il appartiendroit de décider cette question. Or, sa décision ne pourroit avoir force de loi et de chose jugée en France, qu'autant que le Bref qui la contiendroit seroit revêtu de lettres patentes données par le Roi, vérifiées et enrégistrées par les grands tribunaux. Si les Evêques vouloient le mettre à éxécution, avant que la formalité de la vérification et de l'enrégistrement fut remplie, les cours de justice s'opposeroient infailliblement à leurs jugemens de destitution. Elles ne manqueroient pas d'en revenir aux appels comme d'abus, et d'accueillir ceux qui seroient interjettés contre ces jugemens. Elles diroient que quoiqu'un Curé et un ecclésiastique ayant un service habituel à remplir dans une église, appartiennent essentiellement à la hiérarchie écclésiastique, on ne peut pas nier qu'il n'y ait quelque chose de civil dans leur état, et que nul François ne peut être destitué de son état civil en France en vertu d'une décision de la Cour de Rome. Ce n'est pas que nous pensions que les grands tribunaux se refuseroient à vérifier et enrégistrer les lettres patentes que le Roi donneroit pour l'exécution du Bref contenant la destitution des jureurs et qui seroient annexées à ce Bref, mais en général, les formes des tribunaux sont longues, quelquefois même trop scrupuleuses. Elles varient suivant le droit et les coutumes qui gouvernent les différents ressorts. Toutes ces formes ne multiplieroient-elles pas les longueurs et les embarras dans une affaire qu'on ne sauroit trop simplifier et dans des circonstances qui demanderont la plus grande promptitude d'expédition et le plus parfait accord de toutes les autorités? Ne vaudroit-il pas mieux, pour ne compromettre ni la dignité du Saint-Siège ni celle du Roi, ni la juridiction des Evêques, laisser le point de droit à part, et se contenter d'opérer par le fait l'équivalent de la destitution, en obtenant de chacun des jureurs leur démission?

Le Pape a déjà prononcé un grand jugement dans cette cause. Il a suspendu de toute fonction ecclésiastique ceux des jureurs qui n'auroient pas rétracté leur serment dans les délais que sa bonté paternelle leur a accordés. Il a en même temps donné aux Evêques tous les pouvoirs nécessaires pour les relever de cette suspense. Le Pape a donc jugé. La cause est finie pour tout ce qui concerne la primauté de juridiction du Saint-Siège. Tout le reste n'est qu'un fait de police momentanément propre à l'Eglise de France et qui ne regarde ni le dogme ni la foi ni la discipline universelle de l'Eglise.

Deux moyens se présentent naturellement pour faire donner aux jureurs leur démission. L'un dépend entièrement des Evêques, l'autre demande qu'ils s'accordent avec le procureur général du parlement de leur ressort. Ces deux moyens s'appuyent et se fortifient réciproquement. Le premier est puisé dans la suspense prononcée par le Souverain Pontife et dans la faculté qu'il a donnée aux Ordinaires d'en relever. Le second repose sur la volonté qu'on doit raisonnablement supposer aujourd'hui aux grands tribunaux de seconder la puissance spirituelle au lieu de la combattre et de concourir de tout leur pouvoir au rétablissement de l'ordre dans la partie ecclésiastique si essentielle sous le double rapport moral et politique.

En donnant aux Evêques la faculté de relever les jureurs de la suspense dont il les a frappés, Notre Saint Père le Pape n'a prescrit aucune condition. Les Evêques sont maîtres d'imposer celles qu'ils jugeront convenables. Ils pourront donc exiger de tout jureur qui demandera à être admis à la pénitence, la démission de son titre. Ceux qui reviendront de bonne foi et dont le repentir sera sincère, n'hésiteront pas à la donner. Ils s'estimeront trop heureux de pouvoir à ce prix mettre leur conscience en repos et être réconciliés avec l'Eglise. La règle commune de la pénitence est que les satisfactions qu'elle exige soient prises, autant qu'il se peut, dans la matière du péché. C'est ainsi que la pécheresse se punit elle-même dans sa sensualité et son goût pour la parure, en employant ses parfums à laver les pieds de Notre-Seigneur et ses cheveux à les essuyer. Les jureurs n'ont prêté le serment et n'y ont persévéré que pour conserver leur bénéfice. Il est donc juste qu'ils soient punis par la démission de ce titre qui a été la cause et le motif de leur chute. Quelques-uns d'eux trouveront-ils cette condition trop pénible et refuseront-ils de se démettre? Ce seroit alors que le second moyen viendroit puissamment au secours des Evêques. Voici en quoi il consiste.

Tout jureur qui ne se présenteroit pas à son Evêque pour être relevé de la censure, ou qui refuseroit de donner sa démission, seroit poursuivi par le promoteur du diocèse, lequel le préviendroit qu'en cas d'obstination de sa part, il appelleroit dans sa procédure le juge civil, afin de rendre l'instruction conjointe. L'intervention du juge civil seroit fondée sur ce qu'il n'y a pas un seul jureur qui, au délit commun, ne joigne quelque cas privilégié, dont la connoissance est toujours réservée au juge civil, quel que soit l'état des personnes. Le seul fait du serment qui se rapporte directement ou indirectement à la prétendue constitution de 1791 ou à la République [les rend] *a rendu les jureurs*[1] coupables du crime de lèse-royauté, cas privilégié qui est, sans doute, le plus grave. Leur conduite publique, la participation directe ou indirecte qu'ils ont eue aux massacres, aux brigandages, trop souvent même aux sacrilèges publics, les a également placés dans toute la rigueur de ces cas, dont la peine, lorsqu'ils sont aussi majeurs, est la mort. Quel seroit le jureur qui oseroit s'exposer à l'événement d'une procédure si redoutable ? S'il n'étoit pas effrayé par les peines canoniques que le juge ecclésiastique prononceroit, il n'est pas douteux qu'il ne le fut par la peine capitale que le juge civil ne pourroit pas se dispenser d'infliger. Cependant si, par hasard, il se trouvoit quelque audacieux qui persévérât obstinément dans son refus de se démettre, un seul exemple de sévérité fait sur lui avertiroit tellement tous les autres, qu'à coup sûr, aucun ne refuseroit sa démission.

Rien n'est plus facile pour chaque Evêque que de s'entendre sur ce point avec le procureur général du parlement de son ressort et les principaux magistrats. On ne peut pas mettre en doute que les principaux Tribunaux ne sentent aujourd'hui

---

1. Les mots imprimés entre crochets [ ] ont été barrés dans le manuscrit. Les *italiques* figurent les corrections mises en surcharge, remplaçant les mots supprimés.

combien ils ont eu tort et combien ils ont été imprudents en attaquant sans cesse la puissance ecclésiastique, au lieu de la soutenir de tous leurs moyens. Leurs malheurs communs avec ceux du clergé les réuniront aux Evêques. Ils seront flattés d'être appelés par eux à la réparation de tant de maux.

La renonciation, en apparence volontaire, que les jureurs feroient de leurs places, seroit un premier degré de pénitence expiatoire qu'ils auroient l'air de s'imposer. Elle mettroit leur vie à couvert, parce que les tribunaux satisfaits par la justice qu'ils feroient d'eux-mêmes, en donnant leur démission ne les rechercheroient plus pour le crime de leur serment et pour tous ceux qui l'ont accompagné ou qui en ont été la suite. Elle disposeroit le public à oublier leurs égaremens et à les réhabiliter un jour dans son estime et sa confiance. Elle laisseroit aux Evêques et aux patrons bien plus de liberté pour les employer dans de nouvelles places, lorsqu'ils auroient donné des preuves suffisantes de repentir, que ne pourroit le faire une destitution légale, qui imprime une tache publique. Les Evêques auroient toujours la ressource si précieuse pour eux d'ouvrir les bras de la miséricorde en faveur de ces hommes coupables. Après leur avoir fait subir telles épreuves qu'ils jugeroient à propos, ils pourroient les restituer au service de l'Eglise, et tant de sujets, dont plusieurs peuvent encore lui être utiles, ne seroient pas entièrement perdus pour elle.

C'est ainsi que la démission des jureurs conduiroit promptement et facilement les Evêques et les patrons au but qu'ils peuvent se proposer, par les moyens les plus paisibles, les moins humiliants pour la réparation, et par cela même les plus conformes à la charité. Enfin *elle* les mettrait à portée d'effectuer, dès que l'ordre seroit protégé en France, les récompenses dues aux ecclésiastiques fidèles qui, en résistant à toutes les tentations et en souffrant pour la foi, ont si bien mérité de l'Eglise, et ont acquis les plus beaux titres de recommandation auprès d'elle. Ce dernier avantage est incontestablement d'un grand poids.

Rome, Octobre 1793.

Ce Mémoire fut communiqué par M. le Cardinal de Bernis au Cardinal Campanelli, dataire, qui le remit au Pape Pie VI.

« Je ne tardois pas à m'appercevoir qu'il avoit déplu particulierement au Saint Pere et je ne pus attribuer cette defaveur qu'à l'emploi que j'avois fait de l'intervention des parlemens pour pacifier cette grande affaire d'une manière paisible et sans s'exposer à de violentes contradictions. »

La défaveur que rencontra le projet de l'abbé de Bonneval tient-elle seulement à cette étrange immixtion du rôle parlementaire que signale sa note? Sans entrer dans la discussion de son mémoire à qui son caractère historique suffit amplement, il est permis d'en relever la conception curieuse et impolitique. Il ne devait pas plaire à Rome de voir aggraver par cette *condition* préalable cette peine de suspense qu'elle avait portée. Au reste nous verrons mieux se dessiner le caractère et le tour d'esprit de l'abbé de Bonneval dans les autres écrits relatifs à la question du serment.

III

Deux Traités contre le Serment de 1795

Les deux *Traités* ou *Mémoires* qui, dans le dossier d'où nous avons extrait le Projet de l'abbé de Bonneval contre les prêtres jureurs font suite à ce travail si froidement accueilli par Pie VI, se rapportent aussi à la question des serments exigés des prêtres par la Révolution. Sans doute, comme le prouve l'*Avertissement* écrit par l'auteur, ils furent destinés, du moins plus tard, à l'impression et revus pour cet objet. Restés inédits, — ou du moins nous n'avons pu trouver trace de leur publication — ils nous livrent la pensée de l'ancien député des Etats Généraux de 1789, sur cette matière du serment, une des plus débattues à cette époque. Sans la discuter ici en détail, nous lui laisserons de nouveau la parole, sauf à recueillir ensuite les renseignements historiques qui se dégagent de cette œuvre vécue, instructive pour faire mieux connaître cette époque si troublée, à peine révélée encore, malgré les recherches déjà entreprises et pleinement à l'ordre du jour.

POINT DE SERMENT
A LA PRÉTENDUE RÉPUBLIQUE
— (Avril 1795) —

AVERTISSEMENT

Peut-on preter serment à un soi disant Gouvernement acuelement usurpateur, manifestement impie et essentielement énnemi de tout Ordre? Peut on promettre d'etre soumis et d'obéir à ses loix? Telles sont les questions traitées dans ces deux ouvrages. Elles se rapportent à la religion et à la politique. Car s'il est vrai que la religion commande la justice et le bon ordre, il n'est pas moins vrai que la saine politique ne trouve ses moyens durables que dans la religion.

L'ouvrage qui a pour titre *Point de serment à la prétendue république* fut composé au moment où la question de ce serment s'éleva; c'est à dire avant que les decrets du 30 may et du 28 septembre 1795 eussent été rendus par la Convention. La crainte de donner lieu à une discussion polémique sur une matière que les circonstances ne rendoient que trop critique, empecha de le publier à cette époque. Le jeune Roi Louis dix sept vivoit encore, et que n'avoit on pas à redouter de ces hommes qui ont appris à l'univers combien peu l'innocence même de l'enfance étoit à l'abri de leurs fureurs sanguinaires et regicides!

La question de la soumission aux loix de la république s'est elevée après que les decrets du 30 may et du 28 septembre ont été connus. Elle est traitée dans le second ouvrage qui a pour titre *De l'acte de soumission aux loix de la republique*.

Les personnes qui prennent interêt à l'une et à l'autre de ces questions voudront bien observer que quoiqu'il ne s'agisse plus aujourd'hui du serment, l'ouvrage dont il est l'objet renferme les principes qui sont applicables à l'acte de soumission. Les mêmes raisons qui combattent contre le serment, combattent également contre cet acte. Le second ouvrage n'etant que le developpement du premier, on les a fait imprimer ensemble. On auroit desiré qu'ils le fussent plutôt; mais qui ne connoit toutes les difficultes *et même les trahisons* de ces temps malheureux?.

POINT DE SERMENT
A LA PRÉTENDUE RÉPUBLIQUE
(Avril 1795)

*Qui ergo jurat in altari, jurat in eo
et omnibus quæ super illud sunt.*
(St MATH. chap. 23.)

Les pretres appelés fonctionnaires publics, condamnés à la déportation pour avoir été réfractaires au serment ordonné par la Constitution civile du Clergé, doivent-ils en préter un quelconque à la prétendue république françoise, par lequel ils la reconnoîtroient et s'engageroient à la maintenir, en supposant que la loi qui, dit-on, doit révoquer celle de la déportation, les obligeât de prêter ce serment quelconque, et qu'il ne renfermât aucune clause contraire à la religion catholique? Le suprême interêt de la religion leur imposeroit-il le devoir de souscrire à cette condition exigée pour qu'il leur fût permis de retourner auprès de leurs peuples, en éloignant toutefois du serment tout ce qui pourroit blesser une conscience chretienne?

Il suffit pour résoudre cette question qui s'élève aujourd'hui, de prouver 1º qu'il seroit presque impossible d'écarter d'un serment quelconque à la prétendue république tout ce qui pourroit etre contraire à la foi catholique et blesser une conscience chrétienne; 2º que dans l'etat actuel des choses les effets de ce serment seroient bien différents de ceux qu'on se proposeroit, et qu'il ne s'accorderoit ni avec les besoins de la religion, ni avec ceux de la politique; 3º que tous les devoirs du clergé s'opposent à la prestation de ce serment.

Si nous parvenons à prouver ces trois propositions nous aurons, ce nous semble, démontré que le serment dont il s'agit ne doit pas être fait.

Avant de procéder à cette preuve nous observerons qu'un

serment en matiere politique doit se rapporter à un etat de choses vraisemblablement durable, c'est à dire dont la durée supposée n'implique pas contradiction, sans quoi il sortiroit de la gravité qui lui appartient et il ne seroit qu'une indécente dérision. Or il est manifeste que tous les decrets passés et avenir de la Convention ne peuvent jamais donner à sa pretendue république une assiette suffisante pour lui assurer une durée vraisemblable, c'est à dire qui n'implique pas contradiction avec les causes evidentes de destruction qui lui sont inhérentes. Ce genre de gouvernement répugne si visiblement aux besoins de la France, à ses rapports, à sa localité, au caractere de ses habitants, qu'on doit regarder comme certain qu'il ne pourra jamais, non seulement s'y maintenir, mais même s'y établir. Car on ne peut pas donner sérieusement le nom de république à l'atroce et absurde régime révolutionnaire qui désole la France. Chacune de ses institutions qui se sont succedées avec la rapidité d'un éclair et l'incohérence de la folie a été une pierre de plus que la démence et la ferocité ont ajouté à l'édifice de l'anarchie, si toute fois l'anarchie peut jamais former un édifice.

L'opinion publique s'est enfin réveillée. Ses progrès si on veut bien les calculer, sont rapides. Elle en est revenu au point où elle ne pourra plus se reposer que dans la Monarchie. Qu'on se [place] *reporte*[1] à ce qui étoit avant la fin de l'année derniere; qu'on le compare avec ce qui est à présent, et on se convaincra que l'opinion retrograde a parcouru à peu près autant d'espace dans quelques mois qu'elle en avoit parcouru depuis le commencement de 1789 jusqu'à la fin de 1791.

Pourquoi donc prêter un serment à un ordre de choses qui ne présente pas une consistance plus vraisemblable que la Convention n'en a aujourd'hui elle-même? Quelle stabilité peuvent avoir les loix d'une assemblée qui n'en reconnoit et ne

---

1. Comme on l'a dit plus haut, les mots ou membres de phrase que l'auteur a rayés sont enfermés entre crochets [ ], sont imprimés en italique ceux qu'il a substitués et surajoutés en interlignes.

s'en fait aucune, qui détruira demain celles qu'elle a faites hier, pour qui le decret par lequel elle revoqueroit celui de la déportation, ne seroit pas plus sacré que les autres, qui chaque jour se discredite davantage, qui est forcée de substituer à la conscience précédente de sa force usurpée celle de sa propre foiblesse et qui, de quelque masque qu'elle se couvre encore pour en imposer au dehors bien plus qu'au dedans qui la voit de trop pres, ne peut plus se dissimuler que l'opinion publique lui échape? Ce changement de l'opinion si longtemps attendu est son plus redoutable adversaire : il touche au moment de l'aneantir avec sa prétendue république. Seroit-il sage de preter un serment qui le contrarieroit, soit en ralentissant ses progrés, soit en les arrêtant, soit en le faisant reagir contre les choses et les personnes qu'il paroit vouloir servir aujourd'hui?

1º Il seroit presqu'impossible d'écarter d'un serment quelconque a la prétendue république tout ce qui pourroit être contraire a la foi catholique et blesser une conscience chrétienne.

Si nous voulions traiter la question du serment en général, nous pourrions trouver la solution des difficultés dont elle abonde dans les moyens theologiques, sans cependant qu'elles fussent resolues relativement aux circonstances présentes de la France. Dans tout ce qui n'a pas été défini par l'Eglise, on ne peut argumenter que *secundum allegata et probata* et conclure que *positis ponendis*. Il en est des disputes de l'Ecole comme d'un arsenal dans lequel les partis opposés prennent reciproquement des armes pour se combattre. Rien de plus respectable que l'autorité de saint Thomas, de Sylvius et d'autres savants theologiens. Mais lorsqu'ils ont traité du serment, ils ont envisagé la matiere *in genere* et non *in specie*. S'ils avoient discuté le cas particulier où est aujourd'hui la France, il est à croire qu'en sortant de la generalité à laquelle ils se sont tenus élevés, ils seroient descendus à des décisions plus applicables à l'espece que présente ce malheureux Royaume. Celles qu'ils ont données en these générale, sont quelquefois susceptibles d'interpretations opposées. Prenons en pour exemple le passage de saint Thomas qu'on allegue en soutenant qu'il est un sens réel et véritable dans lequel un chrétien peut, sans blesser sa conscience, s'engager par un serment à reconnoitre la Convention et à la maintenir, ainsi que ses loix, improprement et indirectement. Ces deux mots *improprement et indirectement* ne donnent pas à ce sens *réel et veritable* une bien grande précision. Le passage de saint Thomas est celui cy : « *Dicendum quod quando non est jurantis eadem intentio et ejus cui juratur, si hoc provenit ex dolo jurantis, debet juramentum (accipi) secundum sensum intellectum ejus cui juramentum præstatur... si autem jurans dolum non adhibeat, obligatur secundum intentionem jurantis.* » (S. Thom. 22, q. 89 a. VII ad 4.)

Ce grand docteur distingue deux cas : l'un, où la différence entre l'intention de celui qui fait le serment et de celui qui l'exige, provenant de quelque ruse de la part du jureur, le serment ne s'étend que dans l'acception que lui donne celui à qui on le prete, l'autre où la bonne foi de celui qui fait le serment ne l'oblige que conformément à son intention. Si cette distinction présente un sens clair en these generale, il n'en est pas de même dans la these particuliere.

Par qui soutient-on que le serment à la soi disant république devroit etre prété? Par des pretres, c'est-à-dire par des hommes instruits ou présumés l'etre. Peut-on supposer que de tels hommes feront ce serment avec toute la bonne foi qu'exige saint Thomas, pour qu'ils ne soient obligés que conformément à leur intention? L'experience, devenue personnelle à chaque prêtre, de tout ce qui s'est passé en France depuis sept ans, répugne à la supposition d'une telle bonne foi. Comment pourroient-ils s'aveugler au point de ne pas appercevoir le but auquel on voudroit les conduire et par consequent les intentions perverses de ceux qui exigent le serment? Penseroient-ils *bono animo* que leur soumission ouvriroit pour eux les chaires de l'Evangile, qu'elle leur donneroit des facilités pour rétablir avec la religion l'ordre et la paix, qu'elle les mettroit même à portée de rappeler les peuples aux vrais principes et à l'obeissance envers l'autorité légitime, en les ramenant à des réflexions salutaires ? Il est évident ainsi que nous le prouverons cy apres, que rien ne s'opposeroit à ce qu'ils pussent faire des biens si désirables autant que le serment lui même. Mais il est encore plus évident qu'animés de pareils désirs et de pareilles esperances, ils ne seroient pas dans le cas de la bonne foi que suppose saint Thomas : ils seroient au contraire dans celui de la ruse : car de tels desirs, de telles esperances ne pourroient pas s'associer avec une intention de simplicité ; elles ne sauroient appartenir qu'à une intention de finesse, et ainsi les jureurs, bien loin de n'etre obligés que suivant leur propre intention, le seroient suivant celle des seditieux qui exigeroient leur serment et à qui ils le prêteroient.

Que faut il donc conclure de la distinction de saint Thomas ? C'est que sa décision sur le serment se rapporte aux gens instruits et aux gens simples : aux uns, pour les condamner, s'il est démontré pour eux que l'intention de celui à qui ils pretent le serment est mauvais ; aux autres, pour les excuser, s'ils ont jugé de l'intention de celui qui exige le serment par la leur. L'autorité de l'Ange de l'Ecole n'est donc pas applicable à l'espece présente.

Celle de Sylvius, qui va plus loin que saint Thomas, ne l'est pas davantage. Voici le passage de ce judicieux auteur, sur lequel on s'appuye : « *Quando aliquis irrationabiliter compellitur ad jurandum, potest uti verbis ambiguis, et ea in alio sensu accipere quam accipiat is cui juratur, modo ea verba ex usu et modo loquendi habeant illos plures sensus: sic enim neque falsum dicet, neque alterum decipiet, neque ulli faciet injuriam.* (Sylv. in hunc art. 7, quæstio 3).

Peut-on croire sérieusement qu'en exigeant des prêtres un serment à la république, les séditieux les laisseroient maîtres de choisir les termes dans lesquels ils l'énonceroient et d'en employer d'équivoques? Ne leur en donneroient ils pas la formule sans leur laisser la faculté d'y rien changer? Et seroit-il possible, dans l'usage habituel du langage, de donner plusieurs sens au mot république, que cette formule contiendroit infailliblement, surtout en l'opposant à ceux de religion et de monarchie en haine desquelles les pretres ne pourroient pas douter qu'elle seroit dressée?

Combien d'autres textes theologiques ne pourrions-nous pas citer, qui seroient désavoués par leurs propres auteurs dans quelques unes des applications qu'on voudroit en faire! Les théologiens ont quelquefois traité des questions ambitieuses, soit qu'ils y ayent été entraînés par la pente de leur esprit, soit qu'ils y aient été forcés par quelque besoin du temps. Ils forment entre eux un grand foyer d'autorité, mais il ne faut pas toujours prendre leurs sentiments à la lettre et appliquer à des cas particuliers ce qu'ils ont avancé en these generale. Ils vivoient d'ailleurs dans des temps où la religion ayant bien plus d'empire sur les hommes qu'elle n'en a malheureusement aujourd'hui, elle étoit un frein qu'ils opposoient eux mêmes à leurs contemporains contre une certaine latitude que pouvoient quelquefois présenter leurs opinions.

Tout serment est en lui même un acte religieux par lequel l'homme prend Dieu à témoin pour garantir un fait ou un engagement. C'est de son rapport avec la divinité qu'il emprunte la force de son lien. Le Décalogue dit : *Non assumes nomen Domini Dei tui in vanum, nec habebit insontem Dominus eum qui assumpsit nomen Domini Dei sui frustra.* (Exod., chap. 20). Voila une regle generale en fait de serment. Les différentes exceptions qu'elle peut souffrir, si toutefois elle peut en souffrir quelques unes, ne la detruisent pas, et elles ne sont admissibles qu'autant qu'elles conservent la regle toute entiere.

En prêtant un serment à la prétendue république, les pretres le feroient ou dans sa plénitude ou avec des restrictions mentales, ne pouvant pas en faire de publiques. S'ils le faisoient dans sa plenitude, ils seroient apostats et rebelles, car lorsqu'on fait un serment dont toutes les circonstances accessoires sont connues, il devient promissoire pour chacune de ces circonstances, quoiqu'elles ne soient pas exprimées dans sa formule. Or dans l'espece actuelle, les pretres ne peuvent pas ne pas connoitre parfaitement toutes les circonstances accessoires d'un serment quelconque à la république, lesquelles se rapportent intimement à l'esprit de la révolution qui l'a enfantée, à ses efforts et à ses conséquences. Son esprit est la revolte contre l'Eglise et l'autorité legitime; ses efforts tendent à faire triompher cette revolte; ses conséquences sont l'anéantissement de la religion et de la Monarchie. Ces rapports sont tellement inhérents à la prétendue république, ils en sont tellement inséparables et sont tellement notoires, ils ont une telle connexité avec un serment quelconque envers elle, qu'on ne peut pas les détacher de lui et qu'ils ne laissent aucun prétexte à l'ignorance.

Si au contraire les pretres faisoient le serment avec des restrictions mentales, ils prendroient le nom de Dieu en vain, car ils promettroient dans toute l'etendue du serment, et cependant ils le restreindroient en secret. Ils le syncoperoient en ne s'engageant mentalement qu'à tout ce qui ne leur paroitroit pas coupable dans sa substance, et en écartant leur engagement de tout ce qui blesseroit leur conscience. Une semblable theorie de serment n'a jamais été connue dans l'Eglise : il seroit difficile de l'accommoder entierement avec la foi catholique et de separer d'elle tout ce qui pourroit blesser une conscience chrétienne. Jamais l'Eglise ne pourroit en tolerer la pratique : elle ne l'a soufferte ni dans les siecles qui tiennent de plus près à l'établissement du christianisme ni dans ceux qui les ont suivis.

Quand méme on croiroit trouver quelque moyen d'excuser le serment dont il s'agit dans sa partie politique, en l'assimilant à celui qu'on est obligé de faire à un conquérant, on n'en trouveroit point pour l'excuser dans ses rapports intimes avec la partie religieuse, c'est-à-dire dans toutes celles de ses conséquences qui se réferent à la religion. Nous en indiquerons quelques unes dans les articles suivants, et nous nous bornons ici à observer que vainement on allegueroit pour excuse le silence que le serment garde sur la religion, d'où on voudroit inférer qu'elle restera intacte et la tolerance des cultes établie aujourd'hui par la loi.

Certes, il n'est pas aisé de se persuader que la religion puisse rester intacte, lorsque le but connu de la puissance usurpée qui exerce tous les pouvoirs est de la détruire et que la tolerance qui paroit etre aujourd'hui etablie par la loi n'est dans le fait qu'une tolerance hypocrite. Ne pas parler de la religion catholique dans un serment qui comprend en substance tous les engagements de la vie sociale chez un peuple où de tous temps elle a tenu la premiere place parmi ces engagements, n'est-ce pas la renoncer? N'est-ce pas promettre une tolerance bien peu sincère que de ne pas rendre au culte catholique tout ce qui est nécessaire à son exercice et à son entretien, que de ne pas assurer son indépendance en lui restituant les biens qui lui sont consacrés, que de faire un besoin aux ministres de l'Evangile de n'exercer leur ministere qu'en secret, que de les contraindre à des deguisements honteux qui sont la preuve de l'oppression dans laquelle elle veut le maintenir, enfin que de leur laisser craindre avec raison, qu'en prechant publiquement *qu'il n'y a point de salut hors de l'Eglise*, la prédication de cette verité élémentaire de la foi, prédication qui est un de leurs premiers devoirs : *prædicate super tecta (S. Matth.*, chap. 10), ne fut regardée comme une provocation contre les autres cultes et punie par les peines les plus rigoureuses, comme étant incompatible avec eux?

Vainement aussi voudroit on comparer le serment à la prétendue république avec celui qu'on est obligé de faire à un conquérant. Les différences qui les distinguent sont trop sensibles pour que cette comparaison soit admissible. Le droit de conquête est avoué et reconnu par le code public des nations : il n'entraîne pas nécessairement avec lui la violation de toutes les loix, de tous les pactes publics et privés, la dissolution de tous les liens sociaux, la dépravation des mœurs, l'anéantissement du culte religieux. Voilà pourquoi le serment qu'on est contraint de faire à un conquérant est licite et que tout chrétien peut le preter, soit provisoirement dans le moment de la conquête, soit définitivement si la conquête est consolidée par les divers moyens qui etablissent la prescription, au lieu que jamais aucun code public des nations n'a avoué et reconnu le droit de la révolte contre l'autorité legitime et tous les maux qui s'ensuivent nécessairement pour l'ordre social et la religion.

Sans doute que chez un peuple qui se convertit à la foi catholique et chez lequel elle s'introduit, les missionnaires qui la prechent peuvent quelquefois se prêter à de certaines condescendances qui sans enfreindre les règles invariables de la conscience, s'adaptent aux besoins du temps et des lieux : c'est ainsi que dans l'Inde et dans l'Amérique, de certaines flexibilités sont permises et même autorisées par l'Eglise. Mais peut-on assimiler la situation actuelle de la France à celle des nations indiennes et americaines? Est-ce avec des autorités légitimes, des pouvoirs consolidés, un ordre public etabli, le paganisme ou l'ignorance de la divinité que la religion est aux prises dans ce trop malheureux pays? Ne sont-ce pas, au contraire, des autorités recemment usurpées par la révolte la plus criante, des pouvoirs chancelants, le chaôs du désordre, la haine de la divinité, le mepris de ses loix, la negation de son existence qu'elle doit combattre dans ce moment en France? Tant de vices monstrueux n'y ont pas encore heureusement pris racine. Malgré leurs effroyables ravages, ils y presentent plus de superficie que de profondeur; ils n'ont pour eux que quelques insensés seditieux, ennemis par leur impieté, leur ambition et leur frénésie, de tout bien et de toute discipline, tandis qu'ils font gémir les honnêtes habitants des campagnes, qu'ils commencent à fatiguer les habitants des villes et qu'ils souleveut toutes les ames fideles à la vertu ou touchées par le repentir.

Un serment qui peut etre seroit permis pour les missionnaires indiens ou americains, l'est il egalement pour les prêtres françois ? Ce qui excuseroit les premiers, peut-il etre réclamé avec fondement par les seconds ? La difference des positions et des circonstances n'en etablit elle pas une entre eux dans les regles flexibles de la conscience ? Tel engagement qui ne blesseroit pas celle des uns, peut-il ne pas blesser celle des autres ? Et quand bien même il seroit possible d'ecarter du serment dont il s'agit tout ce qui dans sa substance pourroit etre contraire à la foi catholique, peut on en ecarter de même tout ce qui l'offenseroit dans ses consequences inévitables ?

Ces dernieres observations nous paroissent d'autant plus analogues au sujet que nous traitons que plusieurs des partisans du serment se considerent comme chargés d'aller planter l'étendart de la foi dans un pays nouveau qui ne l'auroit jamais connu, et comme devant y trouver un gouvernement regulier qui, n'ayant ni à effacer la tache de son odieuse origine, ni à expier les crimes récents auxquels elle remonte, n'offriroit à leur zèle que des bouleversements passés, ensevelis dans la nuit des temps et devenus etrangers à leur ministere.

2° DANS L'ETAT ACTUEL DES CHOSES, LES EFFETS DU SERMENT SEROIENT BIEN DIFFÉRENTS DE CEUX QU'ON SE PROPOSEROIT. IL NE S'ACCORDEROIT NI AVEC LES BESOINS DE LA RELIGION, NI AVEC CEUX DE LA POLITIQUE.

Que trouve-t-on aujourd'hui en France dans les classes inférieures du clergé ? Des prêtres fidèles, des prêtres vacillants, des prêtres apostats. Que trouve-t-on parmi les laics des differents états ? De bons catholiques royalistes, des indifferents en matiere de religion et de gouvernement, des républicains athées. Le serment à la prétendue république seroit pour les uns, soit prêtres, soit laics, un objet de scandale, pour les autres un encouragement dans leurs doutes et pour les derniers un triomphe.

Les premiers, persuadés qu'en matière de religion et de fidelité à son Roi on ne peut capituler avec les principes, que toute condescendance les tue, et que ce n'est qu'en y adhérent invinciblement qu'on parvient à faire flechir les circonstances, verroient avec une profonde douleur employer pour defendre l'arche sainte et le trône, des détours qui leur seroient au moins suspects. Ils craindroient de voir renouveller le crime de *Nadab* et d'*Abiu* qui brulerent leur encens avec un feu profane : *Offerentes coram Deo ignem alienum* (Lévit., chap. 10) et ils ne reconnoitroient dans ces détours ni la vigueur de Phinees (Nomb., chap. 25) ni la fidelité d'Ethai (Liv. 2 des Rois, chap. 1).

Les seconds trouveroient dans le serment fait par les prêtres, un aliment pour leur incertitude et leur indifférence religieuses et politiques. La religion, diroient-ils, autorise donc à rompre les engagements les plus sacrés, à se faire une morale assortie aux évenements, à régler sa conscience sur la bonne ou la mauvaise fortune. L'Eglise fléchit à tout. Le même précepte par lequel elle soumet les peuples aux pouvoirs legitimes, elle l'employe pour les assujetir aux revolutionnaires heureux : *Obedite præpositis vestris et subjacete eis*. Quels que soient vos chefs, on leur doit obéir. Qu'importe qu'ils le soient depuis mille ans par une succession legitime, ou qu'ils le soient depuis hier par la revolte et tous les attentats. La religion n'est au fond qu'une affaire de gout : elle n'est point une partie integrante des empires; elle ne se place chez eux que comme un incident. N'en avoir qu'une, en avoir plusieurs ou n'en point avoir, etre gouverné par des Rois, par des nobles ou par le peuple, tout cela est indifferent. Le même hazard qui donne une religion, une forme de gouvernement peut en donner de nouvelles; il peut même n'en point donner si ses chances sont épuisées. L'intérêt personnel de chaque individu peut suppléer à tout. Un intérêt général quelconque en naitra necessairement et la machine politique, quelles que soient ses combinaisons, n'ira pas moins à son but, celui de former un corps de societé.

La voila donc, diront les troisiemes, cette foi inébranlable qui vient se briser devant notre puissance. Nous demandons aux pretres le serment à notre république, parce que malgrè toutes les abstractions theologiques et mentales, ils savent qu'un serment ne s'explique que par l'intention de celui qui l'exige, et non par celle de celui qui le prête. Ils n'ignorent pas qu'en l'exigeant nous n'avons pas d'autre but que de les rendre parjures à leur religion et à leur Roi. Le serment est pour nous un mot, vide de sens; nous le voulons d'eux parce qu'ils ont la simplicité d'y en attacher un. Nous les lions par leur propre foiblesse, et c'est ainsi que nous obtenons leur entiere defection envers leur croyance et leur fidelité politique, s'ils sont sinceres, ou que nous préparons des moyens certains de sacrifier à notre haine pour peu qu'ils decelent leurs reticenses intérieures. Quel triomphe sera le notre, lorsqu'après nous etre couverts encore pendant quelque temps du masque religieux, nous pourrons nous vanter d'avoir fait servir la religion catholique elle-même à sa propre ruine, à celle de la Monarchie et à l'etablissement de notre république d'Athées.

L'horrible bouleversement qu'eprouveroit l'opinion publique au milieu de la douleur des bons, de la dialectique des indifferents et de la jactance des mauvais qui malheureusement n'auroient que trop de motifs et de prétextes, oteroit tout espoir au retour de la religion et de la Monarchie : car ce n'est que par l'opinion et un redressement que l'une et l'autre peuvent se rétablir.

Quels sont les besoins de la religion? De reconquerir le respect, la confiance et l'amour des peuples. Quels sont les besoins de la politique? De ramener les françois à leurs anciennes habitudes. Or nous osons dire que rien ne contrarieroit plus ces doubles besoins qu'un serment quelconque fait par les pretres à la prétendue république. Il n'inspireroit aucun respect pour la religion, parce que quoiqu'elle ne doive jamais etre confondue avec ses ministres, cette distinction si importante à faire n'est pas à la portée du peuple. Le serment rapprocheroit tellement les pretres des grands egarements populaires de ces temps malheureux, que la multitude qui commence à revenir de son ivresse, ne verroit en eux que des complices tardifs et des approbateurs de ses crimes. Il n'inspireroit aucune confiance parce que les persecuteurs eux mêmes attachent une grande idée à la fermeté et à la persévérance : ce qu'ils obtiennent de la foiblesse et de la condéscendance est autant de perdu pour leur estime. Enfin il n'inspireroit aucun amour, car la multitude quelqu'égarée qu'elle soit, ne peut en ressentir aucun pour ce qu'elle ne respecte ni n'estime. Incapable de s'elever aux grandes considérations de la charité chrétienne, elle ne reconnoitroit point dans le serment preté, le desir de lui etre utile; elle n'y appercevroit que la légèreté de la lassitude des souffrances, des vues interessées et suspectes. Elle se prévaudroit de la victoire qu'elle auroit remportée pour mepriser les nouveaux jureurs; et ce mépris auroit un comtre coup aussi funeste pour la religion qu'il seroit inevitable. Le discredit qui ecrase de plus en plus les jureurs schismatiques, l'éloignement qu'on a pour eux en France, l'acceuil *(sic)* qu'y recoivent les pretres qui n'ont pas juré, l'empressement avec lequel on les recherche, avertissent assés de ce qui arriveroit à ceux qui, avec les intentions les plus droites, preteroient un serment à la république.

Sans parler de la conduite des jureurs qui ont prété celui de la Constitution civile du Clergé et de la nature des engagements qu'ils ont pris, le seul fait de leur serment a peut etre plus nui aux intérets de la religion que n'a pu leur nuire la revolution toute entiere. Si le peuple à eu gré, un instant à ces pretres infideles de l'avoir prété, il n'a pas tardé à tourner contre eux, dans son opinion, ce qu'il ne regardoit dans le premier moment, que comme un devouement patriotique. Il n'a point oublié que la religion qui lui avoit été prechee jusqu'alors, lui avoit été montrée comme irréconciliable avec les actes douteux. Il ne s'est pas dissimulé que le serment fait par les jureurs, renfermoit au moins quelque doute puisqu'il étoit refusé par les Eveques et par la presque totalité de ce qui marquoit dans l'ordre du clergé. De la il a conclu que la religion qu'on lui prechoit hier, etoit autre que celle qu'on lui préchoit aujourd'hui ou qu'indifferemment elle se pretoit à tout. Dans cette alternative il est devenu de son coté indiferent pour elle, et il s'en est formé l'idée la plus désavantageuse. Si la religion d'aujourd'hui, a-t-il dit, est autre que celle d'hier, qui nous assurera laquelle des deux est la bonne? Si elle se prete à tout, elle nous est inutile, car nous n'en aurions besoin qu'autant qu'elle nous maintiendroit dans la pratique du bien et nous ecarteroit de la pratique du mal. Tel a été le raisonnement du peuple lorsqu'il est egaré. Raprochés plus ou moins de ses egarements tout ce qui appartient au culte; popularisés plus ou moins la religion et ses ministres et de quelques reserves, de quelques précautions que vous vous environniés, vous perdrés infailliblement la religion, ses ministres et le culte.

Les besoins de la politique ne seroient pas plus satisfaits par un serment à la pretendue république que ne le seroient ceux de la religion. L'anarchie et ses sanglantes convulsions ne peuvent cesser que par le retour des françois à leurs anciennes habitudes. Il est bien plus facile de faire revenir la multitude à son ancien gouvernement que de la soumettre à un gouvernement nouveau. Plus elle sera entourée d'exemples de défection envers la Monarchie, plus elle s'eloignera de la Royauté qui est propre à la France et du seul gouvernement qui puisse retablir solidement sa religion, ses mœurs et son repos.

Si les pretres se lient par un serment quelcomque à la

soi disant république, ou leur soumission sera imitée par l'universalité des françois, ou elle ne le sera pas. Si elle est universellement imitée, il en résultera un nouvel engagement contre la Monarchie, qui ne pourra etre rompu que par l'experience d'une plus longue suite de calamités. Si au contraire et ce qui est plus vraisemblable, elle n'obtient qu'une imitation partielle, les pretres qui auront preté le serment, devenus odieux à ceux des françois qui auront resisté à leur exemple, ne leur seront d'aucune ressource pour les devoirs de la religion; et de la negligence de ces devoirs occasionnée dans les bons par leur éloignement pour les pretres jureurs, dans les mauvais par leur haine pour la religion elle-même, il s'en suivra necessairement une corruption de mœurs si profonde et si generale, qu'elle rendra impossible le rétablissement de tout ordre religieux et politique.

Nos prêtres, diront les uns, trahissent leur conscience et avec elle nos intérets. Nous n'estimons pas plus la religion qu'ils nous prechent que nous ne les estimons eux mêmes. Nous aimons encore mieux n'avoir aucun culte que de suivre le leur. Nos pretres, diront les autres, et ceux cy seront plus consequents dans leur raisonnement, nos pretres se soumettent au serment à la république. Donc la république est chose louable; donc nous avons bien fait de la vouloir; donc la souveraineté nous appartient et nous avons le droit de changer notre gouvernement quand bon nous semble; donc nos diverses entreprises contre la religion, l'Eglise et les mœurs, contre la personne et les pouvoirs du Roi, la famille Royale, le Clergé, la noblesse, la vie de nos compatriotes, les proprietaires, dont chacune a frayé la route à notre république et qu'il a plu à des moralistes atrabilaires de qualifier de sacrileges et d'attentats, donc toutes ces entreprises ont été de notre part autant d'actes de vertu; donc il n'est de gloire et de bonheur que dans la liberté et l'egalité telles que nous les entendons, liberté et egalité qui ne peuvent pas plus s'acommoder de l'autorité de l'Eglise que de l'autorité Monarchique, donc, en dernière analyse, vous aurés un peuple depravé jusqu'au dernier degré, féroce, impie, incurable, et par une suite nécessaire, profondement malheureux.

En supposant que cet abyme de corruption, dont un serment fait par les pretres à la prétendue république ne seroit pas une des moindres causes, il peut sortir une machine politique quelcomque, elle seroit si foible, si irrégulière dans ses mouvements, qu'elle serviroit merveilleusement les speculations malveillantes contre la France. Les prejugés sont de tous les pays, il en est de modernes que la fin du dix huitième siecle a fait naître. Il en est d'anciens qu'on peut regarder comme inguerrisables. Quelques hommes ont l'ame assés grande pour s'elever au dessus d'eux, mais la plus part en dépendent parce qu'ils les ont plus ou moins adoptés. Les désastres de la France ne lui ont laissé que [bien] peu d'ames fideles. Il lui est arrivé ce qui arrive pour l'ordinaire aux illustres malheureux, leurs infortunes n'inspirent qu'un bien foible interêt. Si on est impatient de les voir cesser, ce n'est que parce qu'elles les effrayent, qu'elles importunent et dans l'espoir qu'en cessant elles laisseront après elles une longue abjection. Car désirer que celui qu'on a longtemps envié, se rétablisse au point de revenir à son ancienne splendeur, est un sentiment trop pur et trop relevé pour le trouver dans le commun des hommes. Il en est de tels, et peut etre en grand nombre, qui aimeroient bien mieux voir renaître la France dans le regime qui gouverne la république de S. Marin que de la voir ressuscitée dans celui de son antique Monarchie. Un gonfalonier qui change tous les mois inspire moins d'ombrage tandis qu'un grand Roi commande le respect.

3° Tous les devoirs du clergé s'opposent a la prestation du serment.

Plus l'opinion publique est flottante et incertaine, plus il est nécessaire de la fixer, en écartant d'elle tout ce qui pourroit la détourner de se reposer sur des bases solides. Le vulgaire est aujourd'hui lancé dans un tourbillon d'idées incohérentes, contradictoires et perverses. L'essai calamiteux qu'il a fait des différents sistêmes que ses corrupteurs lui ont successivement présenté ne l'a raffermi dans aucun : il commence à en sentir le vide ; il en reconnoit les funestes effets. De ce dégout naissant pour les innovations, il n'a qu'un pas à faire pour arriver au regret du passé, et à la volonté de revenir au sistême de bonheur contre lequel on a eu la coupable adresse de le soulever. Telle est, en général, la disposition actuelle du public. Elle est de nature à donner les plus grandes espérances pour l'entier rétablissement de la religion et de ses dépendances, ainsi que pour celui de la Monarchie et de l'ancien ordre social. Un serment quelconque preté à la soi disant république les detruiroit en entier et les feroit échouer, pour ainsi dire, au port. Rien n'est plus dangereux que de prendre des voies détournées quand on peut aller directement à son but, de se contenter de peu quand on doit avoir tout, et de confier aux hazards de la précipitation ce qu'on auroit obtenu de la maturité.

Le peuple, dit-on, a besoin de la religion, il en manifeste le désir. Mais ou il ne veut en recouvrer l'exercice que dans le sisteme républicain, ou il ne peut l'obtenir qu'en fléchissant sous le joug de ses tyrans qui le forcent de souscrire à ce sistême. Le premier devoir des ministres de la religion est de l'enseigner, de la servir et d'en distribuer les secours. Envoyés du ciel vers les hommes dans l'ordre spirituel, ils n'ont aucun droit à exercer sur les grands intérets de la terre. L'Evangile n'a point reservé le pain de la parole, la manne celeste des sacrements aux seules Monarchies. Si le peuple qui en réclame les trésors impose pour condition à ceux que Dieu a chargé d'en etre les distributeurs, de prêter un serment de républicanisme, ne seroient ils pas responsables devant le souverain juge s'ils refusoient de le prêter ? Voila, ce nous semble, l'objection dans toute sa force.

Lorsque les israélites furent tombés dans l'idolatrie pendant l'absence de leur legislateur et qu'ils se furent prosternés devant le veau d'or, que fit Moyse, en revenant de la sainte montagne? Il brula le veau d'or; il le réduisit en poudre impalpable, et il ordonna aux lévites, au nom du Seigneur, de s'armer de leur glaive, *arripiensque vitulum quem fecerant, combussit et contrivit usque ad pulverem* (Exod., ch. 32).

Après le massacre de Théssalonique, saint Ambroise interdit à l'empereur Théodose l'assistance aux saints mysteres. Ce prince se compara à David, qui pour avoir été adultere et homicide, n'en entroit pas moins dans le temple du Seigneur. Imités, en vous humiliant, lui dit saint Ambroise, celui que vous avés imité en péchant : *Quem secutus es errantem, sequere pœnitentem*. (Leg[ende du] brev[iaire] de Paris).

A Dieu ne plaise que nous prétendions assimiler littéralement la conduite que doit tenir le clergé de France dans les circonstances présentes à celle que tint Moyse envers les israélites prévaricateurs. Dieu s'étoit exclusivement reservé leur Royauté : elle étoit toute divine. Le législateur des Juifs exécutoit les ordres qu'il avoit immédiatement reçus du tout puissant, et les lévites de la nouvelle alliance n'ont point de glaive temporel comme ceux de l'ancienne. Quant à la conduite que tint saint Ambroise envers l'Empereur Théodose, elle nous est entierement applicable. Cherchons dans ces deux grands exemples ce qui peut nous guider et nous servir de règle.

Le gouvernement des israélites étoit theocratique du temps de Moyse. L'etre suprême étoit en même temps et leur Dieu et leur Roi. Ce superbe privilège qu'ils ont seuls parmi les nations, étoit, sans doute, la figure de la Royauté toute spirituelle de Jesus Christ dans l'Eglise. Leur idolatrie attentoit donc autant à leur société civile qu'à leur Religion. Elle étoit un délit monstrueux envers Dieu comme Dieu, et envers Dieu comme Roi. Faites-nous, dirent-ils à Aaron, des dieux qui nous président : *Fac nobis Deos qui nos præcedant* (Exod., ch. 32). Ils offrirent des sacrifices au veau d'or : ils établirent des jeux devant lui ; et par cela même ils se révolterent contre leur

Royauté divine, pour se créer une Royauté idolatre. Moyse et ses lévites fléchirent-ils les genoux devant cette impie Royauté ? Firent-ils le serment de la reconnoître, de la maintenir, ou au moins de ne pas la troubler. Eurent-ils recours à des réticences mentales pour accommoder ce serment à leur conscience jusqu'à ce que le temps eut ramené le peuple à sa vraie Royauté ? Non : Moyse brisa le faux Roi ; il le réduisit en poudre en signe du mépris qui lui étoit dû : il demanda miséricorde à Dieu comme Dieu, comme Roi, pour ce peuple indocile et enclin au mal : *duræ cervicis… pronus ad malum (ibid.)* et sa fermeté inébranlable rétabli à la fois le culte du Seigneur et le gouvernement théocratique.

Saint Ambroise qui pouvoit craindre Théodose, Empereur tout puissant, lui céda-t-il ? Employa-t-il quelque tournure adroite pour adoucir la sévérité de son refus, et appaiser le ressentiment qu'il pouvoit inspirer ? Non : il résista de front avec une sainte hardiesse, il tint ferme ; il rappela Théodose à la pénitence publique, et à la réparation de sa faute. L'Empereur s'y soumit : il édifia par sa pénitence ; il renonça à sa vengeance contre Thessalonique, et il répara, autant qu'il le put, le mal qu'il avoit fait à cette ville.

Le clergé de France est appelé aujourd'hui à imiter Moyse et saint Ambroise. Comme Moyse, il doit employer tous ses moyens pour briser l'idole de la république, détacher le peuple de ce genre d'idolatrie, lui faire relever l'autel et le trône, et ensuite intercéder pour lui. Comme saint Ambroise, il doit n'accorder la réconciliation religieuse, l'aproche du Saint des saints, la participation à ses graces qu'à l'abjuration des erreurs et à la ferme volonté de restituer les pouvoirs usurpés. De toutes les injustices que le peuple est tenu de réparer, la plus monstrueuse et celle de laquelle dérivent toutes les autres, est l'extinction de la Royauté dans le système Monarchique qui étoit propre à la France et qui étoit devenu pour la nation et les particuliers, une propriété nationale et individuelle. Il faut donc que le peuple restitue à son Roi legitime cette Royauté avec tous ses pouvoirs, et à son pays le sisteme Monarchique qui lui appartient. Il faut qu'il se reconcilie avec ce qu'il a si violemment persécuté, qu'il répare, autant qu'il le pourra, tous les torts qu'il a faits et qu'il fasse pénitence. Or ni Moyse ni saint Ambroise ne sauroient jamais se reconnoitre dans un serment quelconque fait à la République. Car comment les pretres pourroient-ils briser l'idole du républicanisme s'ils devenoient républicains eux memes? Comment pourroient-ils obtenir les abjurations, les restitutions, les réparations qui sont si nécessaires, s'ils se plaçoient dans le parti qui n'en veut faire aucune, puisqu'il est dans ses principes de ne pas en devoir?

Le peuple veut revenir à sa religion. Mais faut il la lui rendre defigurée? Il ne suffit pas qu'il en recouvre les cérémonies, la partie extérieure : il faut qu'il rentre entièrement dans sa morale qui ne fléchit point au gré des passions. Lui rendra-t-on une religion qui consacre tous les excès par son trop d'indulgence? Qu'on fasse l'analyse de ces nombreux et terribles excès, et on se convaincra qu'ils remontent tous à l'esprit républicain. C'est lui qui a volé à la France son gouvernement Monarchique, brisé tous les liens de la société. C'est lui qui a commandé de sangfroid les profanations, les sacrilèges, le pillage, le meurtre, le régicide. C'est lui enfin qui, pour mettre le comble à tant de crimes, n'a pas craint de prononcer hautement l'athéisme, l'a déguisé ensuite sous le masque d'un déisme grossier et le remplace aujourd'hui par une feinte tolérance qui ne le dissimule pas mieux. Seroit-ce donc devant ce monstre exécrable que les pretres du Seigneur se prostitueroient par un serment quelconque? Sans doute que la Religion n'a besoin, en elle même, ni de Monarchie ni de Roi. Mais lorsqu'elle a été associée à cet ordre de choses qui n'a rien que de bon en lui-même, lorsqu'elle l'a reconnu dans sa pratique pendant une longue suite de siècles, peut-elle souffrir que des seditieux l'en détachent sans se rendre, pour ainsi dire, leur complice?

Le peuple veut sa religion. Le plus ardent désir des prêtres est de la lui administrer. Mais ils ne peuvent rien retrancher dans ses saintes et salutaires exigences. Qu'il revienne à la justice et à ses devoirs, qu'il rentre dans l'ordre ancien que rien ne l'autorisoit à détruire, et par l'organe de ses ministres, sa religion s'empressera de l'affermir dans son repentir, de le consoler dans ses peines. Il ne peut la ravoir qu'à ce prix, parce qu'on ne transige point avec Dieu.

Mais, dit-on, si on n'use pas de condéscendance envers le peuple, il se jettera entre les bras des jureurs schismatiques, et la Catholicité sera perdue en France. — Eh! voilà pourquoi il faut lui persuader qu'il ne trouvera jamais sa religion dans un serment qu'elle désapprouve. Voilà pourquoi il faut lui inculquer que tous les jureurs etant dans les liens de la suspense, exercent un ministère de mort et un ministère de vie et que tous ceux qui s'adressent à eux, hors le seul cas de l'indispensable nécessité pour la confession à l'article de la mort, participent à leur schisme.

Ou le peuple veut sincerement revenir à la foi catholique, à ses préceptes, à sa morale, ou il ne le veut pas. S'il ne le veut pas, à quoi bon capter sa bienveillance par un serment trompeur? Seroit-ce pour qu'il put entendre la messe? Mais la foi catholique ne consiste pas uniquement dans l'assistance à la messe. S'il veut sincèrement revenir à cette foi, à ses préceptes, à sa morale, il faut qu'il ne se refuse à aucune des satisfactions qu'elle requiert. Prétendra-t-il qu'il n'est pas en son pouvoir d'effectuer ces diverses satisfactions aussi effrayantes par leur nombre que difficiles par leur espece? que ses tyrans l'oppriment, et qu'il ne peut pas leur résister? Vain pretexte. Qui donne à ces tyrans cette force si redoutable, si ce n'est lui-même, et le concours de sa propre volonté? On ne lui demande pas de fermer les plaies innombrables qu'il a ouvertes, mais de guérir la plus grave de toutes, celle qu'il s'est faite à lui meme en subvertissant le gouvernement. Ses tyrans à eux seuls n'auroient pas pu détruire la Monarchie; ils n'y sont parvenus que par lui. C'est donc par lui qu'elle doit etre retablie. Les mêmes efforts qu'il a faits pour sa ruine, il peut toujours les faire pour la relever. Une fois qu'elle le sera, il aura acquitté sa dette la plus pressante ; il ne lui restera plus qu'à obéir, et la Monarchie *légitime* se chargera du reste.

C'est alors que les esprits sont ébranlés qu'il faut frapper les grands coups. Un coupable témoigne quelques regrets de ses égarements, il commence à désirer d'en obtenir le pardon. L'arreterés-vous dans cette bonne disposition ? Chercherés-vous à appaiser ses remords ? Non : vous ne negligerés rien pour les rendre plus vifs et plus profonds, parce que vous les regarderés comme la seule route qui puisse le conduire surement à une réforme sincère, et aux réparations qu'elle peut exiger.

Il en est de même de la conduite qu'il faut tenir dans les circonstances présentes, avec le peuple, autant par amour pour lui que par devoir. Il s'ébranle pour la religion ; Dieu a touché son cœur : Profités de ces bons mouvements que la grace lui inspire, pour assurer le triomphe du repentir. Ne le laissés pas respirer en chemin. Si une fois son ardeur étoit ralentie, il se reposeroit dans une conscience qu'il croiroit entierement réconciliée. Vous auriés perdu un moment précieux, et cette fausse conscience qui lui auroit été donnée le rendroit presque invincible dans un état de stupeur ou d'obstination. Dites lui franchement, non pas dans un sens absolu, car vous diriés une chose tres inexacte, *point de monarchie, point de religion*; mais dans un sens relatif : *Point de retour à la justice, point de réparations et point de vraie religion pour vous*. Malgré la profonde corruption de notre âge, le peuple, et principalement celui des campagnes, conserve encore quelques bons sentiments. Lorsqu'il sera convaincu qu'il ne peut rentrer dans sa sainte religion qu'en remettant le Roi sur son trône, la France recouvrera son vrai gouvernement, et la religion, à son tour, fidele à sa morale, aura reconquis, dans l'ordre politique le plus ferme de ses appuis.

Un serment quelconque fait par les pretres à la soi disant république leur permettoit-il d'exciter le peuple à cette grande conquête sans laquelle il est démontré qu'il n'y aura jamais en France ni religion catholique ni ordre public assuré ? La premiere obligation d'un serment quand il est fait librement, est de lui etre fidèle. Quels que soient les motifs qui ont pu determiner à le faire, il est preté librement dès qu'on pouvoit s'en dispenser. La crainte de la déportation ou de la prolongation du bannissement, peines infligées par les tyrans usurpateurs, aux pretres qu'ils appellent réfractaires, n'est pas du genre des violences qui rendent un serment contraint, nul et excusable par son manque de liberté. Il faudra donc après en avoir preté un à la république, que les pretres s'interdisent tout ce qui pourroit le contrarier. S'engageront-ils à la maintenir, ou ne promettront-ils autre chose que de ne pas la troubler? Dans l'un et l'autre cas ils seront du moins réduits à garder le silence sur tout ce qui pourroit opérer quelque changement qui lui seroit désavantageux, et jusqu'à de simples conseils en faveur de la Monarchie seroient, de leur part, un véritable parjure.

Si les pretres ne se croyoient liés uniquement que pour les actes extérieurs et si dans le tribunal de la conscience ils vouloient exercer, ainsi qu'ils le doivent, la sainte liberté de leur ministere, quelles fortes objections ne fourniroit pas leur serment contre les conditions qu'ils imposeroient à leurs pénitents pour les réconcilier dans l'ordre du salut! Vous exigés de nous, leur diroient-ils, de réparer, autant que nous pourrons, le grand vol que nous avons fait de la Monarchie. Cette grande réparation tient le premier rang parmi toutes celles que vous nous imposés. Mais pourquoi voulés vous que nous soyons plus délicats que vous. Ne nous dites pas qu'il ne faut pas juger de la Religion par la conduite de ses ministres. Il ne faut pas, nous en convenons, en juger par leur conduite privée, mais il n'en est pas de même en matiere publique, telle que celle qui est manifestée par la prestation notoire d'un serment.

Ou il est licite ou il est illicite dans son objet. S'il est licite, pourquoi nous conseillés vous différemment que vous ne vous conseillés vous mêmes? La religion est une. Celle que Dieu a donnée à ses pretres ne se distingue point de celle qu'il a donnée à tous les fidèles. Si votre serment est illicite, pourquoi l'avés vous prété, et pourquoi vous présentés vous à nous comme ministres de l'Eglise qui n'a jamais toleré de pareils serments? Quoiqu'elle n'ait pas encore prononcé contre vous de censure, vous etes à nos yeux dans les liens d'une censure présumée.

Nous dirés vous encore que n'ayant point concourus au vol de la Monarchie, vous n'etes pas strictement obligés de concourir à sa restitution? Mais nous vous répondrons que si le rétablissement de la Monarchie est une bonne œuvre, tout le monde doit y contribuer, les pretres comme les laïcs. Et pouvés vous etre neutres et indifférents quand il s'agit d'un changement de choses si evidemment favorable à la religion?

Vous nous recommandés de ne pas communiquer avec les jureurs; mais vous etes jureurs vous mêmes. Touts ceux qui avoient prété le serment de la constitution civile du clergé sont réunis de droit à celui de la république, puisque cette constitution a été abolie avec celle de 1791 par la constitution républicaine. Il ne leur manque, pour etre assimilés avec vous que de rétracter celui qu'ils avoient fait et d'adopter le vôtre. Ce passage de leur serment à un nouveau n'aura rien de pénible pour eux. Il les absoudra facilement de l'ancien: dans leur esprit, la seule différence qu'il y aura entre eux et vous sera que tandis que vous nous conseillés secretement de retablir la Royauté en vous interdisant néammoins d'y concourir publiquement, eux, plus conséquents dans leur conduite, nous conseilleront de rester fideles à la révolte et feront tous leurs efforts pour la maintenir.

Dans l'état où sont actuelement les choses en France, les pretres appelés fonctionnaires publics, qui y rentrent, ne peuvent etre considérés que comme les avant coureurs des Evêques et de tous les autres ecclésiastiques qui forment avec l'ordre épiscopal le corps entier du clergé. Leur devoir est de préparer les voies pour le retour de tous les membres de la hiérarchie sacrée; car des pretres, des curés ne la forment pas à eux seuls. Ils ne sont qu'un des rameaux de l'ordre sacerdotal, et ils n'en sont ni la source ni la plénitude. Lorsque les précurseurs auront prêté le serment en vue de se restituer dans la confiance des peuples « les eveques pourront ils se refuser à le preter et l'esprit de l'Eglise ne doit il pas etre le même dans le premier et dans le second ordre, » que fera le reste du clergé ? L'esprit de l'Eglise ne doit il pas etre le même parmi les membres du corps épiscopal, et la plus parfaite unité avec lui n'est elle pas recommandée au second ordre comme un de ses devoirs les plus essentiels ? Quelle bigarrure ne présenteroit pas une partie du corps ecclésiastique assermentée et l'autre partie sans serment! Il faut donc se placer dans la double hypothèse d'un serment refusé par les Evêques ainsi que par le plus grand nombre des ministres inférieurs dans leurs differents degrés, et dans celle d'un serment prété par eux, afin d'en prévoir toutes les conséquences.

D'un coté, en supposant qu'un serment quelcomque à la prétendue république put réintégrer les pretres dans la confiance des peuples, supposition purement gratuite et que nous sommes bien loin d'adopter par les raisons que nous avons déduites cy dessus, les Evêques et le grand nombre des ministres inférieurs qui refuseront de préter ce serment, se fermeront la porte à cette même confiance. Ils seront réduits à l'alternative ou de ne pouvoir plus rentrer en France ou d'etre hors d'état d'y opérer aucun bien, car d'après cette supposition, le peuple préferera les hommes qui auront fléchi devant ses volontés à ceux qui n'auront pas voulu s'y soumettre.

D'un autre coté, l'unité entre les chefs et les membres sera rompue; car ne seroit il pas à craindre que les nouveaux jureurs, blessés du refus des Evêques et des autres ecclésiastiques de s'assimiler à eux par le serment, appuyés par leur crédit auprès des peuples, crédit qu'on suppose devoir etre le prix de leur complaisance, ne finissent par s'élever contre l'Episcopat et ne fussent entraînés par leur ressentiment, et les passions populaires vers le presbytérianisme, ne seroit-il pas également à craindre que ceux des ministres inférieurs qui refuseront de prêter le serment ne fussent anathematisés par les jureurs et rendus odieux aux peuples? La doctrine des uns différeroit de celle des autres au moins quant à la discipline, et ainsi un schisme universel s'établiroit entre les Evêques et les jureurs, entre ceux cy et les réfractaires au serment, entre les premiers pasteurs et les brebis, entre les peuples et les non jureurs, entre les catholiques divisés d'opinion sur le serment. Les uns seroient à Paul, les autres à Cephas; il y auroit autant de religions que de doctrines opposées, et de ce foyer de discordes sortiroit l'état le plus déplorable pour l'Eglise de France.

Si au contraire les Evêques et une partie des autres ecclésiastiques pretent le serment, ils aliéneront d'eux et les bons catholiques qui pensent qu'on ne doit pas le préter, et tous les membres du clergé qui ont la même opinion. Ces derniers n'en viendront pas à un schisme parce qu'ils tiennent aux principes, mais ils perdront tout sentiment de considération, d'estime et de confiance pour ceux là même auxquels leur ministere les unit. Une multitude d'ouvriers, recommandables par les motifs de leur refus, seront perdus pour l'Eglise; car leur zèle ne pourra jamais se concilier avec un ordre de choses qu'ils désapprouveront à découvert ou en secret. Dans cette disette de co-opérateurs, les pretres et les curés qui auront prêté le serment s'en prévaudront contre les Evêques et les autres ecclésiastiques qui les auront imités. Ils auront sans cesse à la bouche les mots de liberté et d'égalité pour repousser les injonctions de leurs chefs, et pour confondre républicainement tous les degrés de la hierarchie. Quelle sera la position des Evêques au milieu de si grands embarras? Que diront-ils à ceux qui désapprouveront leur serment? Que répondront-ils à ceux qui en tireront avantage?

Mais indépendamment des considérations puisées dans la partie administrative de la religion, il en est une majeure, puisée dans l'ordre politique, qui montre sous le jour le plus défavorable le serment dont il s'agit. On ne peut pas nier que la religion catholique n'ait pris en France les engagements les plus obligatoires avec la Monarchie. C'est par la Monarchie qu'elle y a été introduite parmi les Francs après qu'ils eurent fait la conquête des Gaules. C'est sous la Monarchie qu'elle y a été dotée et maintenue; c'est, enfin, à la Monarchie qu'elle a promis d'être fidèle. Tant de liens si précieux que la Religion elle même ressère par l'excellence de sa morale sont évidemment incompatibles avec un serment quelcomque à la République. Ils seroient donc rompus par ce serment. Et par qui le seroient ils? Par des écclésiastiques, c'est à dire par des hommes que la Monarchie n'a pas cessé de protéger et qui lui sont aussi intimement associés qu'elle leur est associée elle-même!

Leur serment à la république violeroit essentiélement toutes leurs obligations envers le Roi comme l'oint du Seigneur, comme souverain et comme suzerain. Quels effets désolants ne produiroit pas une semblable défection qui seroit de leur part une vraie félonie? Ils auroient beau dire : nous avons pu jurer *salvâ conscientiâ*. On ne les croiroit pas. S'ils réclamoient en leur faveur le passage de saint Pierre : *non tantum bonis et modestis, sed etiam dyscolis*. On leur contesteroit la juste application du passage, et on leur reprocheroit, avec raison, l'abus qu'ils en feroient.

Les énnemis de la religion ont reprochés autrefois autrefois à ses ministres de s'etre trop mélés des grands intérêts temporels. Ne trouveroient-ils pas aujourd'hui, dans un serment quelcomque à la prétendue république, matiere à leur reprocher, avec plus de fondement, d'avoir trop isolé, dans ces temps malheureux, la religion de ses rapports intimes et on peut même dire, de conscience, avec l'ordre social de tout temps établi? Tant que l'infortuné Louis seize a vécu, la crainte qui n'a été que trop justifiée, de compromettre sa vie, a forcé le clergé de renfermer ses résistances dans le cercle de ses obligations publiques envers la religion. Il a paru oublier ce qui se rapportoit à la terre pour ne défendre que ce qui regardoit le ciel. Depuis le massacre du Roi une autre crainte non moins fondée l'a encore contraint à concentrer dans le fond de son âme ses sentiments de fidélité pour la Monarchie, celle d'irriter la soif du sang qui tourmentoit les féroces usurpateurs de l'autorité contre les jours si précieux du jeune Roi, de là Reine, des restes si intéressants de la famille Royale, et contre ceux de tant de victimes menacées par la hache des bourreaux. Quelques écclésiastiques aussi zelés que fideles, restés en France pour consoler une multitude de bons catholiques qui gémissoient sous l'oppression, étoient trop chers au clergé pour qu'il put négliger aucune des mesures qui tendoient à les conserver au milieu des orgies de la plus cruelle persécution. C'est ainsi qu'il a été forcé par l'enchaînement des circonstances les plus douloureuses et qui ne laissoient aucune ressource au zèle et au courage, de s'imposer le silence le plus pénible sur la Monarchie qu'il ne perdra jamais de vue : *Adhæreat lingua mea faucibus meis si non meminero tui* (Ps. 136).

Mais aujourd'hui que les temps sont changés, aujourd'hui que la lassitude du crime a enfin énervé la férocité et que le peuple manifeste le désir de revenir à sa religion, les ministres de l'Evangile ne doivent ils pas associer à leur enseignement religieux l'enseignement Monarchique? Peuvent ils oublier que le Roi ne meurt point en France, que des séditieux n'ont pas le droit d'anéantir sa Royauté, et ne doivent ils pas montrer pour leur nouveau *Joas* le même dévouement que *Joiada* montra pour celui des hébreux? Ne doivent-ils pas, comme le grand prêtre des Juifs, exhorter le peuple à crier *vivat Rex!* (Liv. 4 des Rois, ch. XI). Sans doute il ne leur est pas permis de dire : *feriatur gladio (Ibid.)* parce que le temple du Seigneur n'est plus dans la seule ville de Jérusalem : la nouvelle alliance l'a placé dans tous les cœurs, et elle crie avec les plus tendres accents de la charité : *non occidatur in templo Domini (ibid.)* Mais ne doivent ils pas employer tous les moyens que leur donne l'enseignement, élever leur voix comme celle de la trompette, ne cesser de réclamer, de conjurer, et montrer aux françois opprimés le fils de leur malheureux Roi ? *Et adjurans eos in domo Domini, ostendit eis filium regis. (Ibid.)*

A l'éloignement pour la république par sentiment de fidelité le clergé joint l'attachement à la Monarchie par amour pour la Religion. Eh! pourroit-il regarder avec indifférence le gouvernement républicain substitué au gouvernement monarchique ? Il est trop instruit pour ne pas savoir que l'un n'est rien moins que favorable à la religion catholique, lorsqu'il est provoqué par la violence et la soif de la nouveauté, tandis que l'autre l'appele à son secours comme son plus ferme appui. L'histoire moderne lui apprend que dans plusieurs des Etats qui ont passé brusquement des formes monarchiques aux formes républicaines, le dogme catholique et le respect pour le chef de l'Eglise ont soufferts les plus grandes atteintes. Parmi les grands schismes qui affligent une partie de l'Europe, il en est plusieurs qui doivent leur origine ou leur persévérance au plus ou moins de raprochement des différents gouvernements qui les ont essuyés, avec le mode républicain. L'exemple de Venise et de Gênes ne prouve rien contre cette vérité, parce que ces deux états constitués en république dès leur naissance ont constamment persévérés dans le régime qui leur est propre, avec lequel ils ont eu le bon esprit d'amalgamer, à l'époque de leur origine, la religion catholique par des reglements aussi sages que sévèrement observés. Les cantons suisses catholiques forment une exception aussi honorable pour eux que consolante pour l'Eglise : elle est une preuve de plus que ce qui peut convenir aux petites sociétés politiques ne convient pas aux grands empires.

On ne cesse de répéter : *omnis anima potestatibus sublimioribus subdita sit* (ep. de S. Paul aux Rom., ch. 13). *Obedite præpositis vestris et subjacete eis* (ep. de S. Paul aux heb., ch. 13) *servi subditi estote in omni timore dominis non tantum bonis et modestis, sed etiam dyscolis.* (1re Ep. de S. Pierre, chap. 2).

Mais, de bonne foi, ces textes tirés des saints Apotres, sont-ils applicables à l'espèce présente ?[1] Ces grands maîtres dans la foi, dans la morale, dans l'enseignement de toutes les vertus et de tous les devoirs, ont-ils jamais dit aux chrétiens : soyés indifférents sur vos gouvernements, laissés les détruire, changer, renverser, usurper au gré de tous les crimes. Obeissés aux plus forts. Dans quelque main que passe l'autorité, soumettés vous, de manière à vous interdire toute démarche en faveur de vos maîtres légitimes injustement opprimés. En un mot n'ayés d'autre règle pour déterminer votre soumission que les coupables succès des entreprises les plus audacieuses, parce qu'il n'est aucune puissance qui ne vienne de Dieu et que toutes celles qui sont, c'est Dieu qui les a ordonnées. *Non est enim potestas nisi a Deo: quæ autem sunt a Deo ordinatæ sunt* (ep. de S. Paul aux Rom., ch. 13).

Saint Paul dit aux Romains : *omnis potestas*, mais suivons le dans la preuve du precepte qu'il donne : *nam principes*, dit-il, *non sunt timori boni operis, sed mali. Vis autem non timere potestatem? bonum fac et habebis laudem ex illâ.* (Ibid.) C'est donc parce que les princes sont, par leur institution, les amis du bien et les ennemis du mal qu'il faut leur obéir. Saint Paul ajoute : *Dei minister est ; vindex in iram ei qui malum agit (Ibid.)* C'est pourquoi soyés soumis par nécessité, non seulement à cause de la crainte, mais même à cause de la cons-

---

1. L'abbé de Bonneval était moins sévère quand il appliquait à Louis XVII, les paroles de Joiada tirées du livre des Rois. Plus haut, p. 56.

cience : *ideo necessitate subditi estote, non solum propter iram, sed etiam propter conscientiam. (Ibid.)*

En effet, tout gouvernement qui mérite ce nom et qui est établi n'a manifestement d'autre but que de protéger le bien et de punir le mal. C'est à quoi il doit tendre par sa nature parce qu'il ne peut subsister sans observer cette règle. S'il ne l'accomplit pas dans tous les cas particuliers, il suffit qu'il l'accomplisse habituellement, et qu'alors même qu'il s'en écarte il soit présumé vouloir lui être fidele, en considération de son propre intérêt. Par cela même qu'il est établi, il commande l'obéissance. Car pourroit on lui résister sans danger? C'est donc une nécessité de lui être soumis. La prudence et la conscience exigent également cette soumission : la prudence, par la crainte du châtiment, la conscience, par l'amour de la justice, qui est inséparable de celui du bien et de la haine du mal.

Or toutes ces considérations sont elles applicables à un gouvernement monstrueux, nouvellement usurpé, qui n'est point encore établi, qui déteste publiquement le bien et qui le persécute, qui provoque le mal et qui le protege, manifestement athée, sanguinaire, destructeur de tous les fondements de l'ordre social, corrupteur de toute morale, pervertissant les mœurs publiques et privées, rebelle contre l'autorité légitime ordonnée de Dieu depuis une longue suite de siècles et contre celle de l'Eglise; à qui tout ce qui est bon, juste, honnête répugne, et qui ne mérite pas même le nom de gouvernement?

La religion chrétienne s'introduisit dans l'Empire Romain sous le règne d'Auguste : elle nacquit sous cet Empereur. La Monarchie avoit remplacé la République avant que saint Paul vint prêcher la foi aux Romains. Il prescrivit aux chrétiens d'être soumis et fidèles au gouvernement qu'ils trouvoient établi. La succession au trone n'avoit encore éprouvé aucune usurpation jusqu'à la mort du grand apotre : elle s'étoit transmise dans le sang des Césars et conformément au sistème d'adoption qui étoit propre à la loi Romaine. D'ailleurs l'empire Romain n'étoit point héréditaire et quoique plusieurs des Empereurs qui succéderent à la famille d'Auguste, ne fussent parvenus au trone que par le meurtre de leurs prédecesseurs, les chrétiens leur obéissoient, parce que le changement des Empereurs ne changeoit point le gouvernement établi, et que ceux qui étoient reconnus par l'armée et le sénat jouissoient du seul titre qui portoit alors sur le trône. Voila pourquoi, ainsi que l'observe M. Bossuet, la conduite du sénat servoit de règle aux premiers chrétiens pour déterminer leur soumission et leur obéissance.

Quoique Néron, sous le règne duquel saint Paul remporta la palme du martyre, persécutât violemment les chrétiens, l'empire Romain n'éprouvoit pas du temps de ce féroce empereur la subversion qu'éprouve aujourd'hui l'empire françois. Croit-on que si des séditieux pareils à ceux qui tyrannisent la France, se fussent emparés de l'autorité des Césars, en déchaînant tous les crimes sur la terre pour substituer à la Monarchie impériale le comble du désordre, sous le nom de république, saint Paul auroit dit aux chrétiens : *subditi estote propter conscientiam ?* [1]

Le passage que contient l'épitre aux hébreux : *Obedite præpositis vestris et subjacete eis*, ne se rapporte qu'à la puissance spirituelle, et c'est ainsi qu'il est interprété par saint Jean Chrysostome dans sa quinzième homélie sur la seconde épitre aux Corinthiens. Le verset qui le précède en fixe le sens. *Beneficentiæ autem et communionis nolite oblivisci : talibus enim hostiis promeretur Deus* (ep. de S. Paul aux heb., chap. 13). Jamais, dans le langage théologique, on n'a appliqué le mot de communion à l'autorité civile. Il est si vrai que saint Paul n'entendoit parler que de la puissance spirituelle qu'après avoir dit : *Obedite...* il ajoute : *ipsi enim pervigilant quasi*

---

1. On ne saurait contester la virtuosité de l'auteur dans l'art de faire évanouir les textes embarrassants. Sa bonne foi pouvait être complète. Son sens historique — en peut-il être avec un tel parti pris ? — était sûrement au-dessous de toute expression.

rationem pro animabus vestris reddituri, ut cum gaudio hoc faciant et non gementes : hoc enim non expedit vobis, et ensuite : *orate pro nobis. (Ibid.)*

Quel parti peut-on tirer de ces paroles en faveur d'un serment quelconque à la prétendue république ?

Il est évident qu'elles sont étrangères à l'ordre temporel, et dans l'ordre spirituel auquel elles se rapportent, les préposés créés par la Constitution civile du Clergé, fauteurs de la république qui ne les a pas encore formellement adoptés, sont les Evêques et les curés coupables d'intrusion ou schismatiques. Or jamais l'apôtre n'auroit conseillé aux hébreux d'etre soumis à de tels hommes s'il y en avoit eu de son temps, lui qui exhorte les Romains de fuir avec soin ceux qui élèvent des dissentions sur la doctrine et qui séduisent les simples par des discours trompeurs : *Rogo autem vos, fratres, ut observetis eos qui dissentiones et offendicula præter doctrinam quam vos didicistis faciunt, et declinate ab illis; hujusmodi enim Christo Domino nostro non serviunt sed suo ventri et per dulces sermones et per benedictiones seducunt corda innocentium.* (Ep. de S. Paul aux Rom., ch. 16).

Enfin saint Pierre recommande aux fideles, dans sa premiere épitre, d'etre soumis à leurs maîtres, non seulement à ceux qui sont bons, mais même à ceux qui sont facheux : *servi, subdiii estote.* Soit qu'il adresse ce précepte aux esclaves qui etoient tres communs de son temps, soit qu'il l'adresse à touts les chrétiens qui étoient dans les liens de la domesticité, il est aisé de se convaincre par l'ordre même de son discours qu'il n'a aucun rapport avec la société civile et qu'il ne regarde que la vie domestique. Afin, dit-il, de vous attirer une bonne réputation parmi les nations, soyés soumis à toute créature humaine par la crainte de Dieu : *Subjecti estote omni humanæ creaturæ propter Deum.* (1re ep. de S. Pierre, chap. 2). Voilà le précepte général qu'il donne à tous les chrétiens, de quelqu'état qu'ils soient. Il commence par l'appliquer à la société civile, en indiquant aux hommes libres, *quasi liberi (Ibid.)*, les personnes auxquelles ils doivent obéir dans l'ordre de cette société. Déscendant ensuite à la société domestique il dit : *servi, subditi estote*. Lorsqu'il applique son précepte à la société civile, il recommande d'etre soumis soit au Roi comme étant élevé au dessus de tous, soit aux chefs envoyés par lui pour la punition des méchans et la récompense des bons : *sive regi, quasi præcellenti, sive ducibus tamquam ab eo missis ad vindictam malefactorum, laudem vero bonorum (ibid.)* Ainsi que saint Paul, le chef des apotres suppose que l'autorité civile a pour objet l'avantage de la société, et c'est pour cette raison qu'il ordonne aux fideles de lui etre soumis. Dira-t-on que le prétendu régime républicain substitué en France au regime Monarchique par l'impiété, la violence et tous les crimes réunis, ait pour objet le bon ordre social et pensera-t-on qu'il puisse jamais y conduire?

Mais ne pourrions nous pas nous appuyer de l'autorité des saints apotres pour repousser toute idée d'un serment quelcomque à la soi-disant république, avec un peu plus de fondement qu'on ne cherche à s'en appuyer en faveur de ce serment? Que dit saint Pierre : *Regem honorificate (ibid.)* Honorés le Roi, c'est à dire soyés lui fideles ; car de toutes les manieres de l'honorer, la premiere est la fidelité. Seroit-ce lui etre fidele et l'honorer que de préter serment à la sédition qui n'a épargné aucun attentat contre son trône? Que dit saint Paul aux Corinthiens? Ne vous associés pas avec les infidèles, car qu'y a-t-il de commun entre la justice et l'iniquité? Quelle société peut se former entre le jour et les tenèbres? Quel accord peut il y avoir entre le Christ et Bélial? *Nolite jugum ducere cum infidelibus. Quæ enim participatio justitiæ cum iniquitate? Aut quæ societas luci ad tenebras? quæ autem conventio Christi ad Belial? aut quæ pars fideli cum infideli?* (2e ep. de S. Paul aux Cor., chap. 6) [1].

---

[1]. L'abbé de Bonneval n'est pas, on le voit, très difficile dans le choix de ses textes pour peu qu'ils lui semblent confirmer sa thèse bien arrêtée.

Peut-on disconvenir qu'en prêtant un serment quelcomque à la prétendue république on s'associeroit plus ou moins à ses crimes, ses injustices, ses usurpations, ses atrocités dans l'ordre temporel, et à ses sacrilèges, son apostasie, son athéisme ou son déisme dans l'ordre du salut?

Que faut-il conclure de la pratique des premiers siècles de l'Eglise? C'est que la prudence peut, dans certaines circonstances, telles que celles où se trouvent aujourd'hui les pretres françois, conseiller une sorte de soumission de fait, mais jamais une soumission de droit. Celle de fait consiste uniquement dans la patience, la résignation avec lesquelles le ministre du Seigneur supporte les maux de cette vie. Il voit le crime, l'injustice, l'impiété ravager la terre : il en gémit, il s'humilie devant Dieu et ne se permet contre l'iniquité qui triomphe d'autre moyen que ceux qui sont conformes à son ministère. Ceux de la violence et du trouble lui sont étrangers. Il ne tait pas la vérité, mais il en tempere l'enseignement suivant les temps, les choses et les personnes, sans jamais perdre de vue les ressources ingénieuses de la charité. Placé au milieu des loups dévorants, il est prudent comme le serpent et simple comme la colombe : *Ecce ego mitto vos sicut oves in medio luporum: estote ergo prudentes sicut serpentes et simplices sicut columbæ* (S. Math., chap. 10). Il se réserve soigneusement toutes ses facultés dans l'ordre de la foi, de sa vocation et de la vie civile bien ordonnée, afin de les employer pour la gloire de Dieu et le bonheur des hommes, suivant qu'il en est averti par les conseils de la sagesse.

Mais il ne peut, dans aucun cas, passer de cette sorte de soumission de fait à une véritable soumission de droit par un serment qui le subordonne à des volontés manifestement énnemies, et qui enchaîne ses plus étroites obligations. La crainte du parjure le prémunit contre tout engagement qui porte atteinte à la mission qu'il a reçue et, qui le fait participer au mal, soit par le silence qu'il lui impose, soit par le concours dans lequel il l'entraîne, soit par l'exemple auquel il le contraint : *non perjurabis ; reddes autem Domino juramenta tua (ibid.*, chap. 5.) Il sait que le disciple n'est pas au dessus de son maître et que le juste par essence n'a rendu ni la prédication de son évangile, ni les miracles dont il l'a accompagnée, captifs d'un serment quelconque envers la sinagogue : *non est discipulus super magistrum (ibid.*, chap. 10). Fidèle à imiter les premiers apotres de la foi, s'il peut, comme eux, user de quelques ménagements avec les persécuteurs, les impies et les rebelles, il ne doit pas plus qu'eux s'associer par des promesses assermentées à la perversité du désordre, au scandale du sacrilege et aux attentats de la révolte. Il souffre comme ses modèles. Les secours du tout puissant sont à la fois son espoir et sa force; il les attend, les sollicite, mais toujours maître de lui-même, la seule dépendance qui lui convienne est celle de ses devoirs.

L'argument qu'on tire de la prescription ne nous paroit pas plus applicable à l'espèce actuelle que ceux que nous venons de parcourir. Elle doit estre estimée, dit-on, moins par le temps que par l'impossibilité reconnue de résister à l'usurpateur, quel qu'il soit, par la soumission qui en a résulté pour la communauté, soumission réglée par un traité, et par la reconnoissance des puissances obligées de former des capitulations avec la puissance cy devant usurpatrice.

La prescription est un moyen reconnu par le droit public des nations, peut etre même par le code moral, si ce n'est pour valider les entreprises illégitimes, au moins pour mettre un terme aux résistances et aux réclamations qu'elles rendent indispensables. Elle agit sur les grandes usurpations publiques comme sur les usurpations privées, et elle n'est pas une des moindres difficultés qui se rencontrent dans la question beaucoup trop agitée de l'établissement du pouvoir. Mais sans entrer dans la longue discussion de ces difficultés, tenons-nous en à examiner si l'argument de la prescription peut aujourd'hui etre employé avec quelque succès par la soi disant république françoise.

La France a essuyé tant de pertes et tant de maux depuis 1789 que l'imagination consternée ne peut pas se représenter comment quelques années ont pu suffire à de si grands ravages. Nous sommes dans ce moment à une si effrayante distance de ce que nous étions avant la révolution que nous nous surprenons sans cesse croyant avoir parcouru plus d'un siecle. Cependant sept années se sont à peine écoulées depuis le commencement de nos désastres, et encore, de ces sept années, la prétendue république ne peut en réclamer que trois tout au plus. Que sont trois années dans la durée du temps ? La prescription en matiere civile et ecclésiastique ne s'acquiert que par trente, quarante et quelquefois même cent ans. Doit-elle etre moins rigoureuse en matière politique. Ajoutons que dans tous les cas, elle ne peut s'effectuer que pour une chose qui est, et non pour une chose qui n'est pas. Or que trouve-t-on dans le chaôs des absurdes institutions qui se sont réciproquement détruites en France depuis le regne si vanté de la liberté ? On y trouve le mot de république prodigué avec ostentation, mais certainement on n'y trouve pas la chose. Car enfin, une république est un gouvernement, et on ne peut pas appeler de ce nom une conspiration frénétique contre les premiers éléments de la raison, du bon sens et d'un ordre quelconque.

L'impossibilité de résister à l'usurpateur est une mesure incertaine tant qu'elle n'a pas été soumise à l'épreuve rigoureuse du calcul et du temps. Il faut savoir si elle est réelle et si elle est absolue. Sa réalité dépend de la juste appréciation des moyens de résister à l'usurpateur et de le vaincre. Elle ne doit être considérée comme absolue qu'autant qu'aucune ressource actuelle, prochaine ou raisonnablement présumable ne resteroit pour la faire cesser. Connoit-on aujourd'hui avec précision la nature et l'intensité des moyens de résister à l'usurpation des séditieux oppresseurs de la France, de la combattre et de la vaincre ? Est-il vrai que la bonne volonté de la partie fidèle de la nation ne conserve aucune ressource actuelle, prochaine ou raisonnablement présumable pour dompter les usurpateurs et les soumettre à l'autorité légitime? Est-il démontré que ce que cette bonne volonté n'a pas pu faire hier, elle ne puisse pas l'entreprendre demain, que ce qui ne lui a pas réussi jusqu'à présent, ne puisse pas se renouveller avec un succès plus heureux? Tant que ces certitudes phisiques et morales n'existeront pas en France, on ne peut pas argumenter d'après l'impossibilité de résister à l'usurpateur, et la soumission forcée qui en a résulté momentanément pour la communauté, en la supposant même règlée par un traité, ne prouve rien en faveur de sa durée.

La reconnoissance des puissances obligées de former des capitulations avec la puissance cy devant usurpatrice est ou légitime ou illégitime. Elle est légitime si en effet la puissance cy devant usurpatrice est tellement consolidée par le temps, par ses forces et par son aplomb qu'aucune attaque venant de son propre intérieur ne puisse tenter, avec plus ou moins de probabilité de succès, de la renverser et de la détruire. Dans ce cas, elle pourra avec raison être appelée *cy devant usurpatrice* parce que le temps et ses propres forces auront presque fait disparoitre la tache de son usurpation primitive, de manière à n'en laisser appercevoir aucune d'usurpation actuelle. Cette reconnoissance est illégitime, si elle se fait avant le temps convenable, si elle prévient le cas de l'indispensable nécessité, si elle est déterminée ou par la foiblesse ou par des vues malfaisantes. Les capitulations qu'elle entraîneroit alors ne seroient pas faites avec la puissance *cy devant usurpatrice*, mais avec la puissance *actuellement usurpatrice*. Elles seroient un grand scandale en morale, un exemple funeste en politique, mais elles ne conclueroient rien en faveur de la prescription. Elles ne la créeroient pas et ne pourroient lui imprimer aucun caractère obligatoire.

Tout se réduit, dans la question dont il s'agit, à savoir si trois années de l'empire le plus odieux, dont chaque jour, dans cette courte durée, a été marqué par plus de crimes, d'injustices, de sacrilèges et d'atrocités que le monde n'en avoit connu depuis son origine, peuvent donner à la prétendue république françoise un titre plausible à la préscription; si un soi disant gouvernement qui repose sur les bases les plus vicieuses, qui porte en lui-même les germes certains de sa propre destruction, qui, sans parler des attaques du dehors est attaqué de toutes parts dans son intérieur par son inconvenance avec les besoins moraux et politiques du peuple qui a eu l'imprudence de s'y laisser entraîner, qui est, dès à présent et qui jusqu'à entière destruction sera infailliblement assailli par les vices innombrables qui lui sont inhérents, qui appeleroit à grands cris contre lui tous les mépris, tous les ressentiments, toutes les haines, si la religion ne faisoit pas un devoir du pardon des injures; il s'agit de savoir si un tel soi-disant gouvernement présente une stabilité suffisante pour donner matière à quelque prescription que ce soit, quand bien même toute attaque du dehors cesseroit et qu'il seroit reconnu par le concert des puissances.

S'il est vrai que ni la courte durée qu'il oseroit faire valoir, ni ses excès, ni sa nature, ni la reconnoissance circonstancielle des puissances ne peuvent pas lui donner le droit de préscrire, ce dont il n'est permis à aucun esprit juste de douter, il ne doit donc pas etre consideré comme un gouvernement établi et ordonné de Dieu. On ne peut pas lui appliquer les paroles de saint Paul : *quæ autem sunt, a Deo ordinatæ sunt*; car Dieu n'ordonne point ce qui répugne essentiélement à l'ordre, ce qui est en lui-même le comble du désordre. La foi et la raison ne peuvent voir dans un si horrible foyer de dépravation, à qui la qualification de gouvernement ne peut etre donnée sans la prostituer, qu'un fléau passager suscité par la colère du tout puissant, pour l'instruction des hommes et dont sa divine miséricorde les délivrera, s'ils savent lui opposer la résistance inébranlable des devoirs. C'est ainsi qu'Estius qui tient un rang si distingué parmi les théologiens, explique ce texte de saint Paul. Il dit que la puissance usurpée, telle qu'est celle des tyrans et des voleurs, n'est pas à proprement parler une puissance : *potestas usurpata cujus modi est tyrannorum et latronum non est absolute potestas nec superioritas* (Ratius, *in Paulum*).

Eh! pourroit-on penser que le Chef de l'Eglise qui, dans sa profonde sagesse et son active prévoyance, pèse tout ce qui est bien et tout ce qui est mal, tout ce qui est utile et tout ce qui est dangereux, tout ce qui conserve intact le grand dépôt de la foi dont il est le gardien et tout ce qui pourroit l'altérer, qui veille sur la famille sainte afin qu'en se maintenant dans son exacte discipline et dans la charité qui la caractérise, elle ne cesse de répandre la bonne odeur parmi les nations, qui, dans l'ordre spirituel, est le père des Rois comme des autres hommes, pourroit-on penser que le Vicaire de Jésus-Christ approuveroit un serment aussi allarmant pour la morale, pour les interêts de la foi, pour l'honneur de l'épiscopat et du sacerdoce, et aussi contraire à la saine politique qu'à la fidélité qui ne doit jamais etre plus secourable pour les oints du Seigneur qu'alors qu'ils ont plus d'ennemis!

Il sait ce que la Religion dont il est le ministre suprême, toujours reconnoissante pour les bienfaits, toujours sensible et généreuse pour les malheurs, doit aux vicissitudes de l'autorité légitime. Il sait que l'insurrection contre les dépositaires de la force morale qui commande l'obéissance, ne marche jamais seule et qu'elle est toujours accompagnée de l'insurrection contre l'Eglise et son divin auteur. Il sait avec quelle fermeté les saintes écritures ordonnent de résister aux innovations, qui prennent leur source dans une fausse science : *devitans vocum novitates et oppositiones falsi nominis scientiæ* (1re epître de S. Paul à Tim., ch. 6), et que la philosophie sanguinaire qui a forgé pour la France les fers de la république la plus absurde et la plus révoltante, est la même que celle dont l'audace impie contre le saint Evangile et dont la corruption effrénée deshonorent depuis longtemps notre siècle orgueilleux. Il sait que les clefs qui reposent entre ses mains n'ouvrent la porte qu'au repentir et la ferment à l'impénitence.

C'est à lui qu'il appartient, comme successeur de saint Pierre, de confirmer ses frères dans la foi et dans les bonnes mœurs. Comme prince temporel, il les confirmera aussi dans les devoirs de la fidélité, et réunissant à sa qualité de Pontife des Pontifes celle de Souverain qu'il a plu à la divine Providence de joindre à la chaire apostolique afin d'assurer l'indépendance de son auguste et saint ministère, il apprendra aux hommes, lorsqu'il les jugera dignes de l'entendre, que l'obéissance n'est pas due à ce qui est essentiellement et évidemment ennemi de tout ordre public, que ce que la prudence commande dans les violentes agitations des sociétés ne peut pas etre commandé par la conscience, et que l'autorité légitime remontant jusqu'à la divinité même, les peuples n'ont le droit ni de l'anéantir ni de la déplacer. Il leur apprendra qu'un désordre qui détruit tout n'est point un ordre établi, qu'il n'est point ordonné de Dieu, parce que Dieu n'ordonne point le désordre évident, le désordre durable, et que lorsqu'il le permet pour chatier les hommes, il leur fait un devoir de le supporter avec résignation comme un moyen de pénitence, mais non de s'engager à le maintenir ou au moins à ne pas le troubler, jusqu'à ce que, cessant d'etre un veritable désordre, Dieu, dans la profondeur de ses decrets, ait permis au temps de le consolider.

Il dira aux pretres du Seigneur : ne prenés point en vain le nom de l'Etre supreme; ne prostitués pas la tribu de Lévi à l'idole d'une prétendue république par un serment quelconque, qui, de quelques précautions qu'il fut accompagné, affoibliroit, anéantiroit même le respect, la confiance et l'amour que les peuples doivent au sacerdoce, qui le raprocheroit de trop près des crimes des séditieux, et qui, en le condamnant au silence, l'empecheroit d'accomplir une de ses obligations principales, celle de solliciter le repentir par la douce violence de la parole et des conseils : *prædica verbum, insta opportune, importune, argue, obsecra, increpa in omni patientiâ et doctrinâ* (2° ep. de St Paul a Tim., chap. 4).

Il leur dira : Apprenés aux peuples qu'ils n'ont de vrais pasteurs que les Evêques qui sont en communion avec le Saint Siege et les curés qui, par le canal de leurs Evêques légitimes, sont dans la meme communion, que la hiérarchie sacrée n'est point l'ouvrage des hommes, qu'elle remonte immédiatement à Dieu, qu'il n'appartient ni à des legislateurs, quels qu'ils soient, ni à des philosophes, ni à des séditieux d'en faire une, que par conséquent les Evêques et les curés constitutionnels ne sont ni les Evêques, ni les curés de leurs soi-disant diocèses et de leurs prétendues paroisses; que l'Eglise les renie et qu'eux mêmes ont prononcé leur propre condamnation par tous les vices inhérents à l'origine de leur hypocrite apostolat, de leur administration infidèle, et par leur fausse ortodoxie. Apprenés aux peuples à se méfier des ministres intrus et schismatiques qui se revêtent de la peau des brebis et qui sont des loups dévorants. Apprenés leur que non seulement il faut les juger par leurs œuvres, mais par leur mission toute profane et sacrilège, que d'un arbre gaté il ne peut jamais naître de bons fruits et qu'un tel arbre doit etre arraché; que ce ne seront pas ceux qui disent : *Seigneur, Seigneur,* qui entreront dans le Royaume des Cieux, mais uniquement ceux qui se conforment à la volonté de Dieu en se conservant fidèlement dans le sein de son Eglise; que les usurpateurs du plus saint, du plus redoutable des ministères diront vainement au grand jour des vengeances célestes : Seigneur, n'avons-nous pas prophétisé en votre nom ? N'avons-nous pas catéchisé les peuples ? Ne leur avons-nous pas distribué le pain de la parole, la manne adorable de vos sacrements ? Ne leur avons-nous pas ouvert les trésors de vos graces ? N'avons-nous pas même été persécutés en haine de la foi chrétienne ? Et que le Souverain Juge prononçant sur eux une sentence de mort, leur répondra : Qui etes vous ? d'où venés vous ? Quelle participation avés vous eue avec le successeur de Pierre ? Ministres d'iniquité ! qui entrainés dans votre perte éternelle tant de malheureux que vous avés séduits, retirés-vous. Jamais je ne vous ai connus : *quia numquam novi vos.* (S. Math., chap. 7).

La voix imposante de Pie six retentira pour prémunir les peuples contre les pièges qui leur sont tendus par une soi disant lettre encyclique que quatre Evêques intrus viennent de publier [1]. Comme si de tels hommes avoient d'autre lengage à tenir que celui de la repentance! Eh! de quel droit osent-ils contrefaire celui de l'Eglise et de ses vénérables interpretes, eux qui déchirent l'Eglise et qui méconnoissent la tradition! Ils ne rougissent pas de se vanter de leur unité catholique, de parler de la règle des mœurs, d'invoquer saint Cyprien, [Gerson] [2] et Bossuet, tandis que rien en eux n'est catholique, qu'ils outragent les mœurs et que leur anathème est prononcé par le saint Evêque de Carthage (*mots barrés illisibles...* par Gerson) et par l'aigle de Meaux. Leur plume, encore dégoutante du sang de Louis seize, de Marie-Antoi-

---

1. Il s'agit sans doute de la *Lettre encyclique de plusieurs Evêques de France, à leurs frères les autres évêques et aux églises vacantes*, in-4º de 17 p. (Ld⁴ 3953). Elle eut au moins cinq éditions. Sans signature, elle se termine par la clausule : Nous, Evêques de France, réunis à Parios, assemblés au nom de Jésus-Christ..... faisons devant l'Eglise universelle la déclaration de notre foi..... et adressons aux Presbytères des Eglises veuves les règles de discipline provisoires, etc.... » On y déclare que rien n'est changé de la religion que la discipline, et on lit, p. 4, « La Religion n'a plus de consistance publique en France, par là sont levés tous les obstacles qui s'opposaient à ce rétablissement. Justice, vérité, protection de la part du gouvernement; de notre part, soumission, fidélité, attachement à la République, tels seront désormais nos rapports réciproques. » Sans lieu ni date, elle fut écrite le 15 mars 1795. Une seconde encyclique parut le 13 décembre 1795 à peu près sous le même titre : *Seconde Lettre encyclique de plusieurs... et autres Eglises veuves contenant un règlement pour servir au rétablissement de l'Eglise Gallicane*. A Paris, à l'imprimerie Librairie Chrétienne, Rue Saint-Jacques, près celle des Noyers, nº 278 et 279, in-8º de 216 pages (Ld⁴ 3971). Elle est signée de Desbois, év. d'Amiens, Primat, év. de Cambray, Grégoire, év. de Blois, Royer, év. de Bellay et Saurine, év. des Landes, plus 9 adhésions : Saint-Dié, Vesoul, Séez, Bordeaux, Cahors, Meaux, Carcassonne, Tarbes, Tours, et comme unique adhésion des presbytères des églises veuves, celle du presbytère de Chartres.

2. Ce nom a été soigneusement raturé.

nette, de la vertueuse Elisabeth et de tant d'autres victimes de leur ambitieuse impiété, ne craint pas de s'élever contre la persécution. A les en croire, ils sont aussi confesseurs de la foi. Bientôt ils décerneront les honneurs du martyre à leurs *Fauchet*, *L'Amourette*, *Gobel*, et ils exposeront à la vénération de leurs prétendus néophytes les ossements impurs des *Bailli*, des *Marat*, des *Brissot*. Que peuvent attendre les peuples, quels secours spirituels peuvent ils recevoir de ces hommes intrus qui, mêlant audacieusement une feinte catholicité, une régularité mensongère avec l'hérésie, le schisme, le régicide, empruntent les dehors de la religion et de la morale pour mieux en corrompre la substance? Les foudres de l'Eglise grondent sur leur tête. Si, dans son inépuisable charité, Pie six les a suspendues jusqu'à présent, qu'ils tremblent. La charité prudente du Vicaire de Jésus-Christ ne fait rien perdre à sa ferme sagesse, et le moment est peut etre arrivé ou les foudres vont éclater. Qu'ils tremblent... Hélas! ne sont-ils pas trop endurcis pour trembler? Mais au moins qu'une sainte terreur, qu'une crainte salutaire s'empare des esprits égarés, et que, soigneux enfin du salut de leur ame, dociles à la voix du pere des fideles, les peuples quittent ces faux pasteurs qu'il rejette, pour retourner à leurs pasteurs véritables : *discedite a me, qui operamini iniquitatem*. (S. Math., chap. 7).

Enfin, le Souverain Pontife convaincu par l'immensité de ses lumieres que chez un peuple soumis depuis quatorze siecles au gouvernement Monarchique, le passage violent de la Monarchie à la République, provoqué par l'incrédulité et toutes les passions qui marchent à sa suite ne peut pas s'opérer sans la ruine entière de la foi catholique, et par conséquent sans la perte des ames, persuadé qu'autant il est vrai que sans la religion il ne peut pas y avoir de Monarchie en France, autant il l'est que sans la Monarchie il ne peut pas y avoir de religion; animé du saint amour que ses prédécesseurs ont de tous temps ressenti pour le Royaume tres chrétien et le fils ainé de l'Eglise, bien loin de permettre que les pretres enchainent l'activité de leur ministère, et en compromettent l'efficacité par un serment à la soi-disant république, proscrira et condamnera pour la France tout formulaire quelconque qui s'écarteroit des bases fondamentales telles qu'elles étoient avant sa desastreuse dissolution. Il fera connoitre par là en quoi consiste l'union si précieuse que Dieu a commandée entre le Sacerdoce et l'Empire. Il montrera que si l'empire doit appuyer le sacerdoce, le sacerdoce à son tour doit appuyer l'empire. Il fera bénir aux hommes ces liens réciproques qui seuls embrassent la plénitude du bonheur social, et en resserant leurs nœuds pour la Monarchie françoise, il rendra la paix aux consciences et à l'Europe. Les consciences trompées par le philosophisme et ses funestes enseignements, pressées par le besoin de recouvrer un repos qu'elles ne peuvent trouver que dans la religion catholique, reviendront franchement à cette religion divine, et par elle, à la restitution du grand vol qui a été fait de la Monarchie.

Ce double retour rendra aux françois le calme spirituel et leur tranquillité temporelle. Il rendra pareillement la paix à l'Europe. Car lorsque la France sera rentrée dans le seul ordre qui lui convienne et qu'elle ne peut obtenir qu'en revenant à ce qu'elle étoit avant ses malheurs, l'Europe cessera d'etre bouleversée, l'équilibre se rétablira dans son sein, et chaque peuple recommencera à vivre paisiblement sous la protection tutélaire de son obéissance légitime. Les puissances n'auront plus à dire aux séditieux usurpateurs du trône de Louis seize : nous ne pouvons faire la paix avec vous qu'autant que vous aurés une Constitution, et les mêmes séditieux n'auront plus à dire aux puissances : nous ne pouvons pas faire une Constitution si nous n'avons la paix. Le retour à la religion et à la Monarchie produira seul cette paix si désirable; et désormais la politique se renfermant dans la justice et dans la probité, n'aura que des bénédictions à recueillir et plus d'orages à combattre.

Quelle douce consolation ne procurera pas au clergé de

France et à tous les autres clergés catholiques cette grande pacification des consciences avec elles mêmes, des potentats entre eux, et quelle gloire n'en résultera-t-il pas pour la religion ! Quels attraits irrésistibles n'aura-t-elle pas pour les hommes, après un si grand bienfait ! Car enfin, les siècles ne peuvent pas s'écouler dans les bouleversements. Il est temps que l'épouvantable divagation d'idées qui tourmente la fin du dix-huitième siecle fasse place à des principes fixes, solides et durables. Jamais le besoin ne s'en est plus fait sentir et jamais il n'a été plus démontré qu'on ne peut les trouver que dans la religion catholique et dans ses saintes exigences. Elle seule peut ramener les hommes au bonheur par sa morale et à la paix par sa charité. Les peuples devront ces deux biens si précieux à la fermeté inébranlable du clergé qui, formant par son union invincible avec son chef suprême, la phalange sacrée : *acies ordinata* (Cant. des Cant., ch. 6), aura triomphé de l'esprit de vertige et d'incrédulité, source intarissable de tant de malheurs, non avec les armes humaines, mais avec le courage dans les souffrances, la persévérance dans l'enseignement, la résistance aux innovations, et avec l'étendart de la Croix, et le catéchisme à la main : *In hoc signo vinces.*

Ce sera alors que le bandeau de l'impie philosophisme tombera. Les yeux des hommes et de la politique s'ouvriront. Les injustes et pernicieux préjugés que leur avoient inspiré les doctrines les plus insidieuses, disparoitront. La vertu ne sortira que plus belle et plus pure du creuset des persécutions, et la paix, cette paix domestique sans laquelle la vie n'est qu'un supplice prolongé, se rétablira dans les âmes et les empires.

La Monarchie rendant hommage à la verité dira : Je dois mon rétablissement à cette religion adorable que je ne saurois trop faire respecter, et à ses ministres dont j'apprécie plus que jamais l'important ministere. La France reconnoitra de son côté qu'en recouvrant la Monarchie, elle aura recouvré la religion catholique et que tous les biens lui seront revenus avec elle. *Venerunt mihi omnia bona pariter cum illâ* (Sag., ch. 7). Elle ne verra plus dans les ministres de l'Evangile que ses amis les plus tendres, les plus dévoués, ses serviteurs les plus fidèles. Nos tyrans, diront les peuples, ont éxigé qu'ils se liassent par un serment à la république monstrueuse qu'un délire impie et sanguinaire nous avoit donnée. Ils l'ont généreusement refusé, parce que sous le masque d'une tolérance hypocrite, ce serment nous auroit rendu notre religion défigurée, au moins dans sa discipline et corrompue dans sa sainte morale. Ni les tribulations, ni les angoisses, ni la faim, ni la persécution, ni le glaive n'ont pu les ébranler. Ils ont tout supporté par leur amour pour nous et par la constance de leur charité religieuse. *Quis ergo nos separabit a charitate Christi? Tribulatio? an augustiæ? an fames? an persecutio? an gladius?... Neque mors, neque vita... neque creatura alia poterit nos separare a charitate Dei.* (Ep. de S. Paul aux Rom., chap. 8). Ils ont vaincu notre aveuglement deplorable et ces belles paroles de Jésus-Christ se sont accomplies dans leur résistance salutaire : *qui autem perseraverit usque in finem, salvus erit* (S. Math., chap. 8).

.*.

Le développement de ces multiples arguments, que nous n'avons pas à reprendre ici, et qui, si discutables soient-ils, sont au moins respectacles, parce que sincères, est, comme on le voit, un reflet très net de l'état d'esprit qui régnait à cette époque si troublée. La confusion que l'avocat passionné du trône et de l'autel établit, comme un dogme, entre la monarchie et la religion, devoit rendre bien difficile au clergé la connaissance plus encore que le courage de faire son devoir. La dernière partie du traité sera plus explicite encore.

L'abbé de Bonneval avait, on l'a vu par ses deux premiers arguments, la conviction profonde que religion et monarchie étaient, en France, inséparables. Il n'était pas loin d'admettre qu'un serment « quelconque » à la république — car il raisonne en dehors de toute formule et avant qu'on ait décrété la teneur du serment exigible — équivalait pour un prêtre à l'apostasie. Ce sont donc de curieuses pages d'histoire que ces traités demeurés inédits par lesquels il s'efforce de combattre tout compromis politique.

Très loyalement, il faut le reconnaître, il s'est posé l'objection et produire l'argument des prêtres favorables à ce principe du serment et dominés par le désir de porter le secours religieux auquel aspiraient tant d'âmes, la thèse de ceux pour qui le salut éternel prime toutes les autres considérations. Mais combien faible sa réponse! Lui qui avait subtilement discuté les textes théologiques qui lui étaient contraires et esquivé leurs conséquences, se contente de mettre en regard des besoins religieux plaidés par les partisans du serment, deux exemples l'un biblique, l'autre tiré de la vie de saint Ambroise, d'une application plus que lointaine et contestable. Ils lui suffisent, tant il est préoccupé de sauver le retour à la monarchie, son objectif, en somme, capital.

Il n'était guère possible de plaider avec une ferveur plus convaincue la thèse de l'*inséparabilité* du catholicisme et de la monarchie. L'abbé de Bonneval, en théologien expert, n'a garde de la déclarer vraie en théorie absolue, mais pratiquement et relativement à la France telle qu'il la conçoit, il ne laisse pas de la défendre avec un acharnement digne d'une meilleure cause.

Chose curieuse, il se rencontrait dans ses conclusions avec Mme de Staël dans l'ouvrage politique, encore inédit intitulé: *Des circonstances actuelles qui peuvent terminer la Révolution et des principes qui doivent fonder la République en France*. Au chapitre des *Religions* qu'a publié la *Revue chrétienne*[1] avec un empressement qui s'explique, la fille illustre

---

1. IV⁰ série, t. I, 1ᵉʳ janvier 1904. *Un Chapitre inédit de Mme de Staël: Des Religions*, p. 14 à 26.

du protestant Necker conclut qu'il faut que la France devienne protestante si elle veut fonder la république.

Elle aussi admet, comme le chanoine de Paris, son contemporain, que la monarchie est liée à l'Eglise catholique en France et elle va en déduire que la France doit changer de religion puisqu'elle veut changer de régime politique. La page vaut la peine d'être citée, outre qu'elle contient une généreuse protestation contre le moyen impolitique et inefficace de la déportation des prêtres :

« C'est à des considérations politiques qu'il faut attribuer l'adoption et les modifications de toutes les religions dites de l'Etat, et il me paraît du ressort des législateurs d'influer par tous les moyens justes et par conséquent par les seuls efficaces sur la diminution progressive de telle ou telle croyance dogmatique qui s'accorde mal avec la nature du gouvernement. Les monarchies représentatives ne peuvent succéder aux monarchies absolues que par le changement de dynastie, les républiques ne peuvent succéder aux monarchies que par le changement de religion. Le corps des prêtres dans une religion où il fait corps, doit ou faire partie de l'Etat, lui devoir son existence, courir les mêmes dangers que lui ou être intéressé à son renversement. Mais en même temps que j'accorde ce principe, quel effroyable abus l'on a fait de son application! *De la persécution*. D'abord quand la persécution des prêtres n'aurait pas atteint ceux qui croient à leur doctrine, quand cette persécution ne serait pas contraire à toute possibilité de liberté, de vertu, de philosophie pour une nation dans laquelle elle s'exécute, quel être humain peut être assez sûr d'une combinaison de son esprit pour y sacrifier une classe de cent mille hommes dont les individus sont personnellement innocents, puisque c'est sans jugement, comme prêtres et non comme délinquants, qu'ils sont déportés? »[1].

---

1. *Ibid.*, p. 19.

Certes, Mme de Staël, par ses idées religieuses, était aux antipodes des conceptions de l'abbé de Bonneval, elle qui déclarait sans sourciller « que tout ce qu'on appelle les révélations *était* l'ouvrage des hommes » et qui tenait pour un moyen légitime d'écarter la religion catholique l'exigence, de la part du gouvernement, d'une « déclaration incompatible » avec son dogme. Elle se rencontre cependant avec lui dans la persuasion erronée que la religion catholique est inséparable de la monarchie et ne peut subsister sous la république.

Nous voyons mieux encore le sentiment de l'abbé de Bonneval dans l'argumentation politique qui couronne le traité.

L'argument longuement développé par lequel l'abbé de Bonneval prétendait répondre aux partisans du serment alléguant contre la Royauté la prescription, est classé par lui sous le chef des « *Devoirs du clergé.* »

En réalité il constitue un paragraphe distinct. C'est dans cette discussion, de nature plus politique que religieuse, que l'auteur se montre ce qu'il a été surtout, sinon uniquement, un publiciste, au moins d'occasion, déployant au service des Bourbons tous les efforts d'une dialectique passionnée et souvent sophistique.

On a certainement remarqué la confusion perpétuelle qui mêle dans l'argumentation de l'abbé de Bonneval, le serment prêté par les adhérents à la Constitution civile du clergé et le futur serment à la république, de formule encore inconnue, qui devait être seul ici l'objet du débat. Qu'elle règne à l'insu de l'auteur, comme conséquence de ses préoccupations passionnées qui l'empêchent de raisonner juste, ou qu'elle soit volontaire, par un dessein plus hostile que loyal, l'effet n'en est pas moins de vicier une partie des arguments. Mais le publiciste semble surtout avide de frapper fort sans trop mesurer la justesse des coups. Tout procédé lui est bon, même cette adjuration à Pie VI, à qui, imité en cela de tout temps par une légion d'esprits dont la race n'est pas éteinte, il a soin de dicter son devoir et son langage, d'interpréter et de devancer la décision. La condamnation formelle des jureurs de la Constitution civile qui tarda jusqu'au 16 mars 1791 était seule portée. Cela n'empêche pas notre auteur, mélangeant à plaisir les deux serments de préjuger celle de l'adhésion à la république.

Il serait trop long, encore que ce soit pleinement de notre sujet, de traiter ici complètement la question des serments successivement exigés du clergé de l'année 1790 à l'année 1800. Un excellent livre a d'ailleurs été publié sur la matière par M. l'abbé Uzureau, qui a édité, sous le titre *Les Serments pendant la Révolution*[1], les écrits de M. Meilloc, ancien supérieur du Séminaire d'Angers. On y rencontrera tous les détails relatifs à cette question complexe qui divisa et passionna les esprits.

Ce seront donc plutôt les traités inédits de l'abbé de Bonneval qui ajouteront aux arguments déjà connus des adversaires irréductibles de tout serment, tels que les *Opuscules* publiés par M. l'abbé Uzureau aux appendices I et II (p. 313 à 350) une note personnelle et un accent particulier. Bornons-nous à quelques dates et à l'énumération succincte des mesures proposées.

Votée le 10 juillet 1790 et acceptée par le roi le 24 août suivant, la Constitution civile fut le 26 novembre l'objet d'un rapport de Voidel, demandant que le serment fût exigé. Le décret porté dès le lendemain et sanctionné par Louis XVI le 26 décembre contenait la formule du serment qui fut refusé par la grande majorité des prêtres. La condamnation de la Constitution civile fut prononcée par Pie VI le 16 mars 1791[2].

---

1. Paris, Lecoffre, 1904, in-16 de 368 p.
2. Le serment à la constitution civile avait été condamné par Pie VI dans son bref du 13 avril 1791, le délai de quarante jours accordé à ceux qui l'avaient prêté, après lequel ils seront « suspens de l'exercice de tout ordre quelconque. » (Cf. Uzureau, p. 66, n. 1.)

Le second serment, discuté celui-là et que prêtèrent bon nombre des opposants à la Constitution civile, fut celui de « *liberté et d'égalité* » contre lequel s'élève l'abbé de Bonneval. La formule fixée le 14 août 1792 : « Je jure d'être fidèle à la nation et de maintenir la liberté et l'égalité ou de mourir en les défendant », fut complétée le 3 septembre : « Je jure d'être fidèle à la nation, de maintenir de tout mon pouvoir la liberté, l'égalité, la sûreté des personnes et des propriétés, et de mourir, s'il le faut, pour l'exécution de la loi. »

Le vague même de la formule du serment arrêta l'adhésion des prêtres fidèles qui entendaient ne pas approuver ce que le pape avait condamné et ceux mêmes qui, comme M. Meilloc, prêtèrent ensuite le serment ne le firent que lorsqu'il fut avéré pour eux, par suite de la constitution du 24 juin 1794, que le serment exigé d'eux était restreint à l'ordre civil et excluait tout ce qui concernait le spirituel.

Après le coup d'état du 9 thermidor (27 juillet 1794), la motion votée par la Convention le 18 septembre suivant : « La République française ne paie plus les frais ni les salaires d'aucun culte... », si peu favorable qu'elle ait voulu être à la religion, permit de reprendre les réunions liturgiques, et bientôt fut votée (21 février 1795) la loi sur la liberté des cultes. Toute précaire qu'elle était, cette « liberté » surveillée et entravée, était un pas en avant. La loi du 30 mai 1795 autorisait les communes à mettre à la disposition des catholiques un certain nombre d'églises non aliénées. Mais le prêtre qui voulait les desservir devait se faire autoriser, moyennant un acte de soumission aux lois de la République. A cette promesse de soumission se rapporte le traité de l'abbé de Bonneval qui nous occupera bientôt. Disons un mot pour mémoire, des autres serments que la législation rendit obligatoires.

Celui de *haine à la Royauté*, qui se rapporte aux mesures de réaction qu'inaugura le coup d'état du 18 fructidor, amena la déportation d'un grand nombre de prêtres. La loi du 24 août 1797 par laquelle le Directoire abrogea les peines portées contre les réfractaires, avait substitué aux serments précédents la formule acceptable : « Je promets d'être soumis au gouvernement de la République française. » Elle était rapportée, et le serment « *Je déclare et jure haine à la Royauté et à l'Anarchie* » était requis de tous les prêtres sans exception.

La promesse de fidélité à la constitution de l'an VIII, après le coup d'état du 18 brumaire (9 novembre 1799) fut exigée des ministres du culte, d'abord par un simple arrêté (18 décembre) puis par la loi du 11 janvier 1800. La formule : « Je promets fidélité à la Constitutiion » fit naître les mêmes contentations que jadis le serment de liberté et d'égalité. Le Saint-Siège consulté, se borna, comme la première fois, à temporiser sans donner de décision et les divergences persévérèrent. On devine de quel côté se porta toujours l'abbé de Bonneval. Nous n'avons pas à écrire ici l'histoire de ces longs débats sur lesquels, même après coup il n'est pas toujours aisé de prononcer des jugements équitables, car difficilement on se met, éclairé qu'on est par les événements, au point où pouvaient être ceux à qui l'avenir restait voilé. Mais il reste toujours instructif de lire l'expression de leurs sentiments.

C'est après le décret du 30 mai 1795 demandant la promesse de soumission aux lois de la République que l'abbé de Bonneval lança son traité sous forme de discours aux prêtres français rentrés en France.

Etait-il encore à Rome quand il écrivit les deux traités qu'il voulut publier ensemble ?[1]. Aucun autre renseignement que

---

1. L'abbé de Bonneval était encore à Rome à la mort du Card. de Bernis (2 oct. 1794), dont il écrivit une biographie sommaire intitulée : *Précis historique sur Son Eminence Monseigneur François-Joachim de Pierre de Bernis*, Paris, 1795, in-8º, publiée par l'abbé d'Hesminy d'Auribeau, dans ses *Mémoires*, p. 952-963 et tirée à part. (Bibl. Maz., 35784).

leur date, sans indication de lieu, ne se lit sur le manuscrit des deux ouvrages, et je n'ai pu rencontrer jusqu'ici l'époque de son départ pour Vienne où il résida certainement dès l'année 1799. La teneur de ce *discours* est intéressante, indépendamment du lieu où il fut composé.

IV

Le troisième des quatre traités écrits par l'abbé de Bonneval contre la prestation de serments ou de promesse quelconques au gouvernement de la république ne fut achevé qu'à la fin de l'année 1795. Toute la seconde partie de cette dissertation se rapportait à la formule de la loi du 28 septembre. Indépendamment de toute autre recherche, il y aurait intérêt à commenter les arguments de l'abbé de Bonneval par des extraits de journaux du temps reflétant les préoccupations du sujet qu'il traite. Nous ferons quelques emprunts aux *Annales* que l'abbé Sicard publia courageusement dès l'année 1795 et qui furent continuées, avec des fortunes diverses, jusqu'en 1814, où elles donnèrent naissance à l'*Ami de la Religion et du Roi*[1].

---

1. Les *Annales religieuses, politiques et littéraires* (par MM. Sicard et Jauffret) Paris, Le Clère, 1796, forment un vol. in-8. Elles parurent tous les quinze jours. (Bibl. nat. Lc² 885). A ce recueil succédèrent les *Annales catholiques* ou « *Suite des Annales religieuses, politiques et littéraires* », t. II-IV (par MM. Sicard et de Boulogne) Paris, Le Clère, 1706-1707, 3 vol. in-8 (*ibid.*, Lc² 886). Supprimées le 1er septembre 1797, elles reparurent le 8 janvier 1800, sous le titre d'*Annales philosophiques, morales et littéraires* ou « *Suite des Annales catholiques* » (par l'abbé de Boulogne et l'abbé Guillon) Paris, Le Clère, 1800-1801, 4 vol. in-8 (Lc² 887). Après une nouvelle interruption forcée, à la fin de 1801, le journal ressuscita en juin et se nomma : *Annales littéraires et morales* (par l'abbé de Boulogne) Paris, Le Clère, an. XII, 104-1806 (4 vol. in-8 (Lc² 888). Une troisième suppression au début de 1806 fut suivie, en juillet de la même année, de la réapparition appelée *Mélanges de philosophie, d'histoire, de morale et de littérature.* « *Suite des Annales catholiques et des Annales littéraires et morales* » (par l'abbé de Boulogne et Picot) Paris, Le Clère, 1806-1811, 10 vol. in-8 (Lc² 889). Une dernière suppression en juin 1811 dura jusqu'en 1814 où naquit, des cendres de ces recueils successifs : L'*Ami de la religion et du roi, journal ecclésiastique et littéraire.* Paris, Le Clère, 1814-1855, 168 vol. in-8, dont la fortune fut plus longue

DE L'ACTE DE SOUMISSION
AUX LOIX DE LA REPUBLIQUE

A MESSIEURS LES PRÊTRES FRANÇOIS ÉMIGRÉS, RENTRÉS EN FRANCE

DÉCEMBRE 1695.

In mundo pressuram habebitis : sed confidite, ego vici mundum. (S. JEAN, c. 16, v. 33.)

MESSIEURS,

Ce n'est plus d'un serment dont il s'agit. La Convention par son décret du 30 May 1795, s'est contentée d'exiger un simple acte de soumission aux loix de la République. Sans doute que vous ne lui faites pas l'honneur d'attribuer cette modé-

---

et dont l'histoire est ici hors de propos. — Une note biographique manuscrite, placée en tête du 1er volume, mérite d'être reproduite : « AVIS. — Pour connaître l'historique du Journal l'*Ami de la religion* et des collections antérieures, voir le tome 17, page 65, n° 422 (26 août 1818). *Annales religieuses*. Au commencement de 1796, MM. Sicard et Jauffret publièrent le journal intitulé *Annales religieuses, politiques et littéraires*. Ils firent paraître 18 numéros de ce journal, qui tous furent signés conformément à la loi, soit du nom de Sicard, soit de l'anagramme de ce nom (*Dracis*). Ces 18 numéros forment le premier volume. Ils s'adjoignirent ensuite M. l'abbé de Boulogne qui, à partir du numéro 19 du journal, lui donna le titre d'*Annales catholiques*, et en devint, pour ainsi dire, le seul rédacteur. »

En tête du second volume, on lit, de la même main : « *Annales catholiques*. Les Annales catholiques forment trois volumes complets, y compris le 1er volume qui porte le titre d'*Annales religieuses*. Le quatrième volume ne se compose que de 240 pages et se trouve « sans titre et sans table » par suite de la suppression du Journal, trois jours avant la révolution du 18 fructidor, An V (4 septembre 1797). MM. de Boulogne et Sicard furent alors condamnés à la déportation.

L'interruption des *Annales* dura tout le reste du règne du Directoire, c'est-à-dire jusqu'après la Révolution du 18 brumaire an 8 (9 novembre 1799) époque à laquelle elles reparurent sous le titre d'*Annales philosophiques, morales et littéraires.* »

Le tome IV (1 des *Annales philosophiques, morales et littéraires*) porte cette note rédigée toujours de la même plume :

« Les *Annales philosophiques, morales et littéraires* (1800 et 1801) forment

ration apparente à un retour sincère de sa part aux règles de l'Evangile. Elle les a méconnues, puisqu'elle a ouvertement renoncé notre divine religion. Elle auroit fait intervenir dans l'engagement qu'elle vous propose, l'invocation du Dieu à qui elle n'a épargné aucun outrage, si elle y avoit trouvé quelque profit pour seconder ses vues. Quelle douce jouissance ne lui auroit pas procuré l'appel de la divinité en garentie d'une promesse qu'elle dirige vers l'anéantissement de son culte et la violation des plus saintes de ses loix ! Les Assemblées qui l'avoient précédée lui avoient donné l'avant goût de cette délectation par le serment de la Constitution civile du clergé et par tant d'autres qu'elles avoient décrétés. Elle s'étoit elle même exercée dans ce genre de jouissance par le serment

---

quatre volumes publiés par M. l'abbé de Boulogne peu de temps après le 18 brumaire, an VIII (9 novembre 1799). M. de Boulogne a été aidé dans la rédaction par M. l'abbé Guillon. Le quatrième volume est incomplet et s'arrête à la page 272 « parce que la publication fut interrompue, par ordre du Gouvernement », au moment des discussions préparatoires au Concordat. Cette publication a été reprise en juin 1803 sous le titre d'*Annales littéraires et morales.* »

Au feuillet de garde du t. VII (I de ces *Annales littéraires*) le même bibliographe a noté : « Les *Annales littéraires et morales* (1804 à 1806) forment quatre volumes rédigés par M. l'abbé de Boulogne. Elles font suite aux *Annales philosophiques, morales et littéraires* (4 vol. in-8) publiées également par M. l'abbé de Boulogne en 1800 et 1801. On fut forcé de cesser les livraisons au commencement de 1806. Au mois de juillet de la même année, le journal reparut sous le titre de *Mélanges de philosophie* (d'histoire, de morale et de littérature) (mots rognés par le couteau du relieur.) »

Enfin, de la même main, et sous le titre de *Note importante*, on trouve, au feuillet de garde du t. IX (XI de la collection) :

« Les *Mélanges de Philosophie, d'histoire, de morale et de littérature* forment dix volumes publiés de juillet 1806 à 1811 et rédigés « pendant peu de temps » par M. l'abbé de Boulogne et M. Picot. Cette collaboration ayant cessé en 1807 par suite de la nomination de M. de Boulogne aux fonctions d'aumônier ordinaire de l'Empéreur (sic), M. Picot en a continué seul la rédaction jusqu'au — juin 1811, jour du Décret qui supprima environ 40 journaux. Par suite de cette suppression, le 10e volume n'a « ni titre ni table » et s'arrête à la page 288.

La suite de cet ouvrage n'a été reprise qu'en 1814, époque à laquelle il a été publié sous le titre : *L'Ami de la Religion et du Roi*.

J'ai tenu à reproduire cette bibliographie minutieuse d'une collection sur laquelle il y aura obligation de revenir pour l'*Histoire de la Presse religieuse sous la Révolution*.

de l'égalité et de la liberté qu'elle avoit taché de revêtir des couleurs de l'innocence. Pourquoi donc, vers la fin de sa carriere, endurcie par ses massacres et ses impiétés, fière de ses ravages et de ses sacrileges, a-t-elle tout à coup renoncé au plaisir d'exiger des sermens qu'elle se glorifioit de faire profaner? Pourquoi, couvrant la peau du tigre avec celle du renard s'est-elle réduite modestement à une simple promesse de soumission aux loix de la République, promesse qui, quoique non accompagnée d'un serment, ne rend pas l'acte moins illicite, s'il l'est par sa nature? Pourquoi a-t-elle substitué l'hypocrite tolérance du déiste à la férocité de l'athée?

Son dessein n'auroit-il pas été, Messieurs, de tendre un piege à votre zèle pour la religion catholique et pour la Monarchie? Examinons les causes du decret du 30 May 1795, ses intentions, ses effets, et le decret qui l'a suivi.

Dans quelles circonstances se trouvoit la Convention lorsqu'elle a rendu ce decret? Menacée par les terroristes les plus furieux, quoiqu'elle n'ait jamais cessé d'être terroriste elle-même, elle a pensé qu'il lui étoit nécessaire de détourner sur eux la haine que ses fureurs avoient inspirée. Elle s'est isolée un instant de ses crimes, pour les rejetter sur le compte de quelques scélérats plus distingués. *Faciamus experimentum in animâ vili*, a-t-elle dit; les pertes qui en résulteront seront faciles à réparer : elles auront pour nous un double avantage; celui de nous débarasser de quelques uns de nos rivaux, et celui de nous disculper de notre atrocité : Plus nous désavouerons *Robespierre* et ses satéllites, plus nous raprocherons de nous la confiance du public. Tachons de lui faire assés d'illusion pour la surprendre. Son estime, si tant est que nous attachions quelque prix à ce mot, sera pour nous une conquête importante, elle rendra moins difficile l'exécution d'une grande entreprise que nous méditons, et sans le succès de laquelle nous serions tous perdus.

En effet, qu'en a-t-il couté à la Convention pour faire cette conquête? Quelques cannibales guillotinés, tels qu'un *Carrier*, etc., quelques autres bannis ou déportés, tels qu'un *Barrere*, etc., un grand nombre d'incarcérés, mais dont elle s'est bien gardée de purger la terre. Elle les a mis en réserve pour s'en servir utilement lorsque la soif du sang lui reprendroit. Elle a stimulé habilement, par ce jeûne civique, celle des vampires qui étoient à ses ordres, et dont elle se proposoit de faire un *fidéicommis* en faveur des assemblées qui lui succéderoient.

Quelle étoit l'entreprise que méditoit alors la Convention ? Vous le savés, Messieurs : elle vouloit terminer sa séance sanguinaire, pour se reproduire dans une séance nouvelle, sous une autre dénomination. Elle vouloit abdiquer ses pouvoirs, et les conserver tous. Apres avoir infatué le peuple du sentiment de sa dignité souveraine, et lui avoir répété jusqu'à la satiété, que sa volonté suprême faisoit la loi, qu'en lui seul résidoit l'autorité, qu'il en étoit la source, il falloit lui persuader que des gens d'affaire peuvent imposer à leurs maîtres l'obligation de les proroger dans l'exercice de leurs fonctions, et les forcer de perpétuer leurs pouvoirs. Il falloit lui dire : c'est à vous, peuple souverain, peuple absolu, c'est à vous à nommer ceux que vous jugés dignes de votre confiance, mais nous vous ordonnons de nous en revêtir de nouveau. A vous seul appartient le choix de vos représentants ; mais vous élirés les deux tiers d'entre nous. L'entreprise étoit hazardeuse. Elle prouve que la Convention en étoit réduite au point où il ne lui restoit qu'à opter entre l'excès de l'audace ou la certitude du chatiment.

Tant que le peuple n'avoit vu massacrer que le clergé, les nobles et la famille royale, il n'avoit ressenti qu'une pitié éphémère. Le fanatisme dans lequel ses tyrans avoient l'adresse de l'entretenir écartoit ses remords, les faisoit taire et prévaloit sur eux. Mais lorsqu'il s'est vu massacrer à son tour, lorsque les feroces orgies de Lyon et de Nantes, les fleuves de sang versés à Paris, Oranges et dans presque toutes les villes du Royaume, l'ont averti que la cloche funèbre sonnoit aussi pour lui et que son massacre étoit à l'ordre du jour, alors il s'est tourné vers Dieu ; il a regretté ses temples, ses autels, ses prêtres, ses consolations religieuses; l'Evangile est devenu son refuge, et il a dit dans un moment de foi, comme les apôtres dans la tempête : *Domine, salva nos perimus* (S. Math., chap. 8).

Qu'avoit à faire alors la Convention ? S'endurcir contre le peuple ? s'abreuver de plus en plus de son sang ? Il n'en auroit été que plus ardent à recourir à Dieu, à sa religion, à l'heureuse Monarchie qui la faisoit fleurir; et nous, que l'espérance chrétienne ne peut jamais abandonner, ne sommes-nous pas fondés à penser que semblables aux Ninivites, le peuple se seroit couvert de cendres et de cilices, qu'il auroit fait violence à son Créateur par ses larmes amères, qu'il lui auroit promis dans la sincérité de son repentir de l'appaiser par des sacrifices d'expiation, par la réparation de ses crimes et de ses injustices, par le rétablissement de ses temples, de son culte, de ses ministres, par la pratique exacte des préceptes de l'Evangile, par le redressement du trône de son Roi, image de la divinité sur la terre dans l'ordre temporel, et que le Dieu d'Abraham, d'Isaac et de Jacob, le Dieu de ses pères, toujours bon, toujours prêt à recevoir ses brebis égarées, l'auroit visité dans son affliction, qu'il auroit versé sur lui les trésors abondants de ses miséricordes et qu'il l'auroit sauvé des mains ensanglantées de ses barbares oppresseurs.

Le seul parti que la Convention eut donc à prendre, étoit de ne pas résister plus longtemps à ce peuple malheureux, qu'elle appeloit son maître. Elle ceda à ses instances, et lui rendit le culte catholique. Elle ne mit d'autre condition à son libre exercice, qu'un simple acte de soumission aux loix de la République, dont le peuple étoit incapable de pénétrer le venin. Elle se flatta de l'appaiser par cette condéscendance, et en effet que falloit-il de plus, dans ce moment, pour lui faire trouver son état supportable ? Il recouvroit l'apparence de sa religion, de son culte et ses prêtres ; les massacres dont il étoit la victime cessoient; il voyoit guillotiner, incarcérer, bannir ou déporter leurs principaux agens; la loi du *Maximum*, cette loi qu'il trouvoit avec raison si dure, étoit abrogée. Tant de bienfaits si peu attendus le reconcilièrent avec la Convention. Il lui pardonna tous les maux qu'elle lui avoit faits; il ne vit dans ses membres que les pères de la patrie; et il fut merveilleusement disposé à recevoir leurs ordres avec docilité.

Voilà, Messieurs, en abrégé, les causes du decret du 30 May. Passons actuélement à ses intentions.

Les Assemblées constituante et législative, ainsi que la Convention, n'avoient cessé d'attaquer la religion, en employant contre elle tous les moyens de la violence. Que restoit-il à faire pour la détruire, sinon d'endormir et de tromper le peuple sur la religion même? Plus il temoignoit de regret de l'avoir perdue, plus il falloit lui faire croire qu'on la lui rendoit. Mais il importoit de lui assaisonner cette restitution de tous les ingrédients de la liberté. Vous etes libres, disoit la Convention à ses maîtres dont elle a fait ses esclaves; donc, il est juste que vous ayés la liberté de tous les cultes. Chacun de vous peut professer celui qui lui convient. Tous les efforts que nous avons faits pour assurer votre bonheur ne seroient-ils pas vains si vous ne jouissiés pas d'une pleine liberté religieuse? Elle doit etre illimitée comme l'est la liberté politique et civile que nous avons conquis pour vous. A l'homme libre il faut une religion libre. Elle seule est conforme à la dignité du citoyen. Jusques dans vos rapports avec l'être suprême, l'image précieuse de votre liberté doit etre sans cesse présente à vos pensées.

Ne voyés vous pas, Messieurs, dans cette astuce philosophique de la Convention le masque perfide et grossier de l'hypocrisie dont elle ne s'est couvert un instant, dans le décret du 30 May, que pour mieux faire illusion au peuple? Est-il en état de sentir que liberté indéfinie de religion, non seulement dans le sistême de la religion catholique, mais dans tout sistême religieux quelcomque, sont deux choses qui s'excluent? que, dans le sens des novateurs la liberté religieuse n'étant autre chose que l'indifférence religieuse, la législation qui admet indistinctement tous les cultes, n'en reconnoit aucun? qu'isoler l'homme de toute religion dans son existence civile, c'est ne lui laisser aucune religion, qu'abandonner les préceptes, les conseils et la morale de l'Evangile à l'indépendance de toute autorité spirituelle, c'est supprimer l'Evangile même, que toute législation qui est contraire à la saine morale est une législation perverse? Ces vérités, toutes simples qu'elles sont, demandent quelques réflexions pour être saisies, et dans les temps de convulsion le peuple déraisonne, agit et ne réfléchit pas.

Mais il est une autre intention plus venimeuse encore qui n'a pas échapé à la Convention. Elle s'est flattée qu'on n'imposant d'autre condition à l'exercice du culte catholique qu'une simple soumission aux loix de la république, elle mettroit en opposition le zèle des ministres de l'Evangile et leurs lumières, l'empressement du peuple pour ravoir ses prêtres et le prix auquel elle attachoit la possibilité de les recouvrer. Elle s'est dit : ou les ecclésiastiques catholiques, entraînés par leur zèle, fermeront les yeux sur les conséquences de la soumission aux loix de la république, ou ils en pénétreront toutes les conséquences. Dans le premier cas, ils seront pris dans le piège : ils montreront eux mêmes au peuple, par leur exemple, que la République substituée à la Monarchie par tous les genres d'attentats est un gouvernement légitime, que ses loix sont bonnes et louables; et ils perdront tout titre de croyance pour s'élever contre les moyens qui ont produit la métamorphose du gouvernement, contre les crimes, les injustices, les atrocités sur lesquels il est établi, et les dispositions aussi impies que meurtrieres qui lui servent de véhicule. Dans le second cas, le peuple suspectera leur zêle; il leur reprochera leur opiniatreté qu'il attribuera à l'amour propre blessé, au ressentiment des injures. Au lieu de les désirer comme ses amis, il les redoutera comme des hommes vindicatifs : il leur retirera sa confiance, et placé entre le mépris qu'il a pour les prêtres constitutionnels et sa méfiance pour les prêtres catholiques, il perdra le desir de recouvrer sa religion. Les regrets qu'il témoigne pour elle ne seront que passagers, et insensiblement il se plongera dans l'athéisme auquel nous voulons, à quelque prix que ce soit, le conduire.

La Convention s'est dit encore : Il est vraisemblable que tous les prêtres catholiques n'envisageront pas du même œil l'acte de soumission que nous leur proposons. Les uns n'y verront rien qui attaque la substance de la religion ; les autres y trouveront matière à tout craindre pour elle. Ceux cy demanderont à rassurer leur conscience par des restrictions sur lesquelles nous ne nous rendrons pas difficiles, parce que le mérite qu'ils y attacheront ne sera pas senti par le peuple. Ceux là ne verront dans nos loix que des loix de police, tandis que d'autres y verront une atteinte formelle aux loix du décalogue. De cette diversité d'opinions parmi les ministres catholiques naîtra nécessairement entre eux une diversité de conduite dont nous saurons habilement profiter. Qu'est-ce donc, nous récrierons-nous, que cette foi catholique? Son caractère principal est, dit-on, celui de l'unité. Eh! quelle est cette unité qui se subdivise en tant d'opinions dissemblables? Les uns disent oui, les autres disent non. Ceux cy font des restrictions, ceux là n'en font aucune ; plusieurs ne voyent dans le formulaire de soumission aux loix de la république qu'un acte raisonnable et licite; d'autres y voyent, au contraire, un acte contradictoire et défendu. Qu'ils vantent à présent, les pretres catholiques, l'unité de leur foi! Du peu de consistance que présente le caractère qui, disent-ils, lui est propre, que le peuple juge du peu de consistance qu'elle a elle-même, et qu'il se convainque enfin qu'une doctrine si peu d'accord dans ses principes fondamentaux et, dans sa pratique, n'est autre chose qu'une doctrine humaine, inventée par des hommes qui n'ont abusé que trop longtemps de la crédulité du vulgaire [1].

Aussi, Messieurs, quels ont été les effets de ce décret? Ils sont trop sensibles pour pouvoir n'être pas aperçus. Après avoir manifesté, depuis que la mort de *Robespierre* l'a laissé respirer, son désir de revenir à la religion catholique, et par une suite nécessaire, à la Monarchie [2], après avoir appelé de toutes parts les prêtres catholiques avec un empressement marqué et les avoir accueilli avec vénération, le peuple ne sent plus pour eux aujourd'hui que de l'indifférence, et son zèle pour la religion, ses regrets pour la Monarchie se sont tout à coup refroidis [3].

D'où provient ce changement dans ses dispositions? En faut-il chercher d'autre cause que la condescendance d'un

---

1. Que le sophisme dont abusent les ennemis du catholicisme à la suite de la diversité de conduite qu'il veut conjurer, soit subtilement décrit par l'abbé de Bonneval, on ne le peut contester. Par malheur, en ces sortes d'appels à l'union et à l'unité, chaque partie veut qu'elle se fasse par l'abandon de l'opinion adverse se rangeant à son propre sentiment, et c'est là le point le plus difficile de l'accord, bien que chacun le trouve si simple, qu'il maudit l'obstination de l'adversaire. *Unusquisque in suo sensu abundat.* C'est l'histoire de tous les temps. Le remède ne serait-il pas plutôt de ruiner le sophisme des ennemis de la religion et de montrer la légitimité de la diversité d'opinions *in dubiis*, au lieu d'anathématiser le sentiment de l'adversaire comme faisant le jeu de l'impiété et trahissant la cause de la foi que chacun croit seul posséder et défendre?

2. L'abbé de Bonneval n'abandonne pas son siège et ne veut l'unité de vues que dans sa thèse monarchique.

3. L'histoire sanctionne-t-elle ce parallélisme entre le sentiment religieux et les regrets monarchiques? Que ceux-ci se soient découragés, ralentis et raréfiés, on le voit et les dangers courus par toute manifestation de ce genre l'expliquent assez. Mais on voit aussi que le réveil religieux et les aspirations du retour à la pratique de la foi longtemps entravée, subsistèrent et produisirent même la faveur accordée aux prêtres qui crurent devoir en conscience et par zèle de leur ministère, donner les gages de soumission civile contre lesquels s'élèvent l'abbé de Bonneval et tant d'autres irréductibles, qui l'étaient d'ailleurs sans péril et à distance. Sur l'empressement des fidèles à revenir à la religion, voir *Annales religieuses, politiques et littéraires* (de l'abbé Sicard), Paris, 1796, p. 186, 357 et 370, 446-480.

grand nombre de prêtres catholiques pour ce décret ? Il est dans la nature de l'homme d'attacher peu de prix aux choses qu'il a facilement obtenues. Le culte public a été rendu au peuple, ou plustot on ne lui en a restitué que les apparences qui ne lui ont coûté aucun sacrifice, aucune réparation, aucun effort généreux sur lui-même. Il n'a recouvré ni le Chef de l'Eglise sur qui repose la primauté de juridiction, ni ses Evêques par qui les pouvoirs sont communiqués[1], ni les cantiques de la prière publique qui l'avertissoient qu'à chaque heure du jour et de la nuit les mains des Lévites étoient levées vers le ciel pour attirer sur lui ses graces, ni la pratique des conseils évangéliques dans l'un et l'autre sexe, pratique qui le rappeloit à celle des préceptes de l'Evangile. On ne lui a rendu qu'une religion *au petit pied*, privée de ses sources les plus précieuses, de ses accents les plus touchants, de ses exemples les plus faits pour attraire. Qu'est-ce que le culte catholique mutilé, mêlé avec les cultes hétérodoxes, affranchi de la morale pratique et des pouvoirs de la hiérarchie ? Ce squelette n'a pu fixer longtemps son respect et son estime, et son degoût pour une religion si familière et si condescendante n'a pas tardé à se manifester. Une messe entendue et dite par un prêtre catholique, point de catéchismes, point d'instructions, point de premiers pasteurs, peut-être quelques absolutions fondées sur des promesses de réparations, bien plus que sur des réparations effectives, point de pompe, point de solennités, quelle impression durable pour les sens, quelle conviction pour les esprits, quels repentirs

---

[1]. Il ne faut pas oublier cependant que les *quinze évêques* demeurés en France avaient autorisé le serment *de liberté* et qu'ils n'étaient pas pour cela en rupture avec Rome. De plus, parmi ceux même qui avaient émigré, en général hostiles au serment, et qui gouvernaient de loin leurs diocèses par leurs vicaires généraux, plusieurs et non des moindres l'autorisaient aussi. C'était autant de coups portés à la cause monarchique mais point *nécessairement* à la religion catholique. Cf. *Figures de martyrs* par le P. H. Chérot, S. J. 2e éd. publiée par E. Griselle : Paris Beauchesne, 1907, p. 86.

— 94 —

sincères pour les cœurs, quel retour à la morale pouvoient en résulter [1].

Vous êtes trop instruits, Messieurs, pour penser que le peuple continuant à voir son culte public proscrit, ne recevant les secours religieux qu'en secret, n'ayant ni temples ni ministres avoués par la loi, eût été moins ardent pour le culte catholique. C'est dans la persécution que ce culte divin trouve sa pompe la plus imposante, ses solennités les plus augustes, ses catéchismes, ses plus belles instructions [2]. Les antres, les

---

1. En partisan déterminé du *tout ou rien*, l'abbé de Bonneval semble faire trop bon marché des résultats religieux auxquels pouvait conduire le ministère plus libre des prêtres. Est-il si sûr que les catéchismes et instructions fussent inusités? Et sans laisser de regretter soit les pompes extérieures, soit surtout l'exercice normal et complet de la religion catholique, fallait-il vraiment le subordonner au retour du roi? Volontiers le dévoué partisan du trône aurait laissé les Français dans la pénurie absolue des secours religieux, espérant par là les réduire à rappeler leur souverain, comme s'il était permis, en stricte morale, de souhaiter ainsi ces pires maux et ces catastrophes dont certains esprits se plaisent à espérer, par réaction sans doute, le salut intégral! Par son appel à la morale et à la théorie de la restitution, l'abbé de Bonneval semble supposer que tous les Français sans exception avaient trempé dans le dépouillement du clergé, que tous avaient à *réparer*, et ne pouvaient satisfaire à leur conscience que par la *restitution* du trône.

2. L'abbé de Bonneval parle sans doute à son aise du secours religieux que fournit le culte proscrit et il dédaigne le retour à une liberté trop restreinte. Les *Annales catholiques*, t. II, n° 24, donnent sous le titre *Eglise de Paris* des détails qui répondent en partie à ses objections: « L'état de l'Eglise catholique de Paris est toujours très consolant pour ceux qui s'intéressent aux progrès de la religion. Chaque jour s'ouvrent de nouveaux temples, et l'affluence des fidèles, bien loin de diminuer, s'accroît d'une manière très sensible. Jusqu'ici, nous n'avions vu que les dimanches publiquement observés : il n'en étoit pas de même des fêtes. Celle de la Toussaint a été célébrée d'une manière très marquante. Toutes les boutiques ont été fermées, et ce changement a été d'autant plus édifiant qu'il n'a pu être attribué qu'à un renouvellement de respect pour la religion de nos pères. Les temples, il est vrai, sont tous dépouillés de leur ancienne décoration, et il n'en est aucun qui ne porte l'empreinte de la hache philosophique et sacrilège qui les a dégradés. Mais ils tirent un nouvel éclat de la solennité du concours et de la piété des fidèles. Leur délabrement même ajoute encore au respect qu'on leur porte. C'est aux pieds de ces autels indignement renversés qu'on va prier avec plus de ferveur, gémir avec plus de componction et méditer avec plus de fruit. C'est en contemplant ces ruines sur lesquelles chacun lit l'histoire de ses propres malheurs que l'on se sent

rochers, les cavernes témoins de la célébration des saints misteres, la crainte religieuse qu'ils inspirent, des pretres remplis de l'esprit de Dieu qui se dévouent, parlent au cœur et à l'entendement, réveillent la foi et les repentirs, prêchent la morale Evangélique, excitent le vœu des réparations, bien autrement que ne peuvent le faire des temples dépouillés, flétris par d'autres cultes, soumis à une police méprisante, et des ministres protégés par un acte de soumission, lequel présente au peuple une contradiction palpable, s'il est pur et simple, et que le peuple est hors d'état d'apprécier, de sentir et de connoitre, s'il est annulé par des restrictions.

Il faut au culte catholique ou une liberté entiere à la faveur de laquelle il puisse administrer tous ses secours, exercer le pouvoir de la sainte parole, et developper toute sa pompe, ou la surveillance des bourreaux, le deuil des afflictions et la pauvreté de la misere. C'est alors qu'il agit sur les âmes avec la plus grande puissance, soit en rappelant l'homme à Dieu par la reconnoissance du bonheur et les chants de l'allégresse religieuse, soit en le raprochant de l'Etre suprême par le sentiment des souffrances et les gémissements de la douleur. Placés le peuple dans la position critique d'un culte méprisé par les institutions civiles, isolé de ses premiers organes, outragé par la concurrence avec tous les cultes dyscoles, retranché de toutes les transactions sociales, délaissé à l'opinion flottante de ceux qui veulent le professer, portant empreint sur lui tous les signes de l'indifférence publique, et bien loin d'exciter la soif de la foi, de la vertu, vous ne trouverés que langueur, que tiédeur, qu'indolence. Que pourra-t-il sortir de cette masse inerte, sinon l'apathie ou le désordre, l'incrédulité pratique ou positive, la stupeur de la brute ou ses déportements ?

Les ministres de la Religion sont la lumière du monde :

---

davantage porté à ce recueillement austère qui convient si bien dans la maison du Seigneur... » (Op. cit. p. 496). Suivent des détails sur le denier du culte qu'il y aura profit à méditer aujourd'hui.

Vos estis lux mundi (S. Math., chap. 5). Une double obligation leur est imposée : celle de conserver intact le dépôt de la foi qui leur est confié et celle de l'exemple. Les restrictions apposées à l'acte de soumission aux loix de la République ont pu sauver la première obligation ; mais ont-elles sauvé la seconde ?

Ce n'étoit pas tant à votre conscience que les tyrans de la France en vouloient, qu'à celle du peuple. Ils savoient que tous leurs efforts auroient été impuissants pour corrompre la votre, et que rien ne pouvoit effacer de votre cœur ces paroles de Jésus-Christ : *Qui non est mecum contra me est; qui non congregat mecum, spargit* (S. Math., chap. 12). Aussi n'ont ils mis dans les commencements aucun obstacle aux restrictions. Ils les ont toutes acceptées. Leur unique but étoit de tromper le peuple. Ils se gardoient bien de lui communiquer vos réserves, de les rendre publiques, de vous laisser la liberté de les motiver, de lui expliquer des distinctions qui passent son intelligence. Toutes leurs vues se portoient vers l'effet que produiroit sur lui votre soumission.

Il est dans l'ordre du raisonnement un enchaînement d'idées si simple, si naturel, qu'il ne peut échaper même aux hommes les plus grossiers. Plus ils attendent de lumières de leurs guides spirituels, plus ils sont attentifs à observer leurs démarches publiques et à en déduire les conséquences immédiates. Or quelles sont celles que leur présente votre acte de soumission aux loix de la république ?

Si nos pretres catholiques, ont-ils dit, si ces ministres vénérables qui ont courageusement résisté à toutes les persécutions, qui se sont laissés dépouiller de tout ce qui attache les hommes à la vie plustôt que de trahir leur conscience, en se soumettant à la constitution civile du clergé, si ces hommes si courageux, si inébranlables dans la foi, promettent de se soumettre aux loix de la république, pourquoi n'y serions-nous pas soumis ? Pourquoi demanderions-nous le retour aux loix anciennes et à l'ordre de choses qui avoit précédé la révolution ?

Si les loix faites par la Convention étoient des loix injustes, sacrilèges, contraires à l'ordre et aux bonnes mœurs, si elles étoient émanées d'un pouvoir usurpé, ils se garderoient bien de promettre de leur être soumis. La même fermeté qu'ils ont mise à rejetter la Constitution civile du clergé, les empecheroit de souscrire à l'acte de soumission aux loix de la république. Il n'y a donc rien que de licite dans ces loix, dans leur origine, dans leurs dispositions, et tous les changements qu'elles ont opéré au préjudice de l'autorité spirituelle et temporelle qui nous gouvernoit depuis tant de siècles, n'ont rien que d'innocent en eux-mêmes et sont devenus pour la nation une propriété légitime.

En général, tout serment, tout acte promissoire exigé suppose un avantage quelconque en faveur de celui qui l'exige. S'il n'y en trouvoit aucun, il ne le demanderoit pas. Les engagements qui présentent un sens circonscrit, une chose déterminée sont susceptibles d'etre resserés dans un cercle plus étroit par des restrictions claires, exemptes d'équivoque, à la portée des plus simples, et qui sans anéantir la substance de l'engagement, n'en laissent subsister que la part qu'on en veut prendre. Tel est celui d'un homme qui, promettant à un autre de le servir, restreint sa promesse à tels ou tels jours du mois, à telles ou telles fonctions. Cette restriction conserve le fond de l'engagement. Elle ne fait que le restreindre soit pour le temps, soit pour la qualité du service. Mais lorsque l'acte promissoire a, par sa nature, une latitude indéfinie qui subordonne toutes les facultés de la personne de qui il est exigé à toutes les volontés de celle qui l'exige, on conçoit difficilement comment il est possible de modifier un tel acte par des restrictions claires, exemptes d'équivoque, à la portée des plus simples, et qui, sans anéantir la substance de l'engagement n'en laissent subsister que la part qu'on veut en prendre.

L'analyse du sens le plus naturel que présente l'acte de soumission aux loix de la république vous convaincra, Messieurs, qu'il a par sa nature une latitude indéfinie qui vous assujétit, soit comme ministres de la religion, soit comme citoyens, à toutes les volontés des nouveaux législateurs de la France.

Comme ministres de la religion, ces loix ne vous obligent-elles pas d'etre soumis à tous les changements qui ont été faits dans son régime, dans sa pratique, dans son essence ?

Quel est celui des commandements de Dieu et de l'Eglise que ces loix ne violent pas ? Quel est le précepte de l'Evangile qu'elles n'offensent pas ? Quel est le conseil évangélique qu'elles permettent de remplir ? Quelle est la partie de la morale divine, même de la morale humaine, si tant est qu'il puisse y avoir une morale indépendante de la divinité, paradoxe philosophique dans lequel tous les égarements de notre âge ont pris leur source, quelle est la partie de la morale que ces loix laissent entière ?

Cependant qu'etes vous en votre qualité de ministres de la religion, sinon les agents de son régime, les directeurs de sa pratique, les produits de son essence ? Quel est le commandement de Dieu et de l'Eglise, quel est le précepte de l'Evangile qui ne vous obligent pas et que vous ne soyés pas tenus d'enseigner ? Quel est le conseil Evangélique qui ne doive pas etre votre règle de perfection dans la direction des consciences ? Quelle est la partie de la morale dont l'observation et l'enseignement ne vous soient pas recommandés ?

Comme citoyens, car votre consécration au service des autels ne vous a ni fait perdre cette qualité, ni exempté des devoirs qui en dérivent, n'etes vous pas tenus à respecter l'ordre établi de Dieu, ordre qui ne reçoit sa preuve que du temps, de l'assentiment universel, d'une pratique constante, et de sa conformité avec les principes de la morale, à etre fidèles au Roi, comme étant le ministre de Dieu sur la terre, à ne participer directement ni indirectement à aucune violence ni à aucune injustice, à etre les exemples vivants des bonnes mœurs publiques qui font la gloire et la prospérité des nations ? Or, quelle est celle des loix de la république ou qui n'attente pas à l'ordre établi de Dieu en France, ordre prouvé par son antiquité, par l'assentiment d'une longue suite de siècles, par sa pratique constante et par sa conformité avec les principes de la morale, ou qui ne caractérise pas la rébellion envers le Roi, envers l'oint du Seigneur, ou qui ne fasse pas participer directement ou indirectement à quelque violence, à quelque injustice, ou qui ne dégrade et ne corrompe pas les bonnes mœurs publiques ?

Ainsi donc, Messieurs, les loix de la République ont pour objet de s'emparer de la plénitude de votre être, soit comme ministres de la religion, soit comme citoyens. Sur quoi donc peuvent porter des restrictions apposées à l'acte de soumission à ces loix ? Est-ce sur tout ce qui appartient à la religion, à son régime, sa pratique, son essence ? Sur les commandements de Dieu et de l'Eglise, sur les préceptes et les conseils de l'Evangile, sur les principes fondamentaux de la morale ? Dans ce cas, cet acte, ainsi restreint, bien loin d'être un acte de soumission, sera l'acte protestatoire le plus formel contre toutes les dispositions de ces loix qui blessent chacun de ces articles. Il en est de même pour toutes celles qui blessent l'ordre établi de Dieu, la fidelité au Roi, l'horreur pour toute violence et toute injustice, les bonnes mœurs publiques. Si ces dispositions sont exceptées dans l'acte de soumission, cet acte par cela même protestera également contre chacune d'elles. A quoi donc s'appliquera sa qualité promissoire ?

Personne ne peut douter que ceux d'entre vous qui ont fait l'acte de soumission aux loix de la République, n'y ayent été déterminés par le desir du bien et ne l'ayent restreint de manière à mettre à couvert tous les devoirs de ministres de la religion et tous ceux de citoyen. Ces paroles de notre divin maître : *Reddite ergo quae sunt Caesaris, Caesari et quae sunt Dei Deo* (S. Math., chap. 22) sont profondément gravées dans votre esprit et votre cœur. Mais les réserves et les restrictions que vous avés faites n'ont elles pas anéanti la substance de votre acte ? Qu'ont-elles laissé subsister pour lui servir de matière ? La religion et l'ordre public embrassent tous les rapports que peuvent avoir les loix de la république. Vous les avés excepté l'une et l'autre dans votre promesse d'etre soumis à ces loix. Donc votre soumission ne porte au fond sur rien, et comme tout engagement, pour etre réel, doit avoir une substance, il s'en suit que le vôtre n'en ayant point, n'est qu'un mot, et n'est pas une chose.

Mais s'il n'est rien en lui-même, il est baucoup sous le rapport de l'exemple, et c'est incontestablement sous ce point de vue que les dominateurs de la France l'ont envisagé. Voilà pourquoi ils ne vous ont pas chicanné sur vos restrictions qu'ils ne manquoient pas d'apprécier aussi exactement que vous pouviés les apprécier vous-mêmes. Ils les ont admises, parce qu'ils savoient que la réalité qu'elles otoient à votre engagement tournoit toute entiere au profit de l'erreur du public, et que dans le moment où ils vous ont proposé de souscrire leur formulaire, ils ne vouloient de vous que votre exemple. Quelles sont les suites qu'il a eues ?

Le peuple, inquiété par les reproches de sa conscience, s'est cru soudainement reconcilié avec elle. Il s'est absous lui-même de tous ses égarements en considération du retour qu'il s'est attribué d'un grand nombre de pretres catholiques. Content d'entendre ce qu'il appeloit une bonne messe, il a réduit toutes ses obligations religieuses et morales à y assister. Fiers de ravoir leur curé ou leur vicaire, les habitants des paroisses n'ont pas eu une pensée pour leur Evêque. Ils ont concentré toute l'économie hiérarchique de l'Eglise dans leur pasteur ou dans son suppléant, et ils n'ont pas vu que tant que leur propre Evêque ne leur seroit pas rendu, ils ne pouvoient marcher dans la carrière de la religion que comme des aveugles sans guides, que comme des voyageurs privés de subsistances. *Non enim esse Ecclesia sine episcopo potest (S. Joah. Chrys., ep. 3 ad Olympiad.).* Ils ont exigé de leurs pretres des actes de jurisdiction spirituelle qui surpassoient leurs pouvoirs, et ils les ont placés dans la pénible alternative ou de sortir de leurs limites ou de paroitre indifférents sur leurs besoins. Le manque d'uniformité que l'expulsion et l'absence forcée des Evêques ont entrainé dans la pratique de votre nouvel apostolat, a introduit parmi vous une discordance d'opinions et de conduite qui a blessé le peuple. Ici il a trouvé de la sévérité ; là il a trouvé de la complaisance. D'un coté on lui a dit que l'acte de soumission aux loix de la république n'intéressoit que la politique ; de l'autre on lui a dit qu'il intéressoit la conscience. Il s'est prévalu de la condéscendance des soumissionaires pour blâmer ceux qui refusoient de les imiter ; et cependant l'inébranlable fermeté de ceux cy a obtenu tous ses respects et a diminué par degrés sa confiance pour les soumissionaires.

Dès les premiers pas que vous avés faits, Messieurs, dans l'exercice de votre ministere vous avés rappelé en secret les devoirs spirituels et les devoirs civils. Vous avés insisté sur les sacrifices qu'ils exigent. On vous a parlé de divorce : vous l'avés condamné ; on s'est ouvert avec vous sur les massacres : vous avés tonné contre l'homicide ; on vous a fait part des vols, des brigandages, des spoliations, des acquisitions illicites : vous avés ordonné la restitution actuelle ou le ferme propos de l'effectuer dès qu'elle seroit possible. On vous a montré des inquietudes sur les sacrilèges, la profanation des choses saintes : vous avés exigé de fervents repentirs et les réparations publiques que la prudence pouvoit permettre. On a épanché son âme dans la votre sur les malheurs publics, sur tant de souffrances, tant d'afflictions, tant de désordres, sur la différence des temps anciens avec le temps présent : vous avés tout attribué au changement du gouvernement, à son illégalité, son injustice, sa déraison, ses cruautés, au meurtre du Roi et de tant d'innocentes victimes, et vous avés fait sentir que le seul moyen de recouvrer la paix du cœur et le bonheur public étoit de revenir à l'ancien gouvernement, à l'autorité légitime.

Mais à la suite de tant de conseils salutaires, qu'a vu le peuple? Votre promesse d'être soumis aux loix de la république, promesse qu'il a appliquée non seulement à leurs dispositions textuelles, mais à leur esprit manifesté par l'ensemble immoral de la révolution. Le texte de ces loix ou leur esprit connu n'autorisent-ils pas le divorce? Ne louent-ils pas les massacres? Ne sanctionnent-ils pas les vols, les brigandages, les spoliations, les acquisitions illicites? Ne se glorifient-ils pas des sacrilèges et des profanations? ne préconisent-ils pas le temps présent comme l'époque la plus honorable et la plus prospère pour la nation? Ne vantent-ils pas la sagesse et la douceur du nouveau gouvernement établi sur la ruine de l'ancien qu'ils appelent insensé et tyrannique? Ne font-ils pas un trophée de tout le sang innocent dans lequel ont été trempées les plumes législatrices de la révolution, et particulierement du meurtre de Louis seize, meurtre dont ils solemnisent l'exécrable mémoire par une orgie anniversaire? Que deviennent donc vos conseils, vos sages exigences, raprochés de votre acte de soumission à ces loix?

Ajoutés à l'affligeante prévention que ce raprochement a inspiré au peuple incapable de pénétrer vos motifs, l'impossibilité où vous êtes d'exercer dans les temples publics qui vous ont été rendus l'empire si souvent victorieux de la sainte parole. C'est lui qui a conquis l'univers au Christianisme : *quod dico vobis in tenebris, dicite in lumine* (S. Math., chap. 10). La surveillance active de vos oppresseurs et de ceux de ce malheureux peuple pressé par la faim de vous entendre, ne vous permet de lui enseigner publiquement ni les devoirs du chrétien, ni ceux du citoyen. Il se rend dans vos temples et il en sort sans avoir reçu aucune nourriture. Dans les souterrains des maisons, dans les cavernes des rochers vous pourriés le repaître, et c'est ainsi qu'il le fut par les premiers apôtres de la foi. De courtes homélies, quelques règles de morale et de conduite, quelques revisions de conscience, prononcées, écoutées, faites en commun, pénétreroient dans les replis les plus secrets du cœur, tandis que des instructions particulières effleurent à peine sa surface : *Timebunt my audientes reges horrendi : in multitudine videbor bonus et in bello fortis* (Sag., chap. 8), dit l'auteur du livre de la Sagesse. Les erreurs du peuple, ses préjugés, ses habitudes dépravées, son oubli de la loi, ses injustices, ses nuisibles terreurs sont les *Reges horrendi* qu'il faut vaincre. L'orateur chrétien paroit bon au milieu de la multitude, parce qu'en lui prêchant les grandes vérités de l'Evangile, il l'enflamme pour elles et c'est dans le plus fort de la persécution qu'il trouve son triomphe.

Pourquoi cette différence si marquée entre les instructions publiques et les instructions privées, surtout dans les temps d'effervescence et de calamités? C'est que dans ces dernières on n'est en présence que de soi même, on ne communique qu'avec soi, on n'éprouve d'autre impression que la sienne propre, au lieu que dans les instructions publiques on est en présence de tous, on communique avec tous, on partage les impressions de tous. Les sentiments, les larmes, les repentirs, la componction, les bonnes résolutions se propagent, et de cette réunion de cœurs dont chacun en particulier étoit de glace, sortent des vœux ardents, de douces amertumes, qui font violence à l'éternel et attirent ses plus précieuses bénédictions.

Habile à observer les dispositions du peuple, son refroidissement pour la religion, son désintéressement pour les prêtres catholiques, son adhésion, plustot à la vérité d'insouciance que de persuasion, aux loix de la république, la Convention a pensé qu'amené à ce point, elle pouvoit tout oser. Elle a prononcé la loi des deux tiers pour la composition de la nouvelle législature. La majorité des assemblées primaires l'a acceptée, et celle des assemblées électorales y a obéi, ou si leur vœu a été dénaturé par la Convention, elles n'ont réclamé, ni les unes ni les autres, contre cette infidélité. Le sceptre de fer a été replacé entre les mains de ceux qui en avoient fait un si long et si atroce usage.

Déjà ils cherchent à se purger d'une partie du nouveau tiers qui leur a été associé, comme n'étant pas [digne] au niveau de leurs fureurs. Le terrorisme se réveille; la persecution reprend toute sa fougue, et nous touchons peut etre au moment de voir renaitre les temps de *Robespierre*.

Mais avant de quitter son empire pour s'en resaisir de nouveau, la Convention n'a voulu laisser aucun doute sur les intentions cachées de son decret du 30 May. Elle en a fait le commentaire dans un second decret du 28 septembre relatif à la police des cultes, et il semble qu'en tirant par celui cy le voile qu'elle avoit hypocritement jetté sur le premier, elle ne devoit laisser de pretexte à aucune équivoque.

La formule qu'il prescrit aux prêtres catholiques pour qu'ils puissent exercer librement leurs fonctions, est conçue en ces termes : « Je reconnois que l'universalité des citoyens françois est le souverain, et je promets soumission et obéissance aux loix de la république. »

L'article 22 porte que « tout ministre d'un culte, hors de l'enceinte de l'édifice destiné aux cérémonies ou exercice de ce culte, lira ou fera lire dans une assemblée d'individus, ou qui affichera ou fera afficher, distribuera ou fera distribuer un écrit émané ou annoncé comme émané d'un ministre dudit culte qui ne sera pas résidant dans la république françoise, ou même d'un ministre de ce culte résidant en France qui se dira délégué d'un autre qui n'y résidera pas, sera indépendamment de la teneur dudit écrit, condamné à six mois de prison et en cas de récidive à deux ans. »

L'article 23 dit : « Sera condamné à la Gêne à perpétuité tout ministre de culte qui commettra un des délits suivants, soit par ses discours, ses exhortations, prédications ou prières en quelque langue que ce puisse être, soit en lisant, publiant ou affichant, distribuant ou faisant lire, publier, afficher, distribuer dans l'enceinte de l'édifice destiné aux cérémonies, ou à l'extérieur, un écrit dont il seroit ou tout autre seroit l'auteur, savoir si par ledit écrit ou discours il a provoqué au rétablissement de la Royauté en France, ou à l'anéantissement de la République, ou à la dissolution de la représentation nationale; ou s'il a provoqué au meurtre, ou a excité les défenseurs de la patrie à déserter leurs drapeaux ou leur père et mère à les rappeler, ou s'il a blamé ceux qui voudroient prendre les armes pour le maintien de la constitution républicaine et la défense de la liberté, à en déposer ou avilir les signes et couleurs, ou enfin s'il a exhorté ou encouragé des personnes quelcomques à la trahison ou à la rébellion contre le gouvernement. »

L'article 24 s'exprime ainsi : « Si par des écrits, placards ou discours, un ministre de culte cherche à égarer les citoyens en leur présentant comme injustes ou criminelles les ventes ou acquisitions des biens nationnaux possédés cy devant par le clergé ou les émigrés, il sera condamné à mille livres d'amende et à deux ans de prison. Il lui sera de plus défendu de continuer ses fonctions de ministre de culte. S'il contrevient à cette défense, il sera puni par deux ans de Gêne. »

Nous ne parlerons point, Messieurs, des peines portées par le décret. La tyrannie de ceux qui l'ont rendu les regarde peut-être comme un modèle de douceur et de modération. La foi peut vous les faire braver : la prudence peut vous y soustraire. Mais qui vous soustraira au lien de votre engagement? qui soustraira le peuple à son exemple?

Les novateurs avoient dit jusqu'à présent que le peuple est la source du pouvoir. Cet axiome très faux en lui-même, étoit cependant susceptible de quelque interprétation qui, sans le rendre vrai, pouvoit au moins limiter ses dangers. La Convention va plus loin. Elle prononce que l'universalité des citoyens françois est le souverain. Voilà donc, suivant elle, une vérité non seulement de fait mais de droit qu'elle oblige de souscrire. Elle ne se contente pas de prétendre que les chances sanguinaires de la révolution ont valu au peuple françois la conquête de la souveraineté, ce qui seroit non une vérité, mais un mensonge de fait, car rien assurément ne ressemble moins à un souverain et ne répugne plus à l'idée de la souveraineté qu'un peuple que des gens d'affaire pillent, dévorent, enchaînent, massacrent à leur gré. Elle prétend, en conséquence de ses principes malheureusement trop publics et trop répandus, que par la nature des choses, par la force du droit naturel et de la raison, l'universalité des citoyens est le souverain, et en cela elle dit non une vérité de droit, mais tout à la fois une fausseté, une imposture attentatoire à tout ordre social et une absurdité : une fausseté, car si elle croyoit de bonne foi à cette souveraineté, elle la respecteroit un peu plus qu'elle ne le fait dans chacun des membres du souverain ; une imposture attentatoire à tout ordre social, car de la multitude souveraine il ne peut évidemment naître, et l'expérience le démontre invinciblement en France depuis sept ans, qu'injustice, que crime, que désordre et que dissolution : *justitia elevat gentem : miseros autem populos facit peccatum* (Prov., ch. 14) ; une absurdité, car rien n'est plus absurde qu'une souveraineté collective de huit ou dix millions de souverains dont tous les pouvoirs se réduisent nécessairement au droit honteux de cabaler et de vendre leurs suffrages dans quelques assemblées primaires et électorales. Si jamais il fut une idée contradictoire dans le fait et dans le droit, c'est celle de la souveraineté universelle. Elle n'a jamais été réalisée nulle part dans le fait, même chez les plus petites nations, et dans le droit elle répugne dans les termes.

C'est une belle souveraineté, en effet, que celle qui n'a pas même la faculté de mettre la conscience à couvert par des restrictions. Et ici, Messieurs, il est permis de vous demander quel caractère vous donnera la signature du formulaire contenu dans le décret du 28 septembre. Vous aggregera-t-elle l'universalité des souverains ? Dans ce cas, elle vous fera sentir par elle-même les tristes limites de votre souveraineté. Vous placera-t-elle en dehors du souverain ? Dans ce cas elle ne vous vaudra que l'esclavage, car dans le sistême de la souraineté universelle, il n'y a pas de milieu entre l'état de souverain et celui de l'esclave.

Quoiqu'il en soit, vous n'avés surement pas manqué d'observer que ce décret rejette toute restriction. Ses auteurs ne veulent plus de celles qu'ils avoient laissé passer à la suite du premier acte de soumission. Leur refus d'en permettre aucune est un trait de lumière qui devroit, ce semble, faire cesser tous les doutes. N'est-ce pas dire clairement qu'on ne veut laisser rien louche sur les intentions du décret et de ceux qui l'ont rendu, que la formule promissoire doit porter sur toutes les dispositions qu'il contient, sans en excepter une seule, que non seulement on doit promettre d'être soumis aux simples loix de police, mais à toutes les loix, c'est-à-dire que toute espèce de refuge est oté à la conscience.

Car, vous le savés, en fait de promesse publique, les restrictions mentales sont insuffisantes et la morale chrétienne ne les tolère pas.

Vous ne pouvés donc plus dire, je ne promets autre chose que de ne pas troubler la tranquillité publique. Je réserve dans mon engagement tout ce qui blesse la religion, la règle des mœurs et le bon ordre. Dès lors que vous promettés de vous sommettre à toutes les loix, sans aucune restriction, il n'y en a aucune qui ne soit la matière de votre engagement, lequel, par cela même, porte nécessairement sur l'intention et la fin connues de chacune en particulier, de toutes en général et de ceux qui vous demandent la promesse d'y être soumis.

Mais il y a plus. Une simple soumission peut absolument présenter à l'esprit un certain état de passivité qui écarte de l'engagement toute participation active à ce qui en fait la matière, quoique dans tout ce qui n'est pas purement spéculatif et ce qui est pratique, il soit difficile d'être soumis sans

action. Aussi pour ne laisser aucun nuage sur la nature [de]
l'obligation qu'elle exige, la Convention a-t-elle au mot [sou-]
mission celui d'obéissance. On ne peut pas attribuer c[ette]
addition à un purisme de langue puisé dans la subtile th[éo-]
rie des synonimes françois. Des motifs plus graves l'ont [dé-]
terminée. La Convention a sçu que le mot *soumission* in[ter-]
prété dans le sens passif, mettoit en repos la conscience [des]
soumissionaires. Elle a craint qu'il ne mit également en [re-]
pos celle du peuple attentif à observer et apprécier leurs [dé-]
marches publiques. Pour obvier à ce double inconvéni[ent,]
elle a donné à sa loi toute la précision du sens actif qu'elle [n'a]
pas pu mieux exprimer que par le mot *obéissance*.

Ce mot, en effet, implique nécessairement en lui-même l['ac-]
tion, la participation. On obéit de deux manières : en fais[ant]
ce qui est ordonné ou en s'abstenant de faire ce qui est [dé-]
fendu. Dans l'un et l'autre cas on agit, on participe. Un h[om-]
me m'ordonne un acte négatif, tandis que mon devoir m'[or-]
donne un acte positif. J'agis en obéissant à cet homme, [et]
je résiste à mon devoir. Je sers sa volonté, je la secon[de,]
j'y participe, car sa volonté est que je ne fasse pas ce [que]
je devrois faire. Or l'omission volontaire, en matière de [de-]
voirs, n'est-elle pas moins mise parmi les cas les plus gra[ves]
en matière de conscience?

Les articles 22, 23, 24 du décret développent dans le p[lus]
grand détail les omissions qu'il commande. Ils défendent [:]

1º De faire connoître d'une manière quelconque, hors [de]
l'enceinte des églises qui vous sont rendues, quelqu'écrit [que]
ce soit émané de tout ministre catholique, soit de ceux [qui]
ne résident pas dans l'intérieur du Royaume, soit de ceux [qui]
y résidants seroient les délégués de ceux qui n'y résid[ent]
pas;

2º De provoquer dans l'enceinte des églises, de même q[u'à]
l'extérieur, par aucuns discours, exhortations, prédications[,]
prières, en quelque langue que ce soit, par la lecture, pu[bli-]
cation, affiche, distribution d'aucuns écrits, le repentir et

...aration de tous les crimes qui ont été commis en France ...ntre la Royauté, contre l'ancien gouvernement métamor...osé par la révolte en république, contre la patrie et l'ordre ...blic opprimés par la prétendue représentation nationale, ...par des légions armées qui sont le produit de la vexation ...de la violence ;

3° De présenter aux fidèles, par aucuns écrits, placards ou ...cours, l'invasion, la vente ou les acquisitions des biens ...clés nationnaux, possédés cy devant par le clergé et les ...igrés comme injustes ou criminelles.

...a première défense opère ouvertement le schisme. Le mi...tre suprême du culte catholique est incontestablement le ...pe qui n'est point dans l'usage de résider en France. Après ...viennent les évêques que la prohibition la plus impie em...he d'y rentrer. Ensuite les délégués du Souverain Pontife ...ceux de vos premiers pasteurs. Tels sont vos supérieurs ...s l'ordre hierarchique. Or si vous ne pouvés plus faire ...endre leur voix, distribuer leurs écrits hors de l'enceinte ...vos églises, combien ne sera-t-il pas difficile pour le fidèle ...savoir ce qu'ils ordonnent, permettent ou défendent ? En ...tière de foi et de discipline l'instruction ne sauroit être ...rapprochée des hommes qu'il faut instruire. Tous ne ...vent pas aller avec une égale assiduité aux églises, sur...t dans un temps où elles sont si peu nombreuses et où ...tranquillité publique est si peu assurée.

...ais vous mêmes, par quelle voie connoitrés vous les bulles ...es brefs du Pape, les instructions, les mandements, les or...nances de vos Evêques, de leurs délégués, de ceux du ...nt-Siege? Par quelle voie recevrés vous la communication ...leurs pouvoirs ? Ces différents rapports si indispensables ...s l'exercice de votre ministère ne peuvent pas avoir lieu ...quement dans l'enceinte de vos églises, car il faut qu'ils ...arviennent, et comment y peuvent-ils parvenir autrement ...par l'extérieur ? Vous etes donc privés par cette première ...ense de toute communication hiérarchique avec le Pape et

vos Evêques, avec leurs délégués, par conséquent de tou[te]
communication de pouvoirs que vous ne pouvés tenir q[ue]
d'eux seuls. Un tel état de choses n'est-il pas le schisme l[ui-]
même ?

Cependant l'enceinte des églises etoit encore une ressour[ce]
dont vous pouviés profiter. Mais la seconde et la troisi[ème]
défense vous l'enlèvent : elles vous interdisent, même da[ns]
l'intérieur des églises, l'usage des discours, exhortations, p[ré]-
dications, prières en quelque langue que ce soit, lectures, p[u]-
blications, affiches, placards, distributions d'écrits tenda[nt]
à ramener les fidèles aux devoirs de chrétiens et de citoye[ns]
soit dans l'ordre moral et politique, soit dans l'ordre r[eli]-
gieux¹. En sorte qu'il vous est défendu, sinon directement, [du]
moins indirectement, d'exhorter à la pénitence, à la réparat[ion]
du mal et des injures, d'enseigner les préceptes de l'Evang[ile,]
de ramener à la règle des mœurs, d'exciter les repentirs, [en]
un mot de prêcher aucune des vérités pratiques de la r[eli]-
gion. Parcourons les commandements de Dieu qui sont l[es]
éléments du catéchisme.

Un seul Dieu tu adoreras. — N'est-ce pas conspirer con[tre]
la déesse de la Raison, et par conséquent contre le gouver[ne]-
ment dont elle est devenue la divinité² ou contre l'indiff[é]-
rence des cultes, chef d'œuvre de la philosophie révolutio[n]-
naire que de n'adorer qu'un seul Dieu?

Dieu en vain tu ne jureras. — Que deviendroient les s[er]-
ments que les législateurs conventionnels voudroient ordon[ner]

---

1. Il est superflu de remarquer comment l'abbé de Bonneval ampl[ifie]
et confond, pour les besoins de sa cause, les prohibitions si spécialis[ées]
au domaine politique des articles qu'il travestit. Mais son état d'esp[rit]
où les deux ordres se compénètrent, l'empêche de voir comment le [mi]-
nistre de l'Evangile peut remplir son ministère religieux et même, s[ans]
fausser la loi, représenter au confession[nal] l'obligation de restituer [les]
biens indûment acquis aux âmes qui seraient dans ce cas spécial.

2. On se demande comment l'auteur peut, de bonne foi, regar[der]
comme une *Conspiration* tombant sous le coup de l'article 22, le prem[ier]
précepte de Décalogue : il semble croire que la Déesse Raison règne enc[ore]

à l'avenir, et tous ceux qu'ils ont extorqués depuis qu'ils gouvernent la France?

Les dimanches tu garderas. — La nouvelle législation ne connoit plus de dimanche, et tout ce qui en manifesteroit l'observation publique seroit un attentat contre les decades.

Père et mère tu honoreras. — Est-ce honorer père et mère que de s'enroler dans les armées républicaines sans leur consentement, et même contre leur volonté, à un âge où la dépendance filiale existe encore toute entière?

Homicide point ne seras. — Le juge républicain faisant impitcyablement massacrer ses compatriotes qui n'ont commis d'autre crime que de se plaindre de leurs malheurs, n'est-il pas homicide de fait et volontairement, et ce commandement ne le rend-il pas odieux?

Luxurieux point ne seras. — N'est-ce pas faire le procès aux mœurs publiques de la révolution et au divorce?

Les biens d'autrui tu ne prendras ni retiendras injustement. — Est-il une attaque plus formelle contre l'invasion, la vente et les acquisitions des biens prétendus nationaux?

Faux témoignage ne diras ni mentiras aucunement. — La Convention, ses préposés, les assemblées qui l'ont précédée ne peuvent pas ne pas trouver dans ce commandement leur condamnation, et le génie de la révolution ne peut le tolérer.

L'œuvre de chair ne désireras qu'en mariage seulement. — Même observation qu'au sixième commandement.

Biens d'autrui ne convoiteras pour les avoir injustement. — Même observation qu'au septième commandement.

Passons aux commandements de l'Eglise qui sont aussi la matière du catéchisme.

Les fêtes tu sanctifieras qui te sont de commandement. — L'observation des fêtes catholiques se manifeste par la cessation du travail. Elles sont abolies. Il ne reste plus que celles de l'athéisme et de la débauche. Ressusciter les premières seroit une révolte contre le gouvernement.

Les dimanches la messe ouïras et les fêtes pareillement. — Malgré la liberté des cultes, cette obligation caractérise trop le dimanche et les fêtes. Elle rameneroit trop les hommes à l'unité de Dieu, et elle seroit une sorte de provocation contre les autres cultes.

Tous tes péchés confesseras à tout le moins une fois l'an. — La confession n'exige-t-elle pas nécessairement au moins des conseils de la part du confesseur, et des réparations de la part du pénitent? Soit qu'elle se fasse dans l'enceinte des églises, soit qu'elle se fasse en dehors, ces conseils, ces réparations blessent essentiélement le decret.

Ton Créateur tu recevras au moins à Pâques humblement. — On ne peut pas communier sans s'y etre préparé par une confession antécédente.

Quatre-Temps, vigiles jeuneras et le Carême entièrement. — Il n'y a plus de Quatre-Temps, plus de Vigiles, plus de Carême; observer publiquement ces abstinences, seroit un acte d'incivisme.

Vendredy chair ne mangeras ni le samedy mêmement. — Même observation qu'au cinquième commandement.

Quel est le Chapitre des Evangiles, le pseaume, le prophète, le livre liturgique qui ne fasse pas détester les causes et les principes de la révolution, et qui ne recommande pas la pratique des vertus chrétiennes dont il n'est aucune qui ne soit opposée au decret? Quel est celui des Livres sapientiaux, le verset des épitres du nouveau testament, le sermonaire, le simple manuel du chrétien qui ne tonne pas contre la morale du jour?

Toutes les sources de l'enseignement catholique sont donc interdites pour la France par le decret du 28 septembre. Point de prières, dans quelque langue que ce soit; point de livres liturgiques; point d'Evangile, point d'instructions, d'exhortations, de prédications, point de conseils, car les conseils ne peuvent se donner que par des discours ou des écrits; point de communication jurisdictionnelle avec vos premiers pasteurs, avec leurs délégués; par conséquent point de communication de pouvoirs. Avec quoi donc exercerés-vous votre saint ministère?

Le formulaire qui vous est proposé par ce decret, ainsi que ce decret lui-même, n'intéressant que la politique, vous pouvés, dit-on signer l'un et par conséquent obéir à l'autre, puisqu'en signant le formulaire, vous vous obligés d'obéir à toutes les loix de la république. Si la religion catholique étoit purement spéculative et n'avoit rien de pratique; si votre ministère étoit purement contemplatif, et n'obligeoit à aucune activité, on comprendroit qu'il vous fut possible de signer le formulaire, et d'obéir au decret, en ne les envisageant que sous le rapport politique. Mais si au contraire la religion catholique est beaucoup plus pratique qu'elle n'est spéculative, si votre ministere exige plus d'activité que de contemplation, il est difficile de concevoir comment le formulaire et le decret peuvent n'etre considérés ensemble que comme un fait de politique. Quoi! le schisme avec le supérieur suprême, avec les premiers superieurs et leurs délégués, l'interdiction de tout enseignement public et privé, la proscription de toute prière et de tous livres doctrinaux et liturgiques, l'ignorance forcée dans laquelle il faut laisser les fidèles de toutes les vérités pratiques de la religion, la défense d'exiger d'eux, de leur conseiller même les rigoureuses et saintes obligations de la morale chrétienne, quoi! votre conscience liée par une promesse d'obéissance à tant d'omissions essentielles, n'intéresseroient que la politique! Eh! quelle est donc cette science nouvelle qui sépare des choses ce qui en fait la substance?

Le decret n'attaque pas de front, il est vrai, les mystères de la religion. Tout ce qui n'est en elle que spéculatif ne peut lui faire aucun ombrage. Mais la croyance seule des mystères, croyance qui est de précepte indispensable dans la foi catholique, ne sauvera pas le chrétien, ne réformera pas ses mœurs, ne réparera pas ses fautes, ne lui fera pas accomplir la justice, ne lui procurera pas dans ce monde le bonheur que la religion y procure. Il lui faut quelque chose de plus pour parvenir à chacune de ces fins que la foi lui rend propres. Il lui faut, de nécessité absolue, tout ce qui est pratique dans la morale chrétienne.

Les intérêts temporels ne sont pas étrangers à la religion. Elle n'ordonne point de les négliger et de n'en prendre aucun soin. Elle veut que l'homme ne s'y attache pas comme à sa fin dernière, qu'il porte ses regards plus loin et qu'il fasse servir à sa sanctification les avantages de la société. C'est ce que notre divin maitre nous a enseigné, en nous disant que son royaume n'est pas de ce monde. Il nous y a placé comme en un lieu d'épreuve pour y pratiquer le bien, pour éviter le mal et pour le glorifier.

Comment donc pourroit-il etre indifférent pour ses créatures, et surtout pour les ministres de son culte, d'etre placés dans un gouvernement d'ordre ou dans un gouvernement de désordre, dans un gouvernement impie ou dans un gouvernement religieux, dans un gouvernement de droiture ou dans un gouvernement d'iniquité? Lorsque Jésus-Christ répondit à l'homme qui lui demandoit une part dans l'héritage échu à son frère : *homo, quis me constituit judicem aut divisorem inter vos* (S. Luc, chap. 12), il vouloit dire que la mission qui lui avoit été donnée de Dieu son pere, n'avoit pas pour objet de faire des loix dans l'ordre temporel, que l'homme ne doit pas se reposer sur les richesses et que ce n'est pas en elles qu'il trouve la vie de l'âme : *Quia non in abundantiâ cujusquam vita ejus est (Ibid.)* Mais il ne vouloit pas dire que le chrétien doive etre indifférent sur la conservation ou la subversion de l'ordre social, sur le régime du crime ou sur celui de la vertu. Puisqu'il nous a donné tous les besoins et les penchants de la société, il doit en vouloir le bon ordre, et ses ministres sur la terre doivent le vouloir d'autant plus que lui seul est conforme à la volonté de Dieu, et raproche les hommes de son règne céleste.

Ne pourroit-on pas appliquer à la révolution la parabole

qui suit, dans le même chapitre de saint Luc, le passage cité ? De bonnes loix, un gouvernement juste qui s'associoit intimement à la religion catholique avoient fait prospérer la France. Des novateurs ont détruits ses loix, subvertis son Gouvernement. Ils ont mis l'injustice à la place de l'équité, sept cent cinquante législateurs à la place d'un Roi, l'athéisme et le déisme à la place de l'Evangile. Ils ont cru enrichir leur magazin nationnal d'une plus grande masse de liberté et de bonheur public en faisant des loix nouvelles, en établissant le gouvernement républicain, en enlevant aux françois la religion et le culte de leurs pères, et la voix du malheur qui s'élève contre eux de toutes parts leur crie : insensés ! cette nuit même on vous redemandera votre âme. A qui profiteront les crimes que vous avés accumulés ? Le sort qui vous attend est réservé à tous ceux qui n'ont pas placé en Dieu leur richesse. *Stulte, hâc nocte animam tuam repetunt a te : quae autem parasti, cujus erunt ? Sic est qui sibi thesaurizat et non est in Deum dives. (Ibid.)*

S'il étoit possible qu'un gouvernement corrupteur de toute morale, ennemi de toute religion et, par sa nature même, conspirateur contre tous les gouvernements, put jamais parvenir à quelque consistance, non en lui-même mais dans ses rapports politiques, ce ne pourroit etre que par l'assentiment général de la crainte ou de l'indifférence : il en naitroit une sorte d'argument en faveur de la prescription. Or, Messieurs, quel est celui de vous qui voudroit contribuer à lui donner un tel avantage, quelque foible qu'il fut ? Cependant rien ne seroit plus propre à le lui procurer que votre promesse d'etre soumis et d'obéir à ses loix.

Non seulement elle vous lieroit vous-mêmes à sa durée, mais elle y lieroit le peuple par votre exemple. Et quels reproches ne vous feriés vous pas si, comme cause directe ou indirecte, vous aviés prolongé d'un seul jour un gouvernement qui, par l'excès de ses impietés et de ses barbaries, seroit, pour se servir des paroles de l'Ecclésiastique, le plus grand fléau de colère du tout puissant, s'il se perpétuoit. *Quomodo cataclysmus aridam inebriavit, sic ira ipsius gentes quae non exquisierunt eum haereditabit* (Ecclésiastique, chap. 39).

Remontés aux causes de la révolution, vous les trouverés toutes dans les sectes audacieuses qui, sous des noms différents, ont juré la perte de la religion et de l'Eglise. Elles sont autant de rameaux qui partent tous du même tronc, et qui, dans ces derniers temps, sont venus s'y confondre. Les matérialistes, les fatalistes, les déistes, les sociniens, ne sont, en dernière analyse, que les masques divers dont l'athéisme a cru devoir se couvrir. Il les a employé tant qu'il a pensé en avoir besoin pour séduire les hommes. Il s'en est dépouillé, dès qu'il n'a plus craint de se montrer à découvert. C'est lui qui a détruit la Monarchie françoise et ensanglanté le trône, parce qu'ils étoient un puissant bouclier pour la religion, et qui depuis 1789 n'a pas cessé de faire gémir les presses nationnales sur une immensité de décrets aussi contradictoires qu'ils sont iniques et impies. Il lutte contre lui-même, contre sa propre inconsistance par cet amoncélement d'efforts plus monstrueux les uns que les autres. Jusques dans son apparente modération, ses paroles artificieuses le trahissent. Il ne mérite que la haine ; son hypocrisie se tourne contre lui, et jamais il n'atteindra son but tant qu'on refusera de lui être soumis. *Qui sophistice loquitur odibilis est : in omni re defraudabitur (Ibid.)* Promettre d'obéir à ses loix, même celles qu'il dicte dans les moments où sa furie paroit se ralentir, croire servir la religion, l'ordre public et la Monarchie par cette obéissance, seroit aller au devant de la mort en croyant user du remède.

Mais, dira-t-on, le Pape n'a pas parlé. Eh! Messieurs, avons nous le droit de sonder les vues secrètes de sa sagesse ? Il ne s'est point expliqué, il est vrai, sur la légitimité ou l'illégitimité de l'acte de soumission qui est exigé de vous par la *prétendue* Convention. Il n'a dit encore textuélement ni qu'on put le faire, ni qu'on dut ne pas le faire. Sans doute qu'une décision claire et précise de sa part auroit convaincu tous les esprits. Si jusqu'à présent il n'a pas cédé aux instances qui l'ont sollicité avec empressement, c'est parce qu'il n'a pas jugé à propos de faire encore entendre sa voix, cette voix imposante et universelle qui jamais ne doit retentir en vain. Dieu accorde aux successeurs de Pierre des grâces particulières, et qui peut dire que le silence de Pie six ne soit pas le conseil de ces illuminations supérieures réservées par le ciel à la Chaire Romaine ? Soit qu'il parle, soit qu'il se taise, respectons ses pensées, et ne doutons jamais de sa vigilance paternelle pour une partie aussi considérable du troupeau qui lui est confié. Si la soumission et l'obéissance aux decrets du 30 May et du 28 de septembre ne lui avoient présenté aucun inconvénient, il n'auroit pas refusé au clergé de France l'appui de son autorité pour le rassurer sur les craintes qu'elles inspirent en lui donnant une règle de conduite qui définissant canoniquement ces deux decrets dans leur substance et dans leurs conséquences, ne laissât matière à aucune interprétation, aucune incertitude, et son silence par cela même, porte avec lui les signes non douteux de l'improbation.

Est-ce la première fois que quelque portion de l'Eglise étant affligée par des opinions incertaines ou erronnées en matière de doctrine ou de discipline, le Saint Siège a différé de prononcer ? L'histoire ecclésiastique apprend que la naissance et la propagation de plusieurs opinions contestées, ou de plusieurs hérésies, n'ont pas toujours été immédiatement suivies de leur décision ou de leur condamnation. Il est dans le gouvernement de l'Eglise, comme dans celui des empires, de sages tempéraments qui puisent souvent les remèdes dans d'utiles retards. La Chaire de Pierre veille, alors même qu'elle se tait ; et quel est le catholique qui ait jamais prétendu que son silence surtout dans les circonstances critiques, fut une approbation ?

Le tres Saint Père vous a-t-il d'ailleurs laissé sans secours ? N'a-t-il pas adressé à vos Evêques, dès le commencement de nos malheurs, différents brefs dont les principes bien médités sont en quelque manière des décisions anticipées contre l'acte de soumission et d'obéissance aux loix de la république? N'est-il pas instruit de la surveillance et de l'infatigable activité de vos premiers pasteurs qui, toujours fidèles à marcher sur les traces de la vénérable antiquité, se sont fait un devoir de lui soumettre leurs sages observations sur la nature et les dangers de cet acte; et ne sait-il pas que leur sollicitude pastorale ne vous laisse manquer d'aucune instruction, parce que la prudence qu'exigent ces temps désastreux n'a point ralenti en eux le zèle de la foi et de la charité?

A Dieu ne plaise que le dévouement qui vous a rappelé en France au milieu de tant de périls ne reçoive pas le juste tribut d'admiration qui vous est dû. Il fait l'édification et la consolation de l'Eglise. Se donner sans réserve aux saintes fonctions sacerdotales, dans un pays tyrannisé par l'athéisme le plus audacieux et le plus sanguinaire, est un des grands miracles de l'héroïsme chrétien. Mais le culte privé qui n'auroit mis aucune entrave à votre ministère ne lui auroit-il pas fourni une pâture suffisante? Falloit-il pour recouvrer un culte public opprimé, ou peut même dire déshonoré, vous rendre dépendants d'un acte de soumission et d'obéissance qui vous réduisant à peu près à l'inaction, s'il est sincère, et qui présentant au peuple une contradiction palpable, s'il ne l'est pas, ne peut avoir que des effets funestes pour la religion que vous brulés de servir, pour le rétablissement de l'ordre que vous voulés provoquer, et pour le retour de la Monarchie qui est le plus ardent de vos vœux : *Nemo potest duobus dominis servire* (S. Math., chap. 6). Lorsque Jésus-Christ envoya ses apotres pour prêcher la foi aux nations, il ne leur ordonna point de transiger avec ses ennemis par des formules promissoires. Si vous etes persécutés dans une ville, leur dit-il, retirés-vous dans une autre. Si vous etes traduits devant les tribunaux, ne vous occupés pas de vos réponses, l'esprit de Dieu vous les inspirera (S. Math., chap. 10) : telles furent les seules précautions qu'il leur recommanda.

Vous avés dits, dans l'ardeur de votre charité, comme le prophète roi : *Quis dabit mihi pennas sicut columbae? et volabo et requiescam* (Ps. 54). Vous avés volé vers votre patrie. Vous avés été vous reposer dans le sein des labeurs, des périls, des tribulations, et vous vous etes ouvert une source féconde en mérites devant Dieu et devant les hommes. A présent que la publicité de vos temples et du culte divin auquel vous etes consacrés, est attachée à un acte de soumission et d'obéissance dont la légitimité est au moins douteuse et dont les suites ne peuvent être que déplorables, plustôt que de vous y soumettre, imités le saint Roi David. Exercés vos fonctions dans la solitude des maisons, dans celle des campagnes, dans les retraites des rochers. Elles seront secretes, mais elles seront pures, et les fruits qu'elles produiront ne seront que plus abondants. *Ecce elongavi fugiens et mansi in solitudine (Ibid.)* Attendés le secours de celui qui éclaire et fortifie l'esprit des simples, dans le peuple abusé, et qui appaise les tempêtes. *Expectabam eum qui salvum me fecit a pusillanimitate spiritus et tempestate (Ibid.)* Dieu confondra les méchants qui remplissent les villes et surtout la capitale d'iniquités et de désordres : *Praecipita, Domine, divide linguas eorum, quoniam vidi iniquitatem et contradictionem in civitate (Ibid.)* L'impiété, le crime veillent nuit et jour autour de leurs murailles qui ne renferment que troubles; injustice et forfaits : *Die ac nocte circumdabit eam super muros ejus iniquitas, et labor in medio ejus et injustitia (Ibid.)* Leurs places publiques, leurs assemblées, leurs decrets, sont le réceptacle de la débauche, de la fraude, du péculat, de l'agiotage, de tous les genres d'extorsions : *et non defecit de plateis ejus usura et dolus (Ibid.)* S'il ne s'agissoit que de vous, des dangers qui vous environnent, des outrages qui vous poursuivent, aucun sacrifice ne vous coute, et il n'est rien de ce qui peut vous etre personnel que vous ne soyés disposés à supporter : *Quoniam si inimicus maledixisset mihi, sustinuissem utique (Ibid.)* Mais il s'agit de la foi, des bonnes mœurs, de la justice, de l'ordre, de cette antique Monarchie qui puisoit toute sa force et sa sagesse dans son association intime avec la religion de nos pères, dans sa constante soumission à l'Eglise, et dans l'exclusive publicité du culte catholique. Il s'agit, pour ce même peuple qui nous persécute, de son bonheur dans le temps et dans l'éternité. Ah! Messieurs, des intérêts aussi chers, aussi majeurs, peuvent-ils trouver quelque refuge dans une soumission et une obéissance à des loix qui toutes conspirent également contre eux et qui, dans leur détail comme dans leur ensemble, sont les plus acharnés ennemis de tout ce que nos devoirs les plus impérieux nous ordonnent de défendre et de conserver?

Conjurons la clémence céleste que tant de catastrophes ne soient pour l'héritage de saint Louis qu'une correction salutaire et non la perte de sa divine religion, ainsi que de l'antique gouvernement auquel elle servoit d'appui, et qui, de tous, est le plus propre à l'appuyer à son tour contre ses ennemis: *ea quae acciderunt non ad interitum, sed ad correptionem esse generis nostri* (Machab., Liv. 2, ch. 6). Dieu n'a pas permis (oh! quel indice plus sensible de ses miséricordes?) que les impies et les régicides triomphassent momentanément dans notre désolée patrie, sans qu'elle ne fût accablée par un déluge de maux. Ils y abondent de toutes parts. Ils sont autant d'appels au repentir; et déjà les auteurs et les acteurs endurcis de tant de forfaits, de tant de sacrilèges, en sont eux-mêmes les victimes. *Etenim multo tempore non sinere peccatoribus ex sententiâ agere, sed statim ultiones adhibere, magni beneficii est indicium* (Ibid.) Les malheurs qui inondent la France prouvent que la colère du tout puissant n'attend pas le jour extrême de ses vengeances pour punir tant d'abominations. *Non enim, sicut in aliis nationibus, Dominus patienter expectat ut eas, cum judicii dies advenerit, in plenitudine peccatorum puniat* (Ibid.) Ne cessons d'espérer qu'il daignera prendre notre défense, après que les égarements et les honteux excès de ce siècle corrompu auront été expiés. *Ita et nobis statuit ut peccatis nostris in finem devolutis, ita demum in nos vindicet* (Ibid.)

Il châtie le peuple françois comme des enfants ingrats et indociles qui entraînés par les prestiges odieux de la philosophie moderne, n'ont sacrifié que depuis trop longtemps aux idoles de l'incrédulité. Mais sa bonté paternelle n'abandonnera pas ce peuple séduit et aujourd'hui si profondément malheureux. *Propter quod nunquam quidem a nobis misericordiam suam amovet : Corripiens vero in adversis populum suum non derelinquit (Ibid.)* N'oublions pas que la France a eu ses Machabées. Elevons nos pensées à ceux du deux septembre, et plutôt que de feindre une soumission si funeste par son exemple, et qui ne peut pas être dans notre cœur, à des loix que le ciel et la terre rejettent, puisons une nouvelle fermeté dans ces belles paroles du saint homme Eléazar : *Non enim aetati nostrae dignum est, inquit, fingere, ut multi adolescentium arbitrantes Eleazarum nonaginta annorum transisse ad vitam alienigenarum, et ipsi propter meam simulationem et propter modicum corruptibilis vitae tempus decipiantur (Ibid.)*

Nous reviendrons sur la recrudescence de persécution à laquelle il a été fait allusion. Les inconvénients signalés par l'abbé de Bonneval par suite de l'absence des évêques étaient réels, mais il pousse tout au noir et exagère. Non seulement nombre d'évêques gouvernaient à distance par des vicaires généraux, mais plusieurs étaient demeurés en France, notamment l'évêque de Saint-Papoul, qui continua son ministère à Paris. De plus, la prétendue désaffection qu'il lui plaît de souligner ici pour les prêtres ayant prêté le serment de liberté ou souscrit la promesse, ne répond nullement aux faits historiques, comme nous l'avons déjà remarqué [1].

---

1. Après une réplique à une lettre d'un vicaire général de Bordeaux qui essayait de tirer, d'une réponse évasive de Pie VI, la condamnation de ceux qui avaient prêté le serment, l'abbé Sicard, sous son pseudonyme transparent de *Dracis*, réfutait un par un les arguments des opposants, citant la lettre des Evêques au Pape du 3 mai 1791 et une réponse du

Un bon témoin en sens contraire est le courageux journal que l'abbé Sicard publiait sous le titre : *Annales religieuses politiques et littéraires*. Il faudrait pouvoir citer au long sa réponse topique au correspondant qui lui posait diverses questions relatives au serment, notamment celles-ci : 2° Y a-t-il (à Paris) des églises desservies par des prêtres catholiques ? 3° Ces prêtres catholiques ont-ils fait le serment de la liberté et de l'égalité ? 4° Ces prêtres ont-ils fait également la première et la seconde déclaration de leur soumission aux loix de la république ? (*ibid.*, p. 430). Les réponses affirmatives et explicatives (p. 466-480) données au numéro de septembre, sont une réfutation directe des insinuations qu'on vient de lire.

Il faut du moins extraire le passage, signalé plus haut où, sous le titre : *Eglise de Paris*, Février 1796, il publiait le renseignement qui suit : « On désire savoir dans les départements ce qu'ont fait les prêtres catholiques de Paris à l'égard de la dernière soumission exigée des ministres de tous les cultes. La plupart l'ont consenti, quelques-uns ont cru devoir s'en abstenir par principe de conscience, mais sans blâmer les premiers et sans s'élever contre leur conduite.

» Les églises rouvertes sont extrêmement simples dans leurs décorations Leur plus beau lustre leur vient de la piété des ministres et de celle des fidèles. Le jour de Noël, il a été rou-

---

Comité de législation, signée Durand-Maillane, certifiant le 24 frimaire an 3, que personne, par la prestation du serment, ne sera censé « abandonner ou contredire en quelque manière, aucun des points de la croyance religieuse qu'il professe ». Il ajoute : « Nous osons, d'après tous ces témoignages, déclarer hautement, que le serment de la *liberté* et de l'*égalité* ne renferme rien, dans le texte même, que de civil et de politique... Nous pourrions citer à l'appui de cette déclaration de grands exemples : plusieurs congrégations célèbres presqu'en entier, la Congrégation de la doctrine chrétienne, celle de Saint-Lazare, de l'Oratoire, de Saint-Sulpice, la Maison de Sorbonne, celle de Navarre, les Evêques restés en France, les curés fidèles de Paris, les vicaires-généraux et presque tous les autres ecclésiastiques de cette grande commune » (p. 479). Voir aussi (p. 619-621), le récit de la fête du Saint-Sacrement, sous le titre : *Etat de l'Eglise de Paris*.

ert une nouvelle église, celle de Saint-Nicolas du Chardonet.

» Les prêtres catholiques de Paris méritent cet éloge, qu'ils se sont constamment conduits avec soumission aux loix civiles, sans déclamation sur les affaires politiques, sans aigreur contre les prêtres ci devant *Constitutionnels*, désirant leur réunion, et la demandant, tous les jours, à Dieu dans le Saint Sacrifice. Mais quel est aujourd'hui le fidèle ministre de Jésus-Christ qui ne soit pénétré des mêmes sentiments, et qui n'ambitionne pour tout bonheur de pouvoir être ce qu'il est, c'est-à-dire, le serviteur des indigens, le consolateur des affligés, l'instituteur des ignorans, l'ami de tous les malheureux[1] ? »

Voilà qui est, en somme, d'une inspiration meilleure que les conseils, si bien intentionnés cependant, de l'abbé de Bonneval.

La dernière partie du réquisitoire de l'abbé de Bonneval contre la signature de l'acte de soumission aux lois de la république ne fait que développer ou délayer ses arguments coutumiers. On y voit que, pour lui, il n'est pas de salut ni de vie spirituelle hors de la Monarchie. Mais quand il entre dans le détail et discute, en les tirant à lui, les articles du décret, son argumentation est plus caractéristique encore sans cesser d'être aussi passionnée.

Il n'est pas nécessaire d'insister sur les exagérations de ce discours, œuvre de bonne foi sans doute et dictée par des convictions sincères, mais singulièrement en désaccord avec d'autres manières de voir et d'agir aussi respectables, celles, par exemple, des prêtres soit anciens déportés, soit échappés aux ureurs de la période révolutionnaire, qui n'hésitaient pas, au prix de la promesse exigée, à recouvrer un semblant de liberté à leur ministère. Nous verrons bientôt l'abbé de Bonneval aux prises avec une « décision du Conseil d'administration du diocèse de Paris » qu'il s'efforcera de réfuter.

---

1. *Annales*, t. I, p. 187.

V

OBSERVATIONS

SUR LA DÉCISION DU CONSEIL D'ADMINISTRATION DU DIOCÈSE DE PARIS, PERMETTANT L'ACTE DE SOUMISSION A LA POLICE EXTÉRIEURE DU CULTE. 1796.

Contre l'acte de soumission exigé par la Constitution de l'an IV, mais surtout contre un écrit de M. de Bausset en faveur de cette promesse qu'il tient pour licite et conseille aux prêtres, sont dirigées les observations qui constituent le quatrième traité[1] composé par l'abbé Bonneval sur la question des serments.

Il faudrait de longs développements pour refaire l'histoire

---

[1]. Le titre tel qu'on le reproduit ci-dessous, avec ses ratures, était précédé du N° 5, mais ce chiffre a été barré et remplacé par un 4.

décision (attribuée) du
Conseil d'administration du
diocèse de Paris et qu'on dit
avoir été rédigée par M.
l'Évêque d'Alais 1795
avec les observations en réponse
à cette décision par
M. l'abbé de Bonneval
sur l'acte de soumission
relative à la police extérieure
du culte
1796.

de ces incidents et même simplement pour annoter et éclairer les multiples allusions historiques que comporte cette réfutation d'une pièce officielle. Bornons-nous à renvoyer le lecteur à quelques pages de l'excellent ouvrage de M. l'abbé Sicard : *L'ancien Clergé de France*, t. II, *Les Evêques pendant la Révolution*. En sa première partie, livre I, chapitre VI, *les Evêques et la constitution politique*, montrant fort bien dans quelles limites on peut dire que la généralité de l'épiscopat prêta serment à la constitution, et ce qui motiva la protestation de onze évêques, le 15 septembre 1791, il rappelle l'argumentation de l'auteur combattu ici par l'abbé de Bonneval : « Lorsqu'un prélat distingué entre tous, M. de Bausset, évêque d'Alais[1], voudra pousser le clergé à faire la déclaration exigée par la loi du 7 vendémiaire, an IV, et à ne point prendre parti dans les questions politiques, quel exemple apportera-t-il? l'attitude de l'Eglise de France sous la Constituante et le soin qu'elle prit de distinguer le temporel du spirituel[2]. » Suivent des extraits de la déclaration de l'évêque d'Alais qu'il sera certainement utile de comparer à la pièce critiquée par Bonneval. L'opuscule cité par M. l'abbé Sicard avait pour titre : *Réflexions sur la déclaration exigée des ministres du Culte par la Loi du 7 vendémiaire, an IV*. Cette importante brochure de M. de Bausset, éditée par M.

---

1. Sur le futur cardinal de Bausset, alors évêque d'Alais depuis, rien ne renseigne mieux que la partie de sa correspondance publiée en 1886 sous le titre : *Lettres du Cardinal de Bausset à d'Hombres, d'Alais* (1790-1820), publiées et annotées par Achille Bardon, Nîmes, 1886, in-8 de 168 p. (Bibl. nat.; Ln⁷, 36.438). « Il n'y a rien, écrit justement l'éditeur, qui jette une lueur plus vive sur les mœurs et le véritable esprit d'un siècle, que les lettres intimes échappées à l'abandon du moment. » « Adressées de 1790 à 1820 par le cardinal de Bausset » (ces lettres) « abondantes au début, très clairsemées à la fin, nous permettent, avec le secours de quelques publications récentes, de raconter à grands traits la vie du dernier évêque d'Alais, au moment de la chute de l'ancien régime, pendant la Révolution, sous l'Empire et sous Louis XVIII » (p. 1). Nous citerons plus loin quelques fragments de ces lettres.

2. Sicard, p. 305.

— 127 —

Emery, parut plus tard considérablement augmentée sous le titre d'*Exposé*, etc.[1] »

C'est à Naples, en 1796, que l'abbé de Bonneval écrivit cette réfutation d'une décision qui probablement ne lui était pas parvenue aussitôt. Son manuscrit autographe comporte deux colonnes : celle de gauche reproduit le texte de M. de Bausset : à droite sont écrites les réflexions qu'il y oppose. Pour n'avoir pas à reproduire cette disposition, chacune des propositions de Bausset sera imprimée en italiques, qui figureront ainsi la colonne de gauche, et le texte de Bonneval suivra en caractères ordinaires. Je me limiterai, comme j'ai fait jusqu'ici, aux notes rigoureusement nécessaires à dissiper l'obscurité de certains passages.

DÉCISION DU CONSEIL DE L'ADMINISTRATION DU DIOCÈSE DE PARIS, TOUCHANT LA SOUMISSION RELATIVE A LA POLICE EXTÉRIEURE DU CULTE, ATTRIBUÉE A M. L'ÉVÊQUE D'ALAIS. — 1795.

1° La question est deja préjugée de l'aveu du consentement du Clergé, puisque la Constitution de 1791, sanctionnée par le roi, consacre en termes formels le principe de la souveraineté des peuples. Personne n'éleva alors de difficulté sur le principe : le Clergé offrit lui-même de prêter le serment à cette constitution A LA RESERVE DES OBJETS SPIRITUELS[2], *reserve qui fut uniquement fondée sur ce que la Constitution civile du Clergé formoit alors une partie de la Constitution politique.*

---

1. *Ibid.*, p. 306, p. 1. Le titre complet est : *Exposé des principes sur le serment de liberté-égalité, et sur la déclaration exigée des ministres du culte par la loi du 7 vendémiaire.* (Bausset, *Lettres*, p. 102, n. 2.)

2. M. l'abbé Sicard a résumé l'histoire du vote de la constitution de 1791 dans le chapitre déjà cité. On y peut voir en particulier (p. 300, n. 1) les réserves apportées par l'évêque d'Amiens, M. de Machault, le 6 février 1790 : « Je m'engage, disait-il, à observer les lois et la constitution nouvelle dans tout ce qui n'est pas contraire à la religion catholique, apostolique et romaine. Le gouvernement civil et politique des nations peut changer, et lorsque les changements en ce genre prennent une consistance légitime, *c'est un devoir de se conformer à l'ordre reçu.* » Voilà qui appuie Bausset contre son adversaire.

OBSERVATIONS EN RÉPONSE A CETTE DÉCISION. *Naples,*1796.

1° La sanction, que le Roi Louis Seize a donnée à la Constitution de 1791, a démenti par le fait le faux principe de la souveraineté du peuple françois. Celui à qui il appartient de sanctionner, est véritablement le souverain, puisque la sanction est l'acte le plus entier de la souveraineté dans son plus haut degré de plénitude. Par consequent, bien loin de préjuger ce prétendu principe, la sanction du roi l'a complètement détruit. La question de la souveraineté ne s'entendoit alors que de son origine, puisque le texte de la Constitution de 1791 dit *que le peuple ne peut pas retenir l'exercice de la souveraineté, et qu'il doit le confier*. Le Clergé ne se dissimuloit pas les dangers de cette question ; mais il pouvoit ne la considérer au fond, que comme une question de mots, dès que par la constitution même la libre sanction étoit reservée au roi. C'est abuser de la violence notoire qui a été faite à ce malheureux monarque, que d'argumenter de la sanction qu'il a été contraint de donner en faveur d'un principe, qui, entendu sous le rapport d'une souveraineté effective, le dépouilloit de celle dont il étoit revêtu. La nécessité de la libre sanction du roi, stipulée par la constitution de 1791, étoit l'égide dont se couvroit le clergé, pour ne pas agiter une question si dangereuse en elle-même et débattue alors avec tant de chaleur. La reserve des *objets spirituels*, à laquelle il se borna, par prudence, prouve qu'il pensoit alors, comme il pense aujourd'hui, que la religion est dans ses préceptes, son régime, sa morale et sa pratique, indépendante de la souveraineté, quelque part qu'elle réside, car par *objets spirituels*, l'auteur de la décision n'entend sûrement pas les seules pensées intérieures. Si la constitution de 1791 dont la Constitution Civile du Clergé fesoit partie[1], mutiloit la religion, celles qui lui ont succédé, parti-

---

1. Il ne faut pas oublier que lors de la prestation de serment du 4 février 1790, il ne s'agissait que de la constitution civique : La for-

culierement le decret du 28 octobre 1795 sur la police des cultes, la renoncent et l'anéantissent. Elles forcent donc le Clergé a des réserves, au moins autant que celle de 1791.

2° *Le Clergé a offert plusieurs fois de prêter et a prêté en effet le serment à la nation, à la loi et au roi : la formule de ce serment indiquoit le principe originaire de la souveraineté de la nation.*

OBSERVATIONS

2° Trois choses existent dans une Monarchie : la nation, la loi et le roi. La nation, matière de la Monarchie; la loi, mode de la Monarchie; le roi, souverain de la Monarchie [1].
Il n'y a que dans les gouvernements despotiques où il ne se trouve que le despote. La formule du serment que le clergé a prêté à la nation, à la loi et au roi, n'indiquoit donc pas le principe prétendu originaire de la souveraineté de la nation. A-t-on jamais dit de la loi qu'elle fut le souverain? Ce rêve n'a été imaginé que par quelques illuminés *Nomarchistes*, qui ont mis la loi sur le trône, comme si elle avoit des yeux, une bouche et des bras : il en est de même de la nation; elle doit être comptée pour beaucoup dans les gouvernements Monarchiques, mais il ne s'ensuit pas qu'elle soit le seul souverain.

---

mule était : « Je jure d'être fidèle à la nation et au roi et de maintenir de tout mon pouvoir la constitution décrétée par l'Assemblée nationale et acceptée par le roi » (Sicard, p. 299). La protestation tardive de onze évêques au 15 septembre 1791 (*Ibid.*, p. 303, n. 1) fut motivée par les articles sur les vœux, le mariage, etc., et les dispositions de la constitution civile du clergé. Toutefois celle-ci est indiquée parmi les raisons invoquées le 6 février 1790 par M. de Machault pour ne prêter son serment que sauf l'honneur de la religion (*Ibid.*, p. 300, n. 1).

1. Bonneval, qui se répète volontiers, reprendra ce commentaire des expressions « la nation, la loi et le roi » dans son ouvrage intitulé : *La Véritable Constitution française*, paru à Vienne en 1799, et il signale cette interprétation donnée au serment dans sa lettre à Monsieur du 19 mars 1800, que j'ai publiée dans *Quelques dédicaces inédites*. Paris, Leclerc, 1907, p. 11 et suiv.

3° La Constitution de 1791 consacroit formellement le principe de cette souveraineté, sans que le Clergé ait formé aucune réclamation à ce sujet ; au lieu que la nouvelle déclaration n'exprime que la déclaration d'un fait bien évident, qui est que l'universalité des citoyens exerce la souveraineté.

3° Ce n'étoit pas une des moindres contradictions de la Constitution de 1791, que de prononcer en même tems la souveraineté de la nation et la nécessité de la sanction du roi : mais le clergé, à qui elle n'a pas échappé, devoit-il la relever ? L'auteur de la décision n'ignore pas que les grandes révolutions sont presque toujours le foyer de grandes inconséquences, et qu'il est quelquefois sage de ne pas les divulguer dans les tems orageux. Il ne peut pas oublier qu'il a lu des protestations contre la Constitution de 1791 et son faux principe de la souveraineté du peuple, sorties du sein même de la partie du clergé siégeant aux Etats Généraux, transformés en Assemblée Constituante. Ces protestations, publiées par la voye de l'impression et qui ont été entre les mains de tout le monde, prouvent qu'il est faux que le clergé n'ait pas reclamé à ce sujet. La nouvelle déclaration proposée aux ministres du culte exprimeroit la déclaration d'un mensonge et d'une absurdité, si elle disoit que l'universalité des citoyens *exerce* la souveraineté, car il est évident que l'universalité des citoyens ne l'*exerce pas* et ne peut l'*exercer*. Elle dit que l'universalité des citoyens françois *est* le souverain et ce fait n'est rien moins qu'évident. En posant pour principe ce qui n'est vrai ni dans le fait ni dans le droit, elle n'est pas autre chose que la déclaration d'un faux. N'est-ce pas donner une entorse à la question que d'employer ces mots *exerce la souveraineté*, au lieu de ceux *est le souverain*, qui sont les mots propres de la déclaration proposée ?

4° Le Pape lui même dans son bref du 13 avril 1791, par lequel il condamne la Constitution Civile du Clergé, déclare que son intention n'est pas de s'immiscer dans ce qui concerne le changement introduit dans la forme politique du gouvernement françois.

4° Qu'est-ce que cela prouve ? Le pape a condamné la Constitution civile du Clergé dans son bref du 13 avril 1791, parce qu'elle étoit faite et connue à cette époque ; il ne pouvoit pas y parler de la Constitution politique, puisqu'elle n'a été terminée et acceptée par le roi que le 14 septembre de la même année : de ce que, dans sa sagesse, il a dit que son intention n'étoit pas de s'immiscer dans ce qui concerne le changement introduit dans la forme politique du gouvernement françois, peut-on en conclurre, pour peu qu'on conserve quelque respect pour les règles du raisonnement, qu'il a approuvé un principe subversif de toute société et qu'il l'approuve surtout aujourd'hui que ses conséquences se sont démontrées si funestes pour la religion ; aujourd'hui qu'on s'autorise de ce principe pour forcer les ministres du culte à souscrire, par un acte de soumission aux loix de la république, à tous les attentats commis contre la doctrine, la hiérarchie, la discipline de l'Eglise et les mœurs ?

5° Tous les evêques en 1791 et 1792 ont déclaré qu'ils ne s'occuperoient que de ce qui pourroit intéresser la religion, et que l'Eglise est entierement étrangere aux formes politiques des gouvernements. L'evêque de Blois[1]*, l'un des plus distingués par l'étendue de ses connoissances et l'énergie de son caractere et de ses principes, s'est expliqué à cet egard de la maniere la plus franche et la plus précise dans ses écrits de 1791 et 1792.*

---

1. C'était M. de Thémines, que M. l'abbé Sicard a cité (p. 306) d'après la brochure de M. de Bausset. Celui-ci l'invoque parce qu'il « réunit à des connaissances et des talents distingués une énergie de caractère qui ne lui a jamais permis de mollir et de transiger avec les principes. » « On peut dire du serment de fidélité, avait-il écrit, qu'il est insensé de le refuser et inutile de l'exiger. » (*Lettre de M. l'Ev. de Blois aux administrateurs du départ de Loir-et-Cher*, 1791; *à M. Adam, à Paris*, 1791-1792).

5° Jamais les évêques en 1791 et 1792, ni depuis, n'ont dit que l'Eglise étoit indifférente sur les formes politiques, bonnes ou vicieuses, des gouvernemens. En déclarant qu'ils ne s'occuperoient que de ce qui pourroit intéresser la religion, ils ont, par cela même, implicitement déclaré que l'Eglise est, en effet, étrangère aux formes politiques des gouvernemens, lorsqu'elles laissent subsister la religion toute entière dans ses préceptes, son régime, sa morale et sa pratique. L'auteur de la décision oseroit-il soutenir que les nouvelles formes politiques, introduites dans le gouvernement en France, ne blessent la religion ni dans ses préceptes et son régime, ni dans sa morale et sa pratique? On ne lui conteste pas l'éloge qu'il fait de M. l'Evêque de Blois; mais ce prélat approuveroit-il l'interprétation qu'on donne ici à ses écrits? D'ailleurs l'opinion d'un évêque quelque respectable qu'il soit, ne détruit pas l'opinion contraire de plus de cent évêques, et ne forme pas, à elle seule, celle du corps entier du clergé de France.

6° La question de la souveraineté du peuple est une question sur laquelle les auteurs et les docteurs même ultramontains sont partagés, et personne n'a jamais imaginé de supposer qu'elle intéresseroit la religion ; elle est même regardée comme un problème en politique ; nos rois [eux] mêmes ont supposé cette souveraineté originairement dans le peuple dans plusieurs de leurs déclarations.

6° La question de la souveraineté effective du peuple n'est point un problème en politique, — parce qu'un fait évidemment faux ne peut jamais être problématique. Le problème consiste dans l'origine de la souveraineté, mais non dans la souveraineté effective du peuple; car quand bien même il seroit reconnu que c'est le peuple qui crée la souveraineté, il ne s'ensuivroit pas qu'il fut le souverain lui-même.

Ceux de nos rois qui ont appellé le peuple à la confection

de la loi et qui ont demandé son consentement pour les subsides, n'ont pas plus supposé, dans plusieurs de leurs déclarations, qu'il fut originairement souverain, qu'un peintre ne suppose que sa palète garnie de diverses couleurs est originairement un tableau. En supposant que la question de la souveraineté populaire abstractivement considerée, n'interessat pas la religion, ce qui est bien loin d'être démontré, il n'en est pas moins vrai qu'elle l'interesse essentiellement, lorsque reduite à l'acte comme elle l'est presentement en France, elle détruit de fond en comble la religion.

7° Bossuet qui a le plus combattu la souveraineté du peuple dans la réfutation de Jurieu, est plus concluant lorsqu'il démontre les conséquences dangereuses de ce principe pour la tranquillité des empires que lorsqu'il recherche où réside originairement le principe de la souveraineté.

7° Le principe de Jurieu, et celui que sont obligés d'adopter tous les sectateurs de la doctrine de la souveraineté du peuple, est celui-ci : *le peuple est cette puissance qui, seule, n'a pas besoin d'avoir raison pour rendre ses actes valides, juridiques et exécutoires.* Les grands talens de M. Bossuet ne sont pas nécessaires pour en sentir les horribles conséquences. Elles auroient du suffire à l'auteur de la décision pour lui rendre au moins suspecte l'origine populaire de la souveraineté comme elle l'étoit à M. Bossuet. Mais encore une fois, il ne s'agit pas ici de l'origine de la souveraineté; il s'agit de la souveraineté même, de la souveraineté effective.

8° L'Eglise a toujours fait profession de respecter et de se soumettre à l'ordre politique établi en chaque état : elle n'a pu que compromettre son existence et celle de la religion, et s'exposer à devenir le jouet de toutes les vicissitudes politiques, lorsqu'elle a cherché à prendre part et à se prononcer dans ces discussions dangereuses : il faut qu'elle se concentre entierement dans le sanctuaire et dans les objets spirituels.

8° C'est précisément en se concentrant dans le sanctuaire et dans les objets spirituels, que l'Eglise reconnoît dans le faux principe de la souveraineté du peuple, tel qu'il est établi dans les différentes constitutions qui se sont succédées en France depuis 1791, l'opposition la plus complète avec les premiers elements de la religion : il suffit de sçavoir les commendemens de Dieu et de l'Eglise pour se convaincre que rien de ce qui est pratiqué dans la religion n'est conciliable avec ces constitutions diverses et particulièrement les articles 22, 23 et 24 du décret du 28 septembre 1795, relatif à la police des cultes [1]. L'Eglise ne compromet point son existence et celle de la religion et ne s'expose point à devenir le jouet de toutes les vicissitudes politiques, lorsqu'elle cherche à prendre part, malgré elle, dans les discussions dangereuses, qui ont pour objet de défendre la pratique des commandemens de Dieu et de ceux que son divin fondateur lui a donné le pouvoir de faire, contre les attaques qui lui sont portées. Elle conserve, au contraire, le grand dépôt de la foi et de ses œuvres, sans lesquelles la foi est morte, qui lui est confié, en se prononçant dans ses discussions affligeantes, et elle ne sort pas de ses limites lorsqu'elle refuse de se concilier avec tout systeme politique, qui, en ménageant hypocritement la foi, en interdit les œuvres.

9° La nouvelle Constitution qui consacre le principe de la souveraineté du peuple vient d'être adoptée presque unanimement par toute la nation et de quel droit quelques eclesiastiques pourroient ils refuser de se soumettre à cette reconnoissance dans une question purement politique ?

9° L'erreur de la nation ou les surprises qui lui ont été faites, ne changent ni la nature de la nouvelle constitution qu'on lui a fait adopter, ni les vices inhérens au principe de la

---

1. Voir plus haut, p. 106.

souveraineté du peuple que cette constitution consacre. Depuis la prédication de l'Evangile, l'idolatrie a été encore consacrée pendant plusieurs siècles par le code des nations payennes. L'Eglise étoit-elle obligée pour cela de se rendre idolatre? Les ecclésiastiques qui sçavent leur catéchisme, et ce ne sont pas quelques eclesiastiques, ont pu ne pas approfondir jusqu'à quel point la reconnoissance de ce faux principe est préjudiciable sous le rapport politique; mais les effets qu'il a produits en France sous le rapport religieux, leur démontrent assés que sa reconnoissance est incompatible avec leur devoir.

10° Cette souveraineté se trouve reconnue de fait par la plus grande partie de l'Europe, et les puissances même en guerre ne la contestent pas.

10° Dans le tems des persecutions des Nerons, des Domitiens, et des autres empereurs romains, les nations qui étoient en paix ou en guerre avec eux, reconnoissoient les faux dieux; les chrétiens étoient-ils obligés de se conformer à cette reconnoissance et d'adorer les idoles?

11° Refuser cette déclaration, c'est se déclarer ouvertement en opposition avec le gouvernement politique du pays que l'on habite : des qu'on est en opposition avec le gouvernement d'un pays, on a le droit de vous en bannir.

11° On n'est en opposition avec le gouvernement politique d'un pays que par les actes qui soulèvent contre lui. Ou cette déclaration est purement spéculative, ou elle est active. Si elle est purement speculative, qu'importe au gouvernement politique les matieres de pure spéculation? Si elle est active, elle est défendue par la conscience, dès qu'il est évident qu'elle porte atteinte à la religion. C'est une générosité vraiment louable de la part de l'auteur de la décision, de ne condamner qu'au bannissement le corps entier des évêques et du Clergé de France, dont le crime est de se refuser à déclarer un principe faux qui contraint la nation à un schisme manifeste, et qui la conduit sans mystère à la subversion de toute morale, au deisme et même à l'atheisme.

12° Autant le Clergé s'est honoré lorsqu'il a défendu la liberté de la conscience et de ses principes religieux, autant il méritera la malveillance de ceux qui ont gémi sur son sort, s'il montroit une résistance indiscrete sur une question purement politique.

12° Autant le clergé s'est honoré en defendant la liberté *catholique* de la conscience et les *vrais* principes religieux, autant il est de son devoir de ne pas déguiser sous le masque de *question purement politique*, une question dans laquelle la religion est essentiellement compromise par le fait, et d'empêcher, par *sa paisible et sage* résistance que les fidèles ne tombent dans le piege qui leur est tendu ; ceux qui ont gémi sur son sort, joindront au sentiment de la pieté et de l'estime celui de la venération.

13° Il ne faut pas se faire illusion ; la nouvelle loi n'exige la déclaration que de ceux qui veulent exercer le culte : beaucoup croiront pouvoir s'en dispenser, en renonçant à l'exercice du culte, ce qui seroit un grand malheur pour la religion : mais qu'on ne s'y trompe pas ; l'objet de la nouvelle loi est certainement de bannir tous les ministres quelconques, qui ne feront pas et qui peut etre n'auront pas fait la nouvelle declaration.

13° Il vaut mieux renoncer à l'exercice public du culte que d'exercer un culte schismatique et qui trahit les préceptes et les conseils de l'Evangile. Le culte privé du cœur est agréable à Dieu dans les persécutions et il a en horreur celui de la prévarication. Le clergé ne sçauroit trop remercier l'auteur de la décision de l'avertissement qu'il lui donne. Dans la crainte que quelques uns de ses membres ne crussent trouver, pour rentrer en France et y habiter paisiblement une sauvegarde dans l'abstinence du culte public, il fait un charitable commentaire de la loi nouvelle, en leur annonçant que l'objet de cette loi est *certainement* de bannir tous les ministres quelconques qui ne feront pas ou qui n'auront pas fait la nouvelle déclaration. Son zèle pour elle est vraiment admirable, puisqu'il va plus loin que la loi qui la commande. Le bannissement lui tient si fort à cœur qu'il n'a pas voulu perdre une si belle occasion pour rappeller combien ce genre de persécution est dans l'ordre de la justice.

14° Enfin nous avons un grand exemple dans S. Gregoire, pape, qui n'hesite pas à reconnoitre pour empereur Phocas quoique celui-ci ne se fut élevé sur le trône que par l'usurpation la plus violente, en fesant perir l'empereur Maurice avec toute sa famille. La soumission de la capitale et de tout l'empire, disent les historiens, parut à S. Gregoire un titre suffisant en faveur de Phocas.

14° St. Grégoire Pape seroit sans doute étonné de se trouver cité ici comme exemple : qu'a de commun sa reconnoissance du régicide et de l'usurpateur Phocas avec une déclaration que la religion condamne, parce qu'elle est incompatible avec elle ? La soumission de la Capitale et de tout l'Empire put paroitre à saint Grégoire un titre suffisant en faveur de Phocas. Mais lui auroit-elle paru un titre suffisant pour se soumettre aux loix de cet usurpateur, s'il en avoit fait qui introduisissent nécessairement dans la religion l'hérésie, le schisme et la subversion de toute morale ? Tel est l'état de la question sur lequel l'auteur de la décision cherche à faire prendre le change ; mais ses efforts sont impuissants : il ne s'agit pas dans l'espèce présente de décider si les ministres du culte catholique et les fideles peuvent ou ne peuvent pas reconnoitre la république, en tant que nouvelle forme politique de gouvernement pour la France; il s'agit de sçavoir si les ministres et les fidèles peuvent reconnoitre des loix qui pervertissent la religion et la morale, lesquelles loix ne sont pas tellement de l'essence du gouvernement républicain qu'il ne puisse en faire et en adopter qui se concilient avec la religion et la morale. La question présentée sous ce point de vue, qui est le seul véritable, auroit dispensé l'auteur de citer aussi mal à propos une des plus grandes lumieres de l'Eglise.

De toutes ces considerations il résulte :
1° Que la question de la souveraineté est purement politique et n'appartient pas à la religion.
2° Qu'elle est même un problème en politique.
3° Que dès qu'on peut faire la declaration sans blesser la religion, on doit la faire par interet même pour la religion.

De toutes ces considérations il résulte :
1° Que la question de la souveraineté du peuple dans les principes des différentes constitutions données à la France depuis 1791 et dans les effets, tels que ce malheureux pays les eprouve, n'est pas purement politique, mais qu'elle appartient essentiellement à la religion.
2° Qu'en tant que souveraineté effective appartenant au peuple, ou exercée par le peuple, elle n'est point un problème, parce que l'impossible démontré ne peut jamais etre un problème.
3° Que ne pouvant pas faire la déclaration sans blesser essentiellement la religion, on doit refuser constamment de la faire par respect pour la religion, par attachement pour la foi et par interet pour le peuple.

Tels sont les principes qui ont réglé la conduite du Conseil et du Clergé de Paris.

Tels sont les principes qui auroient du régler la conduite du conseil et de la très petite portion du clergé, qui se qualifie clergé de Paris.

La décision, à laquelle ces observations répondent, a été répandue sous le nom de M. l'evêque d'Alais; mais ce seroit lui faire tort que de la lui attribuer. M. l'Evêque d'Alais est trop instruit pour avoir avanturé des principes aussi hasardés et aussi novateurs. Il est trop sensible pour condamner avec un courage aussi impitoyable tous ses confreres et ses coopérateurs, dont il connoit l'inébranlable fermeté, à un bannissement qui n'a point de terme. Il est etranger au diocese de Paris, dont le clergé conserve heureusement assés de lumieres dans son sein, pour n'avoir pas besoin d'emprunter du dehors celles qui doivent diriger sa conduite. Il connoit trop les règles canoniques, pour usurper le droit de l'enseignement dans un diocese qui n'est pas le sien; ou s'il est revêtu des pouvoirs de Monsieur l'Archevêque de Paris, il est incapable de trahir sa confiance. Il est trop nouveau dans l'épiscopat pour mettre son opinion à la place de celle du corps entier des évêques et du clergé de France, qui par la persécution qu'il éprouve, mérite les respects et les déférences qui sont dues aux confesseurs de la foi. Il a trop de discernement et de sagacité pour confondre la question de la souveraineté effective du peuple avec celle de l'origine de la souveraineté et les loix de la république telles qu'elles existent actuellement en France, avec la république en tant que nouvelle forme politique du gouvernement pour la France. Il a trop de franchise et de bonne foi pour dissimuler une distinction aussi importante. Enfin il est trop attaché à la religion et au clergé pour fermer les yeux sur les atteintes que la déclaration dont il s'agit porte à l'Eglise et pour tendre un piège aux eclésiastiques et aux fidèles, à qui son nom pourroit servir d'autorité en déguisant, sous le masque d'une simple convenance politique, une question qui compromet à la fois au plus haut degré les plus précieux intérêts de la religion et de la morale.

∗∗∗

Nous avons publié, sans commentaire, ces pages si tranchantes où l'abbé de Bonneval fait la leçon à cet évêque trop nouveau venu à son gré dans l'épiscopat, pour différer de sentiment avec lui, représentant unique, sans doute, du corps entier des évêques. Il s'agit maintenant de donner un instant la parole à d'autres auteurs contemporains dont les écrits mettent au point et dans leur cadre historique les traités de l'abbé de Bonneval.

IV

Illustrer ou expliquer, réfuter le plus souvent les divers traités de l'abbé de Bonneval, nous conduirait à reprendre presque toute l'histoire religieuse de la Révolution, dont les débats sur la question des serments forment une large part. Il est impossible de discuter, même en passant, chacune des affirmations, parfois historiquement fort contestables, qui accompagnent ses raisonnements et ses thèses. Reprenons-en du moins quelques-unes, comme au hasard, afin de les mettre en regard de faits ou de documents contemporains qui aideront à les juger.

Nous avons constaté que l'abbé de Bonneval a plusieurs fois déclaré, dans ses plaidoyers contre la licéité de tout serment ou promesse quelconque à la république, que le retour des populations à la religion se trouverait, ou même s'était trouvé paralysé par cette soumission des prêtres. Mille traits pourraient prouver le contraire; car le réveil religieux fut réel dès l'année 1705 [1].

Une lettre publiée dans les *Annales religieuses* pour satisfaire aux questions d'un abonné, mérite de trouver place ici. Elle est une réponse péremptoire aux insinuations intéressées du chanoine de Paris. La fin de ce même communiqué a également trait aux écrits de Bonneval; car le plaidoyer de ce correspondant anonyme en faveur de la clémence à exercer envers les prêtres constitutionnels demandant à revenir à l'unité, forme la contre-partie de son *Mémoire* sur ce sujet [2].

---

1. Voir plus haut, pp. 41-69 et surtout p. 92, note 3.
2. Voir plus haut, chap. II, p. 15.

« Un de nos abonnés, dont la lettre annonce des intentions pures et un zèle louable pour la Religion, nous écrit qu'il a observé une différence notable entre quelques numéros du *Journal de la Religion* et ceux des *Annales Religieuses*[1]. Que

---

1. Cette manière de répondre à la fois des articles publiés dans le *Journal de la Religion* et dans les *Annales*, manifeste la part prise par l'abbé Sicard dans cette première publication. Les citations qu'il en donne sont d'autant plus précieuses que la collection manque, à la Bibliothèque nationale, de ce journal, fondé en 1791, qui fut l'ancêtre de tant d'autres vaillants périodiques.

Pour compléter ce qu'on a vu (p. 83, n. 1) de la bibliographie de la presse religieuse sous la Révolution, je reproduis le *Prospectus*, la seule pièce conservée dans notre grand dépôt public.

Journal de la Religion ; Par une société d'Ecclésiastiques. (Bibl. nat. Lc² 641). In-8° de 2. p.

Non habemus hic manentem civitatem, sed futuram inquirimus. (Ep. ad Heb. cap. 13, v. 14.)

Si la politique a ses mille et un journaux, la religion peut, sans indiscrétion, en compter un qui lui soit exclusivement consacré.

La politique, en effet, trop souvent fille de l'ambition et même de l'intrigue, est toute concentrée sur la terre, et n'offre que des intérêts frivoles et passagers. La religion, au contraire, fille du ciel, et mère de la véritable philosophie, présente des objets solides et éternels.

Elle est ce véritable point d'appui, étranger au globe terrestre, et si vivement désiré par Archimède. A l'aide de cette heureuse base, et de son levier, ce grand homme se flattait avec raison de mouvoir la terre tout entière.

Ce que souhaitait Archimède, la religion le réalise. Le point d'appui solide qu'elle nous offre, c'est celui de l'éternité. C'est sur cette base immuable que s'appuyait cette foule de victimes persécutées, conspuées, dépouillées, bannies, immolées, et devenues, selon l'expression de saint Paul, la balayure de ce monde, *mundi peripsema.* Tant de persécutions n'ont abouti qu'à rendre la religion plus brillante; c'est l'or qui, sous le marteau, reparaît avec un nouvel éclat; c'est le soleil qui sort plus radieux du nuage qui l'obscurcissait momentanément; c'est l'air devenu plus pur, plus sain, plus balsamique, après un orage violent.

Retracer les victoires de la religion, présenter son véritable esprit, toujours soumis au gouvernement établi, et s'adaptant à toutes les formes politiques, comme l'eau se moule dans les vases; offrir le détail de ses preuves les plus décisives; réfuter les objections les plus séduisantes que lui oppose l'incrédule; montrer dans la religion naturelle, l'athéisme et le pyrrhonisme, le pendant des objections insolubles (car il en est, et cet aveu est plus précieux qu'on ne pense); analyser les ouvrages anciens et modernes sur le dogme et la morale; donner de la publicité aux traits les plus saillants de l'héroïsme chrétien; choisir dans la nature les merveilles les plus frappantes qui rendent au Créateur un hommage égal dans l'infiniment grand comme dans l'infiniment petit; rappeler quelquefois les

dans les premiers nous disons que les *Parisiens* remplissoient en foule les temples, sans faire attention à la décoration qu'ils avoient ; mais satisfaits seulement de pouvoir exercer le culte de leurs pères, que dans le premier numéro des *Annale. Religieuses*, le tableau religieux et moral de notre commune porte qu'à juger sur les apparences, on diroit Paris une nouvelle Babylone, sans religion et sans Dieu ; qu'on y vit dans l'oubli de tout culte et que l'Epicuréisme gagne les âmes.

La contradiction qui paroit, au premier coup d'œil, entre ces deux tableaux, n'est qu'apparente. D'abord, lorsque nous avons tracé le premier, nous ne parlons pas en particulier des Parisiens, mais en général, des habitants de toute la France. « Notre correspondance, y disions-nous, est pleine des descriptions les plus touchantes du zele et de l'empressement des fideles à courir dans les temples ; à y faire éclater la piété la plus fervente. » (Journal de la Religion, numéro 3, p. 36). « L'empressement extraordinaire qu'ont montré les peuples de tous les départements pour profiter de cette

---

morceaux de poésie les plus touchants consacrés à la religion ; présenter quelques idées sur l'éducation aux bons habitants des campagnes, objet si malheureusement négligé depuis l'époque de la Révolution ; retracer à ces dignes pasteurs de la campagne, des devoirs, que d'ailleurs ils ont su si bien mettre en pratique ; faire admirer enfin, selon l'expression sublime du grand Bossuet, « cette chaîne indissoluble dont le premier anneau part du sein auguste de la Divinité, s'abaisse sur la terre, et s'élançant vers le ciel, va se rejoindre au point dont elle est partie. » Tel est le plan de ce journal.

Éviter tout esprit de parti ; abjurer, autant par goût que par devoir, toute expression injurieuse ; respecter toutes les autorités constituées ; apprendre à ceux qui pourraient ou feindraient de l'ignorer, que la religion est la base la plus ferme du gouvernement ; annoncer et prêcher la plus grande tolérance, non dans la spéculation, car la vérité n'est qu'une, mais dans la pratique, et parce que la religion est un hommage volontaire rendu à la Divinité, et parce que Jésus-Christ fut le plus tolérant des législateurs et des hommes.

Tel sera constamment le plan de notre conduite.

Comme le chrétien, quoiqu'essentiellement citoyen du ciel par l'espérance, n'en est pas moins dans le temps citoyen d'une patrie sur la terre, et que même il ne peut se flatter de parvenir à la patrie céleste, s'il n'a été le fidèle citoyen de sa patrie terrestre, nous donnerons le précis

liberté (du culte) même entravée qu'ils avoient obtenue, la joie sainte et édifiante qu'ils ont fait éclater, etc. (Ibid., numéro 4, p. 63). » « Les vrais fidèles n'ont rien perdu de leur zèle pour la maison du Seigneur ; ils regrettent moins la pompe extérieure qui accompagnoit nos sacrifices, que la gloire intérieure qui en faisoit le véritable ornement... Ils chérissent toujours les pierres du sanctuaire, toutes nues, toutes dépouillées qu'elles sont de leur éclat. » (Ibid., numéro 11, p. 163).

On voit, par ces différentes citations, que ce tableau de l'empressement des fidèles à remplir les temples, pour y célébrer leur culte religieux, regarde en général ceux de tous les départemens ; et nous n'avons fait que retracer ce dont nous avons eu le bonheur d'être nous-mêmes les témoins.

En second lieu, ces deux tableaux si contraires peuvent très bien s'adapter l'un et l'autre à la ville de Paris, cette cité si vaste, qui, par son immense population, est comme un abrégé de la France entière, et où tous les extrêmes se trouvent réunis. Nous avons entendu dire, il y a bien des années, à un homme du monde de beaucoup d'esprit, mais bien

---

des nouvelles les plus sûres, et des événements les plus intéressants de la semaine.

Cette feuille, en effet, ne paraîtra que tous les huit jours. Ce sera un moyen de mûrir nos réflexions, d'épurer notre travail, de donner aux nouvelles plus d'authenticité, et de ménager la bourse, le temps, et peut-être la patience de nos lecteurs.

Ce journal, qui sera d'une feuille d'impression *in-octavo*, caractère de cicéro neuf, paraîtra le troisième dimanche de septembre (1791) et successivement, de huitaine en huitaine.

Le prix de l'abonnement est de 15 livres pour l'année et de 9 livres pour six mois. franc de port. On ne souscrira pas pour d'autres termes.

Les lettres et l'argent doivent être adressés, franc de port, au Directeur du Bureau central d'abonnement, à tous les journaux, place Vendôme, numéro 1.

Tout ce qui concerne la rédaction, sera adressé, également franc de port, à J. Simonin, Directeur du *Journal de la Religion*, même adresse.

N.-B. — Nous prions les Directeurs des postes de vouloir bien faire connaître ce Prospectus aux habitants des campagnes, aux ecclésiastiques, à tous ceux qu'il peut intéresser. Ils retiendront 24 sous sur chaque abonnement d'une année, et *15 sous* sur ceux de six mois.

De l'Imprimerie du Bureau central d'abonnement à tous les journaux, place Vendôme, n° 1.

peu religieux, qu'à voir la corruption affreuse qui régnoit dans Paris, il falloit qu'il y eut dans cette ville une grande somme de bien et de vertu qui compensât l'excès du mal; que cette multitude d'âmes pieuses, dont la plupart y étoient inconnues, arrêtoient, par l'influence de leurs mérites, la colère divine, et empêchoient que, comme une autre Sodome, cette ville si coupable ne fût consumée par le feu céleste.

En effet, depuis que des jours de lumière eurent succédé à ces siècles d'ignorance qui avoient couvert la France, comme le reste de l'Europe, de ténèbres profondes; que le goût des bonnes études, en s'y réveillant, eût fait refleurir la religion et la science ecclésiastique, Paris a été la ville où les efforts de cet heureux renouvellement ont été les plus sensibles. Ce fut sur-tout dans le siècle dernier, qu'on vit jaillir de toutes parts, dans son sein, des sources abondantes de lumière et de grace, et qu'au milieu de la licence des mœurs et des désordres de toute espèce, dont elle offroit l'image, on y voyoit une foule d'exemples de la foi la plus vive, de la religion la plus éclairée, de la piété la plus fervente...

... L'abondance des lumières en a amené l'abus; l'orgueil et l'ingratitude ont pris la place d'une humble reconnoissance et tari le cours de ces graces, dont on avoit osé méconnoitre la source. La corruption et l'incrédulité qui en a été la suite sont montées à un tel point que Dieu, lassé enfin de nos iniquités, a fait éclater ses vengeances, et pleuvoir sur nous ce déluge effroyable de maux que quelques années auparavant, nous n'aurions pas cru même possibles. La verge de sa justice nous a frappés des coups les plus terribles. Comme les Israelites prévaricateurs, et long-temps sourds aux menaces du Seigneur, nous avons été sans religion, sans sacrifice et sans autel (Osée, C. 3). Nous sommes devenus semblables à ces nations qui n'ont jamais porté le nom du Seigneur: Dieu a paru nous rejetter, et nous désavouer pour son peuple.

La privation a fait sentir le prix de ce qu'on avoit long temps négligé. Cet état d'opprobre auquel nous étions réduits, cette solitude qui régnoit dans nos temples, ce silence de nos saints cantiques qui ne faisoient plus retentir les murs de Sion, aux jours de nos solennités, et qui nous rendoit si semblables à ce peuple captif dont les instrumens étoient suspendus aux saules de Babylone, cet anathême terrible que nous avions provoqué sur nos têtes, tout nous a rappelé au Dieu de nos peres dont nous avions tant irrité la colere; et comme le cerf altéré soupire après l'eau des fontaines, nous avons ardemment desiré de voir le Dieu qui s'etoit retiré de nous, et de pouvoir l'adorer encore dans ses tabernacles. A peine cette heureuse liberté nous a été rendue que partout un saint empressement a amené les fidèles dans nos temples, et ils y ont fait entendre des cris d'alégresse et des chants d'action de graces. Mais ce zele et cette ardeur n'ont pas été universels. Le plus grand nombre est opiniâtrement resté dans le mépris qu'ils avoient toujours témoigné pour la religion et pour son culte; parmi ceux même qui ont paru revenir au Seigneur avec empressement, et qui se sont joint à la troupe des vrais fideles, pour invoquer son saint nom, il s'en est trouvé plusieurs qui ne l'ont honoré que des levres, et qui ne lui ont point offert cette adoration en esprit et en verité qui, seule, est digne de Dieu et donne du prix à tous les sacrifices.

On en a vu remplir successivement et les églises et les lieux d'assemblées profanes, unir le culte du Seigneur à celui de Baal, et boîter des deux côtés, comme le prophète le reprochoit aux Israelites. Le matin, ils paroissoient aux pieds des autels avec un air humilié, unissant leurs voix à celle des ministres de l'Eglise, pour chanter les cantiques de Sion, et le soir, ils alloient aux théâtres, étaler un luxe scandaleux, et applaudir aux chants impies de la voluptueuse Babylone. Ce mélange monstrueux subsiste encore, et pénètre, de la plus vive affection, les cœurs des vrais fideles.

Et, n'est-ce pas à cette alliance déplorable de choses que Jésus-Christ lui-même a déclarées incompatibles, qu'est dû cet état d'humiliation et de liberté précaire sous laquelle la religion gémit encore ? » (p. 367-362).

.•.

L'abbé Sicard, dans ce *Tableau de Paris* aussi sincère que celui de Mercier, et où tout n'est pas enthousiasme, n'en a que plus d'autorité pour opposer un témoignage vécu, écrit dans la langue de l'époque, aux affirmations de Bonneval.

La citation qu'il fait de la requête de son abonné en faveur des prêtres jureurs et la mise au point qu'il y ajoute étaient à présenter en face de la suite de ce *Mémoire* où il concluait à la nécessité d'exiger la démission préalable avant tout autre pourparler. Reprenons le texte des *Annales* :

« ... L'auteur de la lettre a joint à cette observation quelques réflexions relatives à la conduite qu'il pense qu'on devroit tenir à l'égard des prêtres engagés dans le schisme, et qui desirent de revenir à l'unité. Il nous invite de proposer à ceux qui ont été fermes l'oubli de la foiblesse des autres. « Il faudroit convenir qu'on a pu se faire facilement illusion, que presque tous le prouvent en revenant et rétractant leur serment. Les personnes pieuses et éclairées demanderoient qu'en conséquence on les réintégrât, après les épreuves d'un mois ou deux au plus. Un plus long délai empêche ceux qui voudroient rétracter de le faire, et leur fait jetter le manche après la cognée. Vous me diriez qu'en cela ils ne prouvent pas la sincerité de leur répentir. Je vous accorderai quelque chose là-dessus, mais non pas le tout ; car la démarche me fait juger leur bonne volonté de la réunion ; et le refus de les y admettre les porte (comme nous le voyons ici dans un seul) à accepter les places que leur offrent ou peuvent leur offrir les communes. Arrangez donc si bien votre batterie qu'en détruisant le schisme qui vous a divisés, vous ne pré pariez pas une terre particulière à ses racines. Souvenons nous que quand le lépreux se présenta à Jesus-Christ pour sa guérison, il lui demanda s'il le vouloit; et sur sa réponse il lui dit : je le veux aussi, *soyez lavé.* La volonté se manifes tant, on doit y avoir égard. Sans cela, point d'égard. Jamais la Religion n'a été plus nécessaire qu'à present. Réunissons nous donc tous pour en faire goûter les principes à ceux qui les ont oubliés, comme à ceux qui les ignorent. En un mot, point de retour pour les mariés que quand ils se seront séparés; mais indulgence plus ou moins prompte pour les autres; c'est le caractère de l'Evangile et de l'Eglise. »

Personne n'est plus porté que nous à adopter ces principes de douceur et d'indulgence réclamés par l'auteur de la lettre. Nous en avons fait profession dans ce journal, toutes les fois que l'occasion s'en est présentée; et nous croyons avec lui que c'est l'esprit de l'Evangile... Ce fut aussi, dans tous les temps l'esprit de l'église. Toujours la douceur et la paix furent la regle de sa conduite dans ces conjonctures délicates où elle peut a remedier aux maux qu'avoit causés dans son sein le schisme et l'hérésie. Elle recevoit avec bonté ceux de ses ministres qui demandoient à se réunir à l'unité qu'ils avoient abandonnée... et les traitoit avec indulgence. Elle auroit craint qu'un traitement plus sévère, que de plus longs délais, en les rengageant de nouveau dans l'erreur et les y fortifiant, n'accrussent les maux qu'elle vouloit réparer.

L'esprit de l'église est encore le même ; nous avons des preuves de l'indulgence dont elle use envers ceux de ses ministres que la foiblesse, la crainte ou l'ignorance ont entrainés dans le schisme, et nous en savons plusieurs dont l'on n'a pas même exigé pour les rétablir dans l'exer cice des fonctions du sacerdoce, les deux mois de délai au quels l'auteur de la lettre voudroit qu'on bornât le temps des épreuves qu'ils auroient à subir. Ce temps en effet peut suffire pour ceux qu'un repentir sincère amène aux pieds de leurs supérieurs légitimes pour y faire l'abjuration de leur erreur, pour y déplorer le scandale, dont ils ont été la cause et pour s'y soumettre avec docilité aux peines canoniques qui leur seront imposées. Nous sommes persuadés que cette soumission aux règles de la discipline ecclésiastique, est une disposition essentielle dans ceux des ministres tombés qui désirent et sollicitent leur réunion à l'église. Et nous ne craindrons pas de dire que ce seroit un fâcheux préjugé pour eux, si, en se reconnoissant coupables d'un aussi grand péché que le schisme, ils se montroient difficiles sur les conditions qu'on apposeroit à leur reconciliation.

Car enfin l'Eglise, en usant de condescendance à l'égard des pécheurs, doit ménager aussi les intérêts de la justice divine... L'indulgence dont l'Eglise peut user a des bornes même dans les nécessités les plus pressantes... (Ici, longue application de la conduite d'Ezéchias reparant « les impiétés d'Achaz son père » et de l'attitude des levites, avec citation du « pieux auteur de l'*Abrégé de l'histoire de l'ancien testament*, t. V, p. 273. »)

...Est-ce trop demander lorsqu'ils (les prêtres tombés) ont eu le malheur de profaner le sang de la divine alliance, en l'offrant avec des mains et un cœur souillés par le schisme, que d'exiger d'eux qu'ils aient réparé un si grand crime par les sentiments d'une vraie pénitence, par la disposition à se soumettre à tout ce qui leur sera prescrit pour se purifier?...

Au reste, les verités que nous exposons ici n'ont pas pour but d'affoiblir ce que nous avons dit plus haut sur l'indulgence dont nous croyons que l'Eglise peut et doit user, en cette occasion, à l'égard de ceux de ses ministres qui sont tombés dans le schisme. Nous sommes persuadés que les besoins pressants des fidèles demandent qu'elle fasse usage de toute la condescendance et de l'esprit de charité dont elle est animée, pour leur accorder la réunion qu'ils sollicitent.

Nous avons voulu seulement leur faire sentir la necessité où ils sont de réparer par de sincères dispositions de pénitence, la faute qu'ils ont commise et le scandale qu'ils ont donné afin d'attirer sur eux et sur les âmes qu'ils conduiront, les miséricordes d'un Dieu aussi bon que juste, et qui se plaît à pardonner à ceux qui retournent à lui de toute la sincérité de leur cœur. » (P. 363-369.)

.*.

Nous avons vu plus haut avec quelle habileté, moins loyale qu'il n'eût fallu, mais qu'excuse seulement ou explique la passion convaincue qu'il apportait à défendre les thèses à son avis seules orthodoxes, l'abbé de Bonneval établissait une confusion entre le serment de liberté et égalité ou les autres promesses successivement exigées des prêtres et le serment, schismatique et nettement réprouvé, à la Constitution civile du clergé. Aux yeux de Bonneval et de certains irréductibles, qui devaient faire partie plus tard de la petite Eglise, les prêtres catholiques qui prêtèrent ces divers serments postérieurs à la constitution civile à laquelle ils avaient résisté au péril de leur vie, n'étaient guère moins suspects que les constitutionnels eux-mêmes. Une lettre, adressée au commencement de l'année 1796 à ces « purs » d'un nouveau genre, devenus en quelque façon schismatiques, nous montrera plus loin leur état d'esprit.

En attendant, comme justification de la thèse opposée que ne cessèrent de soutenir les Sicard, les Bausset, les Emery, les La Luzerne, il importe de rappeler un document officiel que les *Annales religieuses* de l'an 1795 s'empressèrent de publier. La pièce n'est ni introuvable ni inédite, mais elle vient à sa place comme correctif des affirmations si absolues de l'abbé de Bonneval.

« *Le Comité de législation aux Présidens, Administrateurs des départemens et Procureurs généraux syndics.*

Citoyens,

La Convention nationale a rendu le 11 prairial de cette année, un décret, dont l'objet est d'*assurer et de faciliter de plus en plus le libre exercice des cultes*.

Parmi les articles de ce décret il en est un qui mérite une attention particulière, afin qu'une fausse interprétation et une exécution arbitraire ne vienne pas contrarier les vues salutaires d'un décret aussi intéressant pour l'ordre public.

Cet article est ainsi conçu :

Art. V. Nul ne pourra remplir le ministère d'aucun culte dans lesdits édifices, à moins qu'il ne se soit fait décerner acte, devant la municipalité du lieu où il voudra exercer, de sa soumission aux loix de la république. Sur la manière de *décerner acte de cette soumission*, le comité vous doit quelques éclaircissemens, de crainte qu'en l'environnant de difficultés, vous n'apportiez un obstacle *au libre exercice des cultes*, que la Convention nationale *veut de plus en plus assurer et faciliter*.

Observez bien que cette soumission exigée du déclarant ne se reporte nullement *au passé* : ainsi il ne doit être question d'aucune recherche ni examen sur la conduite ou les opinions politiques *du déclarant*. La loi n'exige de lui à cet égard qu'une seule chose, c'est qu'il *demande acte de sa soumission aux loix de la république*.

Cette formalité étant remplie, l'administrateur qui reçoit sa déclaration n'a rien à lui demander au delà : toute recherche, toute question ultérieure seroit un abus d'autorité.

Quant au mode convenable pour recevoir cette *déclaration* et en *décerner acte* il est fort simple : la déclaration doit être reçue par le greffier de la municipalité indiquée pour l'exercice du culte, en cette forme :

« Aujourd'hui... est comparu... N... lequel a déclaré qu'il se propose d'exercer le ministere d'un culte connu sous la dénomination de... dans l'étendue de cette commune, et a requis qu'il lui soit décerné acte de sa soumision aux loix de la république; de laquelle déclaration, il lui a été décerné acte, conformément à la loi du 11 prairial de l'an 8.

Dans les communes divisées en sections, dans lesquelles se trouvent des comités civils, c'est aux secrétaires des comités civils à recevoir ces déclarations.

Il sera délivré au déclarant une expédition de sa déclaration pour lui servir de titre. C'est à cette simplicité qu'il faut réduire la formalité prescrite par l'article V de la loi du 11 prairial, qui n'est susceptible d'aucune *extension*, ni *restriction*.

Il seroit inutile de vous observer que *la Constitution civile du clergé n'est plus une loi de la république*, s'il ne s'etoit élevé à cet égard des prétentions qui ne peuvent désormais être autorisées.

Au surplus dans les cas qui pourroient présenter des difficultés nouvelles, rappelez-vous toujours ce principe que la loi entend *assurer et faciliter de plus en plus le libre exercice des cultes*.

   Salut et fraternité.   Signés (*sic*).

Laplaigne, Président, *Lanjuinais, Pepin, Soulignac, Vigneron, Azéma, Bezart, Eschasseriaux* le jeune, *Dugué d'Assé, Louvet* (de la Somme). (*Annales*, t. I, p. 418-420).

•*•

La bonne volonté professée dans cette circulaire n'a guère été le fait de tous, et peut-être il y faut voir, comme le répétait Bonneval, un calcul des Conventionnels soigneux d'écarter toute idée de la constitution civile du Clergé, devenue odieuse, afin de prendre mieux au piège les prêtres qu'il s'agissait d'attirer pour reconquérir le peuple. Ainsi la Convention n'aurait accordé la liberté des cultes que dans la persuasion que le catholicisme était bien mort et n'en pouvait profiter et revivre. Sur ce point, au moins dans une phrase de l'article que nous allons citer, l'abbé Sicard semble s'accorder avec l'abbé de Bonneval. Son récit, signé de l'anagramme transparent *Dracis*, rapporte les incidents qui suivirent, à Versailles, la promulgation de la loi de la liberté des cultes. Ces pages, qui intéressent d'ailleurs l'histoire religieuse de ce diocèse, ont en outre l'avantage de nous offrir un tableau de mœurs, pris sur le vif, en style de l'époque, et par là un reflet de l'esprit régnant en France sur la fin de l'année 1795.

« RELATION DE CE QUI VIENT DE SE PASSER A VERSAILLES

C'est avec une véritable douleur que nous apprenons que, dans presque tous les départemens, la loi du 11 prairial de l'an 3, qui non seulement permet le libre exercice des cultes, mais encore déclare les mettre sous sa sauve-garde spéciale et sous sa protection, éprouve de grandes difficultés dans son exécution. On diroit que le gouvernement, en rendant cette loi salutaire, s'étoit flatté, que le dépouillement des églises, les profanations du sanctuaire, l'apostasie de plusieurs prêtres, la déportation de plusieurs autres, et l'espèce d'abandon universel de toutes les cérémonies du culte catholique, avoient entièrement effacé la religion de tous les cœurs; et qu'on pouvoit, sans conséquence, accorder la liberté des cultes, sans que la philosophie, qui les avoit fait abolir, eût rien à craindre de cette liberté pour le culte de la Raison.

Mais il n'en a pas été ainsi. Tous les cœurs se sont émus à la seule idée de voir se rétablir ce saint commerce qui régnoit entre le ciel et la terre. Les temples se sont ouverts, et aussitôt des prêtres, confondus n'aguères parmi les autres citoyens, sont sortis de leurs retraites, et tous les fidèles sont accourus à leurs prédications[1], sont allé mêler leurs voix à celles qui répétoient dans les lieux saints la divine psalmodie. C'est à la quinzaine de Pâques sur-tout que l'affluence dans les temples a été édifiante ; les églises publiques, les oratoires, tous les lieux consacrés à la prière se sont trouvés trop petits. Les ennemis de la religion s'en étoient bien doutés. Mais à Paris, il eût été difficile de contrarier la piété universelle, de persécuter les ministres, de troubler les saintes assemblées, sans se démasquer aux yeux des autorités constituées qui veulent absolument l'exécution des loix.

Il a donc fallu se résoudre d'aller porter ailleurs le glaive de la persécution. Sept à huit prêtres ci-devant constitutionnels venoient de faire, il n'y avoit encore que peu de jours, une levée de bouclier. Ils s'etoient d'eux-mêmes constitués en *presbytere*, avoient convoqué un synode général[1], y avoient invité sept à huit cents curés, l'avoient tenu à eux seuls, au nom de tous les invités ; en avoient fait imprimer, distri-

---

1. Les « déclamations » (le mot n'est pas trop fort) par lesquelles l'abbé de Bonneval prétendait justifier sa préférence pour le culte « des catacombes » et réprouver cette liberté incomplète de la religion, dans laquelle, selon lui, il n'y avait ni instructions, ni prédications, ni catéchismes (voir plus haut, p. 93 et suiv.), portaient donc absolument à faux.

2. Ce synode, dont il est trop long de faire ici l'histoire, provoqua un grand nombre d'écrits. J'en signalerai seulement (Bibl. nat., Ld⁴ 3981) le *Mémoire aux journalistes qui ont parlé du synode de Versailles*, plaquette de 4 pages, en date du 11 Ventôse, 1ᵉʳ mars 1796, qui défend les *Actes* du synode contre des reproches adressés par la presse. Ainsi les termes *ancien lustre* employés dans l'*Avis* et dans la *Lettre de Carême* avaient offensé. « On n'a parlé, à cette commune, dit le *Mémoire*, de son *ancien lustre* que sur le ton d'un reproche modéré, etc. » L'anonyme défend aussi : 2º *la lettre au Pape* ; 3º *le rétablissement des jugements ecclésiastiques* (on a évité à dessein le mot « d'officialité qui annonçait coaction ») comme une « disposition bien éloignée de *contredire l'acte constitutionnel en son art. 304* » ; 4º la prohibition du mariage aux prêtres : « Le serment auquel ils s'engagent tient à leur sacerdoce ; mais c'est le parjure par lequel ils violent ce serment en se mariant qui les rend odieux à Dieu et aux hommes » ; enfin (5º) la *convocation* du synode comme bien incapable « de menacer la *tranquillité publique*. »

buer, publier les prétendus actes. Les uns avoient ri de cette pasquinade, d'autres en avoient gémi : le directoire avoit fait dissiper cet étrange attroupement, le jour même où ils alloient élire un évêque pour cette église prétendue *veuve*. Les prêtres catholiques de Versailles avoient lieu d'espérer qu'on ne les confondroit pas avec les auteurs du synode, et que la persécution ne viendroit pas jusqu'à eux. Ils ne se doutoient pas du coup qui alloit les frapper. Les ci-devant constitutionnels, dit-on, en savoient davantage [1].

Quelques jours avant la quinzaine un arrêté du département, sur une plainte que les prêtres qui y résidoient n'avoient pas rempli les formalités prescrites par la loi du 3 (*sic*) prairial de l'an 3 relative à la soumission, ordonne à toutes les autorités constituées de s'assurer de tous les prêtres catholiques et constitutionnels et de les emprisonner dans le chef lieu, jusqu'à parfait examen de leur conduite. Aussi-tôt tous les prêtres sont arrêtés, entassés sur des charriots et conduits à Versailles. Les prisons vont se remplir de nouveau [2]...

---

1. Voir plus bas, p. 156, n. 1.

2. Il faut citer au moins en note, ne fût-ce que comme témoignage du style de l'époque, la suite du récit : « et ces infortunés, sans argent, sans subsistances, ne verront devant les yeux que la mort. Mais celui dont ils prêchoient la sainte doctrine, et dont la providence nourrit les oiseaux du ciel... inspirera à toutes les âmes de Versailles la charité, qui crée les ressources, et aussi-tôt, dans chaque maison, on préparera de quoi fournir à la subsistance de quelqu'un des saints prisonniers.

» Toutes les communes par où ils passent donnent un grand exemple à celle de Versailles. Par-tout les fidèles s'empressent d'apporter leurs offrandes et des consolations à ces prisonniers de Jésus-Christ qui, du haut de ces chars, comme sur des chaires chrétiennes, consolent eux-mêmes ceux qui accourent sur leurs traces; et ils distribuent le pain de la parole, à la place du pain temporel qu'ils en reçoivent.

» Quel spectacle touchant que l'entrée de ces confesseurs dans les murs de Versailles! On sort en foule pour les voir, on se presse autour de leurs chars, on les accompagne jusques dans la cour de l'hôtel où l'on doit les juger. Une sainte émulation de charité s'empare de toutes les âmes, chaque famille adopte un prisonnier, se charge de pourvoir à sa nourriture... Les enfants sur-tout se distinguent par leurs soins empressés, par leur tendre sollicitude; ils redemandent, à grands cris, ceux

... L'arrêté du département n'avoit point distingué les prêtres qui en étoient l'objet. On avoit confondu, et ci-devant CONSTITUTIONNELS, et CATHOLIQUES. Il falloit déguiser des intentions hostiles qui n'étoient dirigées que contre ces derniers; il falloit donc une mesure générale. Mais les prêtres ci-devant *Constitutionnels* ne furent pas long temps victimes de cet acte de persécution. La plupart d'entr'eux s'étoient mariés; ils avoient eu soin d'apporter avec eux leur contrat matrimonial[1], et cette pièce leur fit obtenir la liberté sur-le-champ; les autres avoient rempli toutes les autres formalités jusqu'au scrupule : on les renvoya de même. Les prêtres catholiques furent seuls retenus[2], jusqu'à ce que leurs

qui les instruisoient, ceux qui, depuis quelque temps, les préparoient à leur première communion. On les voyoit partager leur pain avec leurs pères, leur distribuer les assignats qui étoient en leur disposition.
» Mais une jeune fille, du nombre de celles qu'on disposoit à cette sainte action, n'ayant rien à offrir, imagine une pieuse ressource qui doit lui fournir un moyen de ne se laisser vaincre, en charité, par aucune de ses compagnes. Elle a de très-beaux cheveux dont elle peut absolument se passer, et aussi-tôt, sans aucune autre réflexion, suivant ce premier mouvement de son cœur, elle entre chez un perruquier, et lui propose de les lui vendre. Celui-ci, moins frappé de la beauté de ces cheveux et de l'avantage d'un pareil marché que du sacrifice que veut en faire cette jeune personne : « Votre mère, lui dit-il, approuve-t-elle un si généreux dessein? » — « Ces cheveux sont ma propriété, n'ayez aucun scrupule. Ma mère est si bonne!.. L'œuvre à laquelle j'en destine le prix m'obtiendra mon pardon. » A ces mots, le perruquier n'insiste plus; les cheveux sont coupés. La jeune personne court aussi-tôt à la prison toute glorieuse d'employer à cette œuvre de charité ce que tant d'autres consacrent tous les jours à la vanité.
Les réflexions sont ici superflues. Chacun de nos lecteurs, en lisant ce trait historique, dont la vérité nous a été attestée par un témoin oculaire, et en essuyant les larmes que ce simple récit aura fait couler, s'écriera sans doute : « O sainte religion! vous seule pouvez inspirer de pareils sacrifices. » (*l. c.*, p. 448-450).

1. C'est sur ce détail sans doute que s'appuie le narrateur pour conclure, comme il l'a *insinué* plus haut, que les constitutionnels avaient été avertis et « en savoient davantage ». Est-ce absolument sûr? Le premier soin des prêtres arrêtés dut être d'apporter avec eux toutes les pièces destinées à les mettre en règle avec les lois.

2. Il y eut une exception qui fut l'occasion d'un trait délicat de charité de la part de ses codétenus. Un prêtre schismatique survint dans la prison que les confesseurs de la foi avaient transformée en oratoire et où ils faisaient en commun leurs exercices de piété, récitation du bréviaire,

communes vinrent les réclamer, en attestant que c'étoit leur faute si ces pieux ministres n'avoient pas fait afficher dans les oratoires les deux copies de leur soumission aux lois de la république; car on ne pouvoit leur reprocher que le défaut d'affiche, et c'étoit pour ce défaut qu'on les avoit ainsi traités. (P. 450)... Quel interessant spectacle pour la piété que le jugement de tant d'innocentes victimes! Tout le peuple de Versailles se porta en foule au lieu des séances. Chacun attendoit avec toute confiance en la justice des juges la sentence qui alloit absoudre les accusés. Cette confiance ne fut pas trompée. Le tribunal déclara hautement que tous ces prêtres avoient satisfait aux loix, et que les défauts qui s'étoient glissés dans l'exécution de la loi, ne les regardoient pas. Des applaudissemens universels mille fois répétés se firent entendre et dans la salle des séances et dans les cours. Ce fut un jour de fête pour Versailles. On se jettoit au cou de ces bons prêtres, on les embrassoit; les larmes coulèrent de tous les yeux. Ainsi finit cette scène touchante qui doit désespérer à jamais l'incrédulité, qui s'étoit flattée d'avoir enfin triomphé de la religion, et d'avoir pour jamais démoralisé et decatholicisé[1] la France. (P. 452). DRACIS. »

∗

lecture, méditations, etc. « L'arrivée d'un prêtre constitutionnel qui avoit manqué à la formalité de la soumission vint interrompre un ordre aussi édifiant. Les prêtres catholiques, ne croyant pas pouvoir l'admettre à cette communauté de prières, ne voulurent pas l'affliger par une exclusion humiliante. Ici la charité l'emporta sur tous les autres sentimens; chacun fit ses lectures en particulier, etc. » (p. 451). Ainsi ces *soumissionnaires* que l'abbé de Bonneval confond si volontiers dans sa réprobation avec les constitutionnels ou du moins qu'il n'en distingue guère, avoient assez de fermeté pour ne pas communiquer *in divinis* avec un assermenté de la Constitution civile, mais aussi assez de charité pour ne pas le blesser de leur orthodoxie.

Le récit ajoute que le schismatique étant sans ressources aucune, « ceux qui n'avoient pas cru pouvoir vivre avec cet intrus, en communion de prières, l'invitèrent à vivre avec eux en communauté de biens. » (p. 451).

1. La note de l'abbé Sicard sur cette expression qui remonte, en effet, à une date précise, est à reproduire ici : « M. Bailly, maire de Paris,

N'y a-t-il pas plus de vérité, plus de calme aussi et un accent plus impartial, dans ces articles d'un témoin, à portée de juger des événements et de présenter des décisions motivées, que dans les écrits rédigés de Rome ou de Naples par l'ancien député des Etats généraux sur la conduite à tenir par le clergé français ? Il était en tous cas important d'écouter les deux cloches et de faire parler un partisan de ces serments réprouvés avec tant de fougue par le polémiste qui les condamnait sans rien entendre.

---

avoit annoncé à deux curés de cette ville, qui lui résistèrent, lors de la proposition du premier serment, que deux ans ne se passeroient pas sans que la France fut *décatholicisée*. Ce philosophe, qui n'a pas vu finir les deux années (Bailly fut décapité le 12 novembre 1793) de sa prophétie, ignoroit, selon la remarque de Montesquieu, que la persécution qui fait les martyrs, bien loin d'éteindre ou même d'affoiblir l'esprit de la foi, lui donne plus d'activité et accroît le nombre des vrais fidèles. »

VII

Ce ne serait pas perdre de vue l'abbé de Bonneval et ses œuvres inédites que de recueillir, en face de ce qu'il écrivait de loin, ce qu'imprimait, sur place et dans le feu de l'action, un des publicistes religieux, sur toutes les questions à l'ordre du jour. Examiner pied à pied chacune des propositions des Traités de l'infatigable Bonneval serait d'un détail fastidieux. Pour réfuter ou contrebalancer ses exagérations, les raisonnements languiraient près des siens.

Les exemples suivants sont d'un autre pouvoir.

On pourait donc emprunter au journal vaillamment publié par l'abbé Sicard, divers documents caractéristiques et l'on en trouverait de fort curieux sur chacun des sujets traités par lui dans les diverses œuvres inédites que nous publions.

Pour nous borner cependant à une dernière citation de ces *journaux* d'autrefois, empruntons aux *Annales* de l'abbé Sicard une réplique formelle aux insinuations des adversaires de tout serment, prétendant s'appuyer sur une condamnation prononcée à Rome.

RÉPONSE A PLUSIEURS LETTRES DANS LESQUELLES ON NOUS DEMANDE DE TRAITER A FOND LA QUESTION DE LA SOUMISSION AUX LOIS DE LA RÉPUBLIQUE, EXIGÉE PAR LE GOUVERNEMENT DE TOUS LES MINISTRES QUI VOUDRONT EXERCER LEURS FONCTIONS.

Nous n'avions pu prévoir que la doctrine exposée dans nos précédents N°s soit sur le serment de la *liberté* et de l'*éga-*

lité, soit sur la soumission aux lois de la république et sur la déclaration que l'*universalité des Français est le souverain,* trouverait des oppositions parmi les prêtres catholiques comme nous, et laisserait subsister des doutes assez prononcés pour empêcher de remplir ces actes PUREMENT CIVILS, nous aurions donné plus de développements à nos principes (t. II, p. 79-80).

Et qu'on ne nous objecte pas ce qu'on ne cesse de répéter qu'un serment de soumission portant sur tout l'ensemble des loix françaises, ceux qui l'on fait doivent obéir à tout sans distinction. Nous ne cesserons de redire à notre tour que notre soumission passive pour tout ce qui n'est pas commandé, passive encore pour tout ce qui est opposé à notre croyance religieuse, n'est active que pour ce qui s'accorde avec la loi de Dieu. Ce n'est ici ni une restriction mentale, ni une double entente.

Les chrétiens ne connoissent pas ces ressources de la fausse politique du siècle. C'est une déclaration sincère, franche et loyale telle que la faisoient les fideles des premiers siecles, et particulièrement du temps de Tertullien. Eh! qui a jamais pu confondre la soumission passive et respectueuse des sujets d'un empire avec l'approbation active des agents du gouvernement? Les chrétiens qui déclaroient leur soumission aux loix de leurs persécuteurs, approuvoient-ils pour cela celles que l'on faisoit contre eux, et qui faisoient partie du code de l'empire? Et quand, pour exercer le saint ministère et conserver le feu sacré de la religion, qui heureusement se ranime de plus en plus, on exige cette soumission, est-il permis de se dispenser de cet acte purement civil auquel se sont soumis sans restriction tous les prêtres en exercice à Paris?

N'est-ce pas d'ici particulierement que toutes les voix s'élèveront à la fois contre la constitution civile? N'est-ce pas d'ici que retentirent jusques dans tous les departemens de la France et dans tout le monde chrétien, les réclamations les plus fortes contre cette pièce, la cause de tous nos maux? Croit-on que ceux qui ont bravé la mort plutôt que d'adhérer aux faux principes qu'elle contenoit, ont eu moins de lumière et de courage quand on leur a proposé la soumission qui cause de si injustes alarmes? Notre archevêque l'a formellement autorisée, tous les prêtres catholiques l'ont faite; le Saint-Siège ne l'a pas condamnée. Pourquoi la refuser quand on ne peut, sans la faire, donner aux fideles aucun secours spirituel? Est-ce trop nous flatter d'espérer que si nos raisonnemens manquent de force pour convaincre, les grands exemples que nous citons auront au moins assez de poids pour persuader? Faisons ce que nous pouvons faire, sans manquer à nos saintes loix, pour avoir droit, dans l'occasion, de refuser tout ce qui s'y oppose.

Dracis (p. 85).

EXTRAIT D'UNE LETTRE ÉCRITE DE ROME PAR UN CHANOINE D'UNE CATHÉDRALE DE SAVOIE

La question de la soumission aux lois de la république a été examinée à Rome avec beaucoup plus de soin que ne l'ont été depuis longtemps plusieurs autres questions très importantes. Je peux en parler avec certitude ayant été intimement lié avec Mgr l'évêque d'*Isaure*, secrétaire de la Congrégation chargée de cette affaire, et ayant été prié de copier ou faire copier la plupart des mémoires qui ont été présentés à cette congrégation. Lorsque la question fut discutée pour la premiere fois, la plupart des avis se réunirent dans cette décision, qu'on pouvoit faire cette soumission en exceptant les choses spirituelles. Mais je fus averti que le comité de législation avoit donné une explication[1]. Je reçus même cette explication et je la communiquai à M. l'Evêque d'Isaure. La Congrégation fut d'avis d'attendre qu'elle eût reçu officiellement cette déclaration par le moyen du Nonce qui ré-

---

1. C'est le document publié plus haut, p. 151.

side à Lucerne. Peu de temps après, on reçut effectivement la déclaration du comité de législation, et alors, la plus grande et la plus saine partie des évêques consulteurs de la congrégation, présidée par le cardinal Gerdil, fut d'avis que l'on pouvait faire la soumission purement et simplement, parce que si on faisoit des exceptions, on étoit censé approuver tout ce qui n'étoit pas excepté; au lieu qu'en exceptant rien on étoit censé se soumettre simplement sans rien approuver.

Cet avis fut particulièrement approuvé par M. Roux, vicaire général d'Avignon, nommé par le pape administrateur d'Avignon. Presque tous les cardinaux, évêques et théologiens les plus célèbres furent du même sentiment. La plupart des prêtres français qui étoient à Rome furent aussi du même avis. Il est vrai que plusieurs évêques et plusieurs abbés ne pensèrent pas de même. On ignore par quel motif. Cependant parmi les évêques, il en est au moins un (Mgr l'évêque de Sénez)[1] qui s'est réuni à l'opinion générale. Il avoue que les forces (sic) et la multitude des raisons invincibles, des raisons détaillées dans les divers mémoires qu'on lui a communiqués l'ont obligé de souscrire à la légitimité de la soumission. Il étoit déjà si notoire à Rome que la Congrégation étoit décidé en faveur de la soumission, que l'administrateur du diocèse d'Avignon avoit déjà déclaré à plusieurs prêtres qu'ils pouvoient rentrer dans le Comtat et faire ce qu'on exigeoit d'eux. Cependant le pape est le véritable souverain du Comtat. On a fait la même déclaration à un grand nombre de prêtres provençaux qui sont rentrés en France, et n'ont pas fait difficulté de faire en rentrant cette soumission. Il faut néanmoins avouer qu'il n'y a pas eu de décision solennelle de la part de la Congrégation. »

(*Ibid.*, p. 87).

---

1. L'évêque de Sénez était le propre frère de l'abbé de Bonneval. Cf. *Quelques Dédicaces inédites*, p. 15.

Suit une lettre de M. Douillant, vicaire général de Clermont, à M*** (écrite de Fribourg dans le courant de février 1795, sur le même sujet, démentant les bruits de la condamnation « qui se sont répandus » et « n'ont d'autre fondement que le désir de quelques François qui se trouvoient à Rome et qui faisoient parler les consulteurs selon leurs vues. »

Cette dernière phrase, prouvant d'ailleurs qu'il n'y a rien de nouveau sous le soleil, désigne entre autres le cardinal Maury. On peut en effet lire, de cette lettre de Sicard, un éloquent commentaire dans la *Vie de M. Emery*[1], avec les citations textuelles qui nous entraîneraient trop loin de Bonneval.

Pour revenir enfin aux œuvres inédites de celui-ci relatives à la Révolution, nous descendons rapidement un certain nombre d'années. De 1796, date de son manifeste de Naples contre l'Evêque d'Alais[2], nous passons brusquement à la fin de l'année 1815, et c'est moins l'écrivain religieux que le publiciste politique qui va se donner carrière.

De Vienne où il s'est fixé dès l'année 1799 et peut-être auparavant, l'abbé de Bonneval écrit sur la question du milliard des émigrés, et c'est là, malgré la date qui nous amène au temps de Restauration, que nous retrouvons les derniers efforts de sa plume contre la révolution française et ses conséquences.

Ce n'est pas que dans l'intervalle, et sous Napoléon, il l'ait laissé reposer, cette plume fertile. Sans énumérer toutes ses œuvres dont plusieurs sont en dehors de l'histoire religieuse, rappelons, outre son ouvrage sur la Constitution française et d'autres traités purement politiques, sa lutte contre le gouvernement de Napoléon. En 1808, un traité sur le *Projet de réunion des communions chrétiennes*, attribué à l'ambition impériale, en 1810 et 1814 trois plans de Con-

---

1. *Histoire de M. Emery et de l'Eglise de France pendant la Révolution*, par M. Elie Méric (Paris, Palmé, 1885, t. II, p. 270 et suiv.).
2. Voir plus haut, p. 127.

cordat avec une virulente critique de celui de 1802[1], montrent que, sous l'Empire, l'ardeur du polémiste ne faiblit pas. Pour nous borner aux titres des travaux qui dans le manuscrit 2410 de la Bibliothèque Mazarine encadrent les deux *Mémoires* qu'il nous reste à publier, en voici l'indication sommaire et la date :

1803. (Travail historique) sur la Révolution de Danemark de 1660.

1805. Lettres sur Charlemagne, etc...

1807. Des reconnoissances en matière politique, et de l'application de cette question au gouvernement actuel de la France (mars 1807).

Sous ce titre : *Six mémoires de l'abbé de Bonneval sur les affaires de France de 1814 à 1818* :

1° Première lettre à Monsieur... 12 avril 1814.

Viennent ici, suivant l'ordre chronologique, les deux Traités que nous éditons, 2° l'un du 7 novembre 1814, 3° l'autre de décembre 1815, coupés du reste par l'opuscule ci-dessous.

4° *Tableau actuel de la France*, août 1816.

Enfin, 5° en 1817 : *Coup d'œil sur ce qu'on a appelé la restauration de la France*[3].

Malgré la prédominance de l'élément politique, nous donnons, avec leur titre complet, et sans commentaire historique, comme instructifs sur l'histoire religieuse de la Révolution française, d'abord le *Mémoire* du 7 novembre 1814, puis les *Observations* écrites à la fin de l'année suivante.

MÉMOIRE SOMMAIRE
SUR LA RESTITUTION DES BIENS DES ÉMIGRÉS
7 9bre 1814.

Le discours prononcé par M. Ferrand, un des ministres

---

1. Ces deux Traités seront publiés et illustrés ailleurs.
2. On cherche en vain un sixième mémoire.
3. En haut, à gauche, on lit : « N a. Ce mémoire a été envoyé à M. l'évêque de Nancy à Paris sur la fin de novembre 1814. » Ces mots ont été soigneusement raturés.

du Roi, à la présentation du projet de loi relatif aux biens des émigrés donne lieu à de grands débats dans ce qu'on appelle le corps législatif. M. Dumolard, un de ses membres, y a fait entendre de belles phrases philantropiques sous le masque desquelles se couvre l'iniquité. Cet orateur adroit à manier le sophisme assimile du côté du mérite aux yeux du Roi et du Royaume, ceux des françois qui sont restés en France depuis les commencements de la Révolution, à ceux qui en sont sortis. Ils ont, dit-il, défendu la patrie au prix de leur sang, contre les ennemis du dehors.

Mais qui les a suscités, ces ennemis qui ne le sont peut-être devenus que malgré eux? Ne sont-ce pas les entreprises menaçantes pour toute l'Europe, de l'assemblée prétendue constituante, la guerre déclarée en 1792 par l'assemblée législative, les invasions perpétuées par la Convention, le Directoire, Bonaparte premier consul et ensuite soi-disant Empereur? Ceux des françois qui ont concourus (sic) à seconder ces tyrans qui se sont succédés, ou qui simplement ont fléchis devant eux, ont-ils mieux servi leur patrie, l'ont-ils au moins aussi bien servie, que ceux qui ont combattu la révolution par la voie des armes pendant le peu de temps qu'il a été possible, et par celle d'une résistance paisible, en se retirant dans le pays étranger pour ne pas participer en quelque manière, par leur seule présence aux attentats de la révolution?

En écartant tout sophisme dans cette question, n'est-il pas évident pour tout homme juste et qui ne se fait pas un jeu de l'abus du raisonnement, que le vrai mérite patriotique est entièrement du côté des françois qui plutôt que de trahir leur souverain légitime, les loix de leur pays, les premiers éléments de la morale, ont tout sacrifié pour n'être ni acteurs ou coopérateurs forcés, ni spectateurs muets du meurtre de Louis seize, du massacre de tant de victimes, et de la violation criante des droits les plus sacrés chez toutes les nations civilisées?

Mais en supposant un mérite égal aux yeux de la patrie, aux yeux même du Roi, entre ceux qui n'ont opposé aucun obstacle aux différentes tyrannies, et ceux qui se sont roidis contre elles, peut-on les mettre sur la même ligne sous le rapport du droit, dans la question dont il s'agit? Leurs titres peuvent-ils être assimilés?

Quel est celui des émigrés? Une possession de leurs propriétés, constante, non contestée jusqu'à l'époque de leur spoliation, autorisée par toutes les loix du Royaume, dont l'origine plus ou moins ancienne remonte ou à une succession légitime, ou à des donations licites, ou à des contrats d'acquisition scellés du sceau, non d'une loi nouvelle et factice, mais de la loi de tout temps existante.

Quel est le titre des acquéreurs des biens appelés nationaux? Une possession récente dont l'origine remonte évidemment à des ventes illicites, et à des acquisitions qui ne peuvent pas même alléguer la bonne foi en leur faveur. Les premières ventes de ces biens ne sont provenues d'aucune autorité légitime. Elles n'ont été qu'un véritable vol; et les ventes ou reventes d'une chose manifestement volée ne sont pas plus un titre pour se l'approprier et la posséder licitement que ne le peut être le vol lui-même. Or ici le vol est manifeste, puisque les députés aux Etats généraux de 1789 qui se sont dénommés assemblée nationale, commissionnés par la nation avec charge expresse dans leurs mandats de veiller au maintien des propriétés, n'avoient certainement pas le droit d'en dépouiller les vrais propriétaires, et encore moins de les vendre.

Ce manque de droit de la part des premiers vendeurs est tellement irrécusable, qu'il n'a pu échapper à aucun des premiers acheteurs. Le bas prix de leurs achats comparativement à la valeur des biens qui leur ont été vendus est leur formelle condamnation. Il en est de même pour les acquéreurs successifs qui se sont transmis les mêmes biens. Quoiqu'ils en aient peut-être payé un prix supérieur à celui qu'en ont donné les premiers acquéreurs, il n'a pas cessé d'être sensiblement au dessous de leur valeur réelle. Les efforts qu'ils ont faits à chaque métamorphose par laquelle le gouvernement a passé, pour lui faire consolider les ventes et reventes successives, prouvent à quel excès elles ont été avantageuses pour eux, et démontrent qu'en acquérant ces biens, ils savoient parfaitement qu'ils mettoient à une lotterie d'iniquité. Cette conviction de leur part qu'ils ne sauroient nier puisqu'elle est attestée par les faits, leur ôte tout prétexte de bonne foi dans leurs acquisitions.

Voilà le vrai point de vue sous lequel il faut envisager cette question qui, on ose le dire, ne peut pas en faire une auprès de tout honnête homme. Une contestation s'élève entre deux prétendants à une propriété. Il s'agit de savoir à qui elle doit être adjugée. Ici le mérite ou le démérite des personnes disparoit; c'est le titre qu'elles produisent qui juge seul le débat. Telle a été la règle de tous les jugements depuis que le monde existe.

Que si les considérations étrangères au titre peuvent venir à son appui, combien ne s'en présente-t-il pas en faveur des émigrés si injustement dépouillés de leurs propriétés! La plupart de leurs parents massacrés, leurs jours consumés depuis plus de vingt ans dans la misère, loin de leur patrie qu'ils n'ont quittée que pour sauver leur vie et rester fidèles à leur Roi et à leur pays; un grand nombre d'entre eux réduits afin de subsister, à exercer des professions ou des industries éloignées de l'état dans lequel la providence les avoit fait naître; en un mot, toujours paisibles et faisant des vœux pour le rétablissement de leur légitime souverain, et la libération de leur pays dont rien n'a pu les détacher au milieu de tant de souffrances morales ou physiques: telles sont les considérations victorieuses qui frappent à la porte de toutes les consciences dans la cause de la restitution des biens enlevés aux émigrés, et auxquelles elles ne peuvent pas être sourdes, pour peu qu'elles ne soient pas endurcies par la passion de l'injustice.

Ceux des françois qui sont restés dans leur patrie ont-ils les mêmes considérations à faire valoir ? Coopérateurs forcés, on est très porté à les croire, ou simples spectateurs des différentes crises qui ont versé tant de maux sur la France, ils ont acheté les biens des émigrés et de plusieurs de leurs compatriotes à qui le reproche d'émigration n'a jamais pu être justement fait, avec un papier de rebut que la révolution n'avoit créé dès son début, que pour opérer avec rapidité la spoliation des vrais propriétaires, et qu'elle a ensuite multiplié par milliards pour solder tous ses crimes. Après la chute de ce papier qui a dévoré tous les fonds du Royaume, les acquéreurs de seconde, troisième ou quatrième main qui se sont succédés, ont payé leurs acquisitions avec d'autres effets non moins dépréciés, ou à des prix proportionnés au peu de solidité qu'ils savoient bien qu'elles présentoient. S'ils vouloient être justes avec eux-mêmes, ils seroient forcés de reconnoitre qu'en mettant d'un côté le prix qu'ils ont payé en achetant ces biens et les produits qu'ils en ont retirés, soit par les dégradations qu'ils y ont faites, soit par le temps qu'a duré leur jouissance, ils sont plus qu'indemnisés. Que perdront-ils en les rendant dans l'état où ils sont ? Rien ; car pour le bien si désirable de la paix, les véritables propriétaires ne demandent ni indemnités pour les dommages que leurs biens ont essuyés, ni compensations pour leurs non jouissances. Que perdent les émigrés ou prétendus émigrés ? Ils perdent tout si leurs biens ne sont pas rendus.

Le principe de l'inviolabilité des propriétés a été reconnu par tous les hommes depuis que les sociétés civiles sont formées. Il est de droit naturel et de droit positif. Les opposants à la restitution des biens des émigrés le reconnoissent hautement. Regarderont-ils l'émigration comme un délit qui a du être puni par la confiscation et la vente des biens ? Mais heureusement on n'en est plus là en France depuis que les esprits sont rentrés dans le calme, et que tout y a conspiré à faire disparoître les traces de la révolution. On demande donc à ces opposants pourquoi le principe sacré de l'inviolabilité des propriétés ne seroit applicable qu'à celles d'aujourd'hui et ne le seroit pas à celles qui remontent à des temps antérieurs; pourquoi ce qu'ils reconnoissent comme essentiellement vrai pour ce qui est actuellement ne (le) seroit pas pour ce qui étoit avant la révolution.

Que signifient donc toutes ces phrases de rhéteur et faussement philanthropiques, employées par M. Dumolard ? Elles ne tendent qu'à faire prendre le change sur la question dont il s'agit, et à être philosophiquement injuste sous les dehors de la sensibilité. *Un gouvernement sage voit les choses comme elles peuvent être, et les hommes comme ils sont;* c'est-à-dire que les injustices ne doivent jamais être réparées quand elles peuvent l'être; que quand les hommes ont eu le malheur d'être injustes, ils doivent rester injustes tranquillement. Autant voudroit dire que quand les hommes sont vicieux et se massacrent entre eux, ce qu'on n'a malheureusement que trop vu pendant la durée de la révolution, il faut bien se garder de rien faire pour les amener à la vertu et les détourner du massacre. Voilà où conduit le sophisme.

Vous avez bien mérité du Roi, dit encore M. Dumolard aux émigrés; *vous avez bien mérité du Royaume*, dit-il aux injustes acquéreurs et détenteurs de leurs biens. Ici, on voit à découvert cette distinction si dangereuse, pour ne la pas qualifier autrement, entre le Roi et le Royaume. Jusqu'à présent, on avoit toujours pensé en France et dans tout état purement Monarchique qu'avoir bien mérité du Roi, non par de simples services de courtisan, mais par des services publics rendus à l'état et au profit de ses loix fondamentales, étoit avoir bien mérité du Royaume. Quelle avoit été jusqu'au moment de la révolution la première de ces loix ? La fidélité au Souverain légitime. Ainsi lui être resté fidele au milieu de tous les dangers, de tous les genres de sacrifices, c'est non seulement avoir bien mérité du Roi, mais c'est avoir bien mérité du Royaume. Que tout honnête homme, tout bon françois approfondisse les suites auxquelles peuvent conduire cette distinction et ces idées qu'on appèle *libérales*, qui dans leur analyse sont incompatibles avec la permanence de tout bon ordre social, et on frémira pour l'avenir.

Mais puisqu'on convient que les émigrés dépouillés de leurs propriétés ont bien mérité du Roi, par leur fidelité, par tous les sacrifices qu'ils lui ont faits, il faut au moins que le Roi puisse les en dédomager par le témoignage effectif de sa juste sensibilité. Et avec quoi les dédomagera-t-il ? A-t-il à sa disposition, comme en avoient nos Rois de la première et de la seconde race, de vastes domaines qu'il puisse leur distribuer, en équivalent de ceux qui leur ont été enlevés ?

On propose la création d'un fond de rentes perpétuelles et viagères en inscriptions sur le grand livre pour indemniser les peres de famille et les célibataires. Comme si l'état n'étoit pas encore suffisamment écrasé par la dette publique, et qu'il faille que la partie de la nation qui n'a point profité de la spoliation des émigrés, et qui incontestablement est la plus nombreuse, se charge d'un nouveau fardeau pour consacrer entre les mains des détenteurs actuels, l'injuste proprieté des biens qu'ils ont acquis au mépris de toutes les loix divines et humaines !

On repete qu'une grande nation doit faire honneur à ses dettes, et les acquitter fidèlement. Sans doute, quand ces dettes sont legitimes et qu'elles ont été contractées par une autorité qui avoit le droit d'y engager l'etat. Mais la première de toutes les dettes, n'est-ce pas de restituer les biens injustement acquis et aussi injustement possédés ? Des rentes perpétuelles ou viagères peuvent-elles jamais équivaloir à un fond ? Qui ne sait à quelles vicissitudes ne sont que trop fréquemment exposés les trésors publics ? Ce n'est pas seulement à la subsistance de l'individu iniquement spolié et actuellement existant, qu'il faut pourvoir; c'est la subsistance de la famille dont la perpétuité est le vœu et le besoin de l'état, qu'il faut assurer. Or il n'y a que les biens fonds qui puissent opérer cet effet.

La Noblesse est aujourd'hui rétablie dans ses titres et dignités, mais dans l'ordre politique, qu'est-ce que la Noblesse sans seigneuries? Ce qui ne tient uniquement à l'opinion lui donne-t-il une existence réelle? Elle ne peut l'avoir que par la propriété territoriale. Qu'est-ce que des titres et des dignités qui ne portent sur rien? les nouveaux nobles se sont assurés de cette existence par la création des majorats qu'ils ont fait établir sur leurs propriétés legitimes ou usurpées. Faudra-t-il qu'elle ne soit que pour eux, et que les anciens nobles à qui elle appartenoit depuis plus ou moins longtemps en soient pour toujours dépouillés?

Le discours que M. Dumolard prête aux émigrés ne sera désavoué par aucun. Le plus ardent de leur vœu est le bien de l'état, le bonheur et la gloire du Roi. Mais, on le demande à cet orateur, est-ce les vouloir que de mettre obstacle à ce que le Roi puisse etre juste dans toute la plenitude de la justice, et effectuer les nobles sentiments de son cœur? et à ce que la nation se rétablisse dans ceux de l'equité et de l'élévation d'ame qui est son propre caractère? Roi et justice sont synonimes dans le cœur et l'esprit de tout bon françois. La France pourra-t-elle se feliciter d'avoir entièrement recouvré celui qui réunit en sa personne les droits les plus incontestables pour être son legitime souverain et qui n'a d'autre pensée, d'autre désir que de guerir ses maux, s'il n'a pas la puissance d'être juste?

Quel contraste frappant ne presentent pas les dispositions que M. Dumolard reconnoit dans les emigrés, et qu'ils confirment de tout leur assentiment, avec la menace qu'il insinue, d'accord sans doute avec ceux qui partagent son opinion, d'une nouvelle révolution si les propriétés injustement envahies, sont restituées !

Les uns attendent tout de la justice, et mettent paisiblement leur confiance dans le Roi et le retour de la nation aux sentiments de l'équité. Les autres ne reconnoissent de loi que celle de la violence et d'autre moyen pour retablir en France cette paix si nécessaire contre tous les membres d'une même famille que le triomphe de l'injustice.

Le *Mémoire* de l'abbé de Bonneval montre que le chanoine de Paris émigré à Vienne et agrégé, probablement sans esprit de retour, au Chapitre de la cathédrale Saint-Etienne suivait avec intérêt les débats parlementaires de France. On y trouvera peut-être des éléments utiles à l'histoire détaillée de la Restauration, et il y aura lieu d'en chercher le commentaire dans le *Moniteur* ou les autres journaux du temps. Indépendamment du sujet qui a fait l'unité de ces Etudes éparses et des divers travaux inédits de l'ancien député du clergé de Paris aux Etats généraux de 1789, nous rencontrons surtout dans cet écrit les traits déjà connus de sa physionomie. L'état d'esprit, la psychologie de ce publiciste d'occasion, toujours constant avec lui-même, se dessine en traits de plus en plus nets dans les divers traités que les circonstances lui inspirent. Toutes les occasions lui sont bonnes pour revendiquer le droit des spoliés et poursuivre, ce qui fut l'une des idées directrices de la campagne de plume qu'il continua jusqu'à sa mort, la revision de l'article du Concordat relatif aux biens possédés par les acquéreurs des biens nationaux. De là une note plus développée qu'il fit passer à Paris à la fin de l'année suivante pour appuyer et *compléter* les réclamations de l'Angleterre et des puissances alliées limitant leurs revendications aux œuvres d'art enlevées par la révolution.

VIII

Le dernier des écrits de l'abbé de Bonneval qui se rapporte assez directement à la Révolution pour figurer dans cette série de ses œuvres inédites, regarde aussi la question des émigrés et de leurs biens. Le Mémoire sommaire qu'il avait composé sur la fin de 1814, à propos du discours prononcé sur la question par M. Dumolard, fut suivi, à peu de distance, d'un autre travail destiné à être envoyé au roi par les soins de M. de Batz, comme on le voit par la note barrée à dessein qui précédait le titre.

La proposition combattue par M. Dumolard avait eu la sanction d'une loi. Sans entrer dans le détail historique, je m'en tiens à transcrire la sèche mention consignée au tome VII de l'*Art de vérifier les dates*, à l'année 1814. « Le 5 décembre, il est statué par une loi que les biens sequestrés pour cause d'émigration, qui n'ont point été vendus, seront rendus à leurs anciens propriétaires; mais que ceux-ci n'auront droit à aucune remise des fruits perçus. Les biens affectés à un service public, tel que celui des hospices, maisons de retraites et autres établissements de bienfaisance, ne seront rendus que lorsque par des mesures législatives ces établissements auront reçu un accroissement de dotation, etc. [1]. »

Ces mesures parurent insuffisantes à l'abbé de Bonneval, et la note présentée par lord Castlereagh pour obtenir aux diverses nations de l'Europe la restitution des œuvres d'art enlevées par les Français lui servit de texte ou de prétexte au traité que voici :

---

[1]. Continuation de l'Art de vérifier les dates, *Chronologie historique des Rois de France*, t. VII, p. 366.

OBSERVATIONS SOMMAIRES *sur la note remise par le Lord Castlereag relativement aux Objets d'Arts* (sic) *enlevés par la révolution française, et sur celle adressée le 20 Novembre 1815 à Mr le duc de Richelieu, par les quatre Ministres des puissances alliées.*

Décembre 1815[1].

Les principes énoncés dans la note remise par le Lord Castlereag au sujet de la restitution des objets d'arts enlevés aux différents pays de l'Europe sur lesquels la révolution françoise a étendu ses dévastations et ses pillages, sont parfaitement justes. Il est à regretter que le Gouvernement qui s'est rétabli en France depuis les premiers mois de 1814 jusqu'au mois de mars 1815 n'ait pas senti la justesse et la convenance de cette restitution, et ne l'ait pas effectuée par lui-même en effaçant par cet acte de probité au moins une partie des grands ressentiments qu'il devait prévoir de la part des pays si scandaleusement spoliés. On s'honore par la justice qu'on rend aux autres de son propre mouvement. En est-il de même de celle à laquelle on ne se résout que parce qu'on y est contraint?

Mais plus les principes qui sont invoqués par le Lord Castlereag, au nom des puissances alliées sont inattaquables, plus on a lieu de s'étonner qu'il les ait perdu de vue et même méconnu pour ce qui regarde l'intérieur de la France. La spoliation de leurs propriétés protégées par les loix divines et humaines, qu'ont essuyé ceux des françois qui se sont montrés constamment fidèles à leur souverain légitime et opposés aux iniquités révolutionnaires, ainsi qu'à la violation des principes constitutifs qui gouvernaient leur pays depuis si longtems, n'est pas moins criante que celle qui

---

1. En marge, à gauche de ce titre, on lit : « Ce mémoire (a été) a dû être remi (sic) dans les premiers mois de 1816 à M. le Duc d'Angoulême (par M. de Baz). »

a enlevé aux différents pays envahis par le révolution françoise les objets d'arts qu'ils possédaient.

Elle est même encore plus odieuse; car quelque précieux que soient ces objets, ils ne sont pas de prémiere nécessité pour l'existence des pays auxquels ils appartiennent. Rome peut exister sans l'Apollon du Belvédère, la Toscane sans la Venus de Médicis, la Belgique sans les chefs d'œuvre de Rubens. Au lieu qu'il est évident que les propriétaires iniquement spoliés en France, sont sans ressource pour subsister, et faire subsister leurs familles, dans le dénuement absolu auquel ils sont réduits par l'enlèvement qui leur a été fait de la plénitude de leurs propriétés. Celles qui s'appliquent à des tableaux, des statues, des manuscrits, ne sont pas plus sacrées que celles dont les biens fonds sont la matiere. Les premieres consistent en des mobiliers stériles : les secondes en immeubles productifs.

Ce n'est pas uniquement parce que ces objets d'arts ont été conquis par les armées françaises que les puissances alliées en ont exigé la restitution; car dans une guerre juste en elle-même il a été de tous tems reconnu que le vainqueur est en droit de s'approprier les dépouilles du vaincu, en sorte néamoins (*sic*) qu'il ne le laisse pas réduit à l'impossibilité de subsister, ce qui serait un excès de barbarie que le droit des gens réprouve chez toutes les nations civilisées. C'est parce que toutes les guerres faites par la révolution française n'ont été que des irruptions éminemment injustes dans leurs principes et dans leurs effets, que tout ce qu'elles ont envahi, soit en territoires soit en productions des arts les plus nobles, étant avec raison considéré par les puissances alliées comme de vrais brigandages, et non comme des conquêtes légitimes, elles en ont voulu la reintégration en faveur des pays qui en avoient été si injustement dépouillés.

Les invasions des proprietés qui ont eu lieu dans l'intérieur de la France, ne peuvent sous aucun point de vûe, être regardées comme des conquêtes. Elles ont été faites par des français sur des français et on ne peut pas soutenir qu'une portion quelconque d'un peuple constitué depuis une longue suite de siècles en corps social ait le droit de conquérir l'autre, et de s'approprier ses depouilles, surtout lorsqu'assaillie soudainement par toutes les fureurs de la démence la plus atroce et abandonnée par l'autorité qui devait la protéger, elle n'a eu aucun moyen de se défendre elle-même et ses propriétés, d'autre ressource pour sauver leur vie, que de se soustraire par la fuite au fer des assassins.

Ici il ne s'agit pas de simples mobiliers qui ne procurent que des jouissances glorieuses ou de pur agrement. Il s'agit des immeubles les plus précieux sans lesquels les familles ne sauroient subsister, et si on veut attribuer ces iniques spoliations à la supposition gratuite d'une guerre intestine qui n'a jamais été même possible à soutenir en France pendant la révolution, on ne peut pas nier qu'elle n'ait été au moins aussi injuste de la part des agresseurs révolutionnaires envers leurs concitoyens qu'a été de leur part celles qu'ils ont fait essuyer aux différentes puissances de l'Europe. Elles avaient la plupart des moyens de force pour se défendre : les français assaillis et dépouillés par la révolution n'en avaient pas, et étaient dans l'impuissance démontrée d'en avoir.

Si on ne peut pas contester la vérité de ce que dit le Lord Castelreag dans cette note que « le principe de la propriété réglé sur les droits des territoires que d'où ces chefs d'œuvres ont été enlevés, est le plus sûr et le seul guide vers la justice, et que rien peut être ne peut d'avantage contribuer à tranquilliser l'esprit public de l'Europe aujourd'hui qu'un tel hommage rendu par le Roi de France à un principe de vertu, de conciliation et de paix », il n'est pas moins incontestable que le même principe de la propriété, reglé sur les droits non équivoques des propriétaires spoliés par la révolution en France, est le plus sûr et le seul guide vers la justice qui puisse y tranquilliser l'esprit public en l'appliquant à ces propriétaires, et y rétablir par cet acte de vertu, qui n'est qu'une chimère lorsque l'improbité la dément, la conciliation et la paix.

Les horribles convulsions qui ont menacées (sic) l'Europe d'une subversion universelle depuis vingt-cinq ans, qui la menacent peut-être encore, tout appaisées qu'elles paroissent l'être, et qui ont fini par en déplacer tellement tous les contrepoids politiques qu'en vain on y chercherait aujourd'hui l'heureux équilibre qui y existait avant tant de secousses, ne peuvent être prévenues dans leur retour, que par l'entière pacification de la France. Les puissances alliées l'ont reconnu formellement.

Or comment peut-on se persuader qu'elle sera pacifiée par l'attentat le plus caractérisé à la propriété ? La force peut enchaîner les bras : la justice seule peut dompter les cœurs; et tôt ou tard les cœurs aigris par une iniquité dont le souvenir ineffaçable tient essentiellement à la nature des choses, brise les chaînes avec lesquelles une force passagère avait contenu les bras; c'est cependant cette injustice que les puissances alliées paroissent garantir en donnant à penser que leur intention est qu'elle soit définitive.

En effet il serait difficile d'avoir quelque doute à cet égard d'après une autre note adressée à M. le Duc de Richelieu par les quatre ministres des puissances alliées le 20 novembre 1815 (Meternich, Castlereag, Hardenberg, et Capo d'Istria) dans laquelle on lit ces paroles remarquables : « quoi-
» que les souverains alliés en prenant cette mesure (celle
» de conserver en France pendant un certain nombre d'an-
» nées cent cinquante mille hommes sous le commandement
» du Duc de Wellington) soient principalement guidés par
» des motifs qui tendent à assurer la sûreté et le bien être de
» leurs sujets, sans aucune intention d'employer leurs troupes
» à assister la police ou l'administration intérieure de la
» France, ou en general d'aucune manière qui pourroit com-

» promettre ou heurter le libre exercice de l'autorité royale
» dans ce pays, néanmoins considérant le haut intérêt qu'ils
» prennent au maintien de l'autorité du souverain légitime,
» les souverains ont promis à Sa Majesté très Chrétienne
» de la soutenir par leurs armes contre toute convulsion
» révolutionnaire qui pourrait tendre à renverser par la force
» l'ordre de choses actuellement établi, et parconséquent trou-
» bler la tranquillité générale de l'Europe. »

Il n'est aucun homme de bien parmi toutes les nations civilisées qui ne doive voir avec une profonde satisfaction et la plus vive gratitude des puissances alliées reconnaitre hautement que Louis XVIII est le légitime souverain de France, et rompre enfin sur un objet si important pour le repos de l'ordre social, un silence de vingt cinq années, qui, on ne saurait se le dissimuler, a été une des grandes causes de toutes les calamités qui ont pendant si longtemps désolées l'Europe, et dont les funestes effets laisseront après eux des traces qui ne peuvent plus s'effacer que par la succession des siècles. Le même sentiment de gratitude s'applique dans l'esprit de toutes personnes bien intentionnées à la mesure qui a déterminé les puissances alliées à conserver au Roi cent cinquante mille hommes de leurs troupes, pour y suppléer la force armée dont la France se trouve dépourvue dans ces premiers momens de sa résurrection, et sans laquelle il serait impossible d'y comprimer les efforts révolutionnaires dont malheureusement les germes ne sont pas encore entièrement étouffés. Mais il aurait été à désirer que ce puissant secours y étant soumis à la direction du Roi, il ne put être regardé que comme purement auxiliaire, et ne presenta (*sic*) aucun aspect de contrainte envers le Roi et le Gouvernement français.

Sans doute qu'il est du plus grand intérêt, au moins pour le continent européen, que la France agitée par de nouvelles convulsions de la nature de celles qui l'ont bouleversées (*sic*) depuis 1789 jusqu'en 1815, ne soit pas entraînée par un nouveau tourbillon révolutionnaire à sortir des limites qui lui sont prescrites par le traité conclu à Paris en 1814. Si la note adressée par les ministres des quatre puissances alliées à M. le Duc de Richelieu s'était bornée à annoncer l'intervention de la force armée pour reprimer de nouvelles irruptions semblables à celles de Buonaparte, et du Directoire qui l'avait précédé, la justice protectrice éternelle du bonheur public n'aurait qu'à y applaudir. Mais cette note va plus loin, puisqu'elle annonce que les puissances alliées ont promis à la Majesté très chrétienne de la soutenir contre toute convulsion qui tendrait à renverser l'ordre de choses actuellement établi. Il est vrai que le mot *convulsion* est suivi du mot *révolutionnaire*, et que celui *renverser* l'est également de ceux-ci *par la force*. Mais à quelle latitude d'interprétations ne peuvent pas conduire les sens différens dont ces deux expressions sont susceptibles! Qu'on suppose, et cette supposition n'a rien d'exagéré, que le parti des honnetes gens prenant enfin le dessus en France parvint à une influence suffisante pour déterminer la revocation de deux grandes injustices consacrées par la Charte constitutionnelle : l'une qui donne comme régulierement acceptée par la nation cette charte que la nation n'a point consentie dans ses formes de tout tems établies par sa vraie constitution[1] ; l'autre qui sanctionne l'invasion des propriétés antérieures à la révolution, aux depends de leurs propriétaires légitimes qui se sont toujours maintenus fidèles à leurs devoirs envers les loix de leur pays et le souverain qu'elles appelaient à régner sur eux.

Qu'on suppose encore que de cette influence acquise par le parti des honnêtes gens sortit un affranchissement de gêne, qui permît au Roi de rentrer dans les antiques et précieux errements de la monarchie française et d'y restituer

---

1. Ainsi l'auteur de *La Véritable constitution française*, etc... (voir plus haut, p. 3) reparaît sans cesse dans les six *Mémoires* dont fait partie cette série d'observations.

la religion catholique dans ses justes droits et le respect qui lui est dû.

Vingt-cinq années de désordres et de crimes de toute espèce qui ont laissé tant de levains après eux ne permettent pas d'esperer que ces trois grandes réparations de qui seules dépend le rétablissement de la tranquillité en France, puissent s'opérer sans des chocs plus ou moins véhémens d'opinions et d'intérêts opposés, auxquels rien ne sera plus facile que de donner le nom de convulsions révolutionnaires, et qui évidemment tendront à renverser l'ordre de choses *actuellement établi*. Sous quel aspect les puissances alliées envisageraient-elles ces chocs toujours inquietans pour le repos public, et dont il est presque impossible qu'il ne se ressente pas pendant un tems plus ou moins long? C'est surquoi la note dont il s'agit laisse au moins dans une grande incertitude. Ces agitations passagères et inévitables ne peuvent-elles pas se renfermer uniquement dans l'intérieur de la France et ne donner aucune inquiétude au dehors? Cependant les puissances alliées ne pourront-elles pas s'en prévaloir pour intervenir dans ces troubles purement internes, par la force de leurs armes? Ne s'y regarderont-elles pas autorisées dans l'apprehension qu'ils ne s'étendent sur les contrées qui avoisinent la France et peut-être encore plus loin? et alors ne seront-elles pas en contradiction manifeste avec les déclarations qu'elles n'ont cessé de publier depuis vingt-cinq ans et par lesquelles elles ont annoncé qu'elles ne prétendaient se mêler en aucune manière de l'assiette intérieure dans laquelle la France se replacerait après tant de convulsions?

Connaissent-elles, ces puissances, les loix fondamentales, les coutumes indigènes qui forment la propriété sacrée de la nation française? Ont-elles une idée exacte des rapports reciproques dans lesquels elle s'est constituée dès son origine, entre elle et son souverain légitime? De profondes meditations les ont-elles mises en état de calculer les sages contre-poids qui s'y sont établis par l'expérience du tems, le plus sûr de tous les maîtres en matière de législation, afin que l'autorité qui les gouverne, toujours une, toujours forte, fût séparée de l'arbitraire, et que la nation, toujours soumise, jouit de la portion de liberté qu'elle peut comporter?

Le régime domestique qui lui est propre depuis si longtems et qui remonte à tant de siecles, n'est il pas pour elle un secret de famille qui est entierement étranger aux autres nations de l'Europe? Leurs souverains ont-ils plus de titres pour s'immiscer dans ce régime national, que la France n'en aurait pour se rendre juge de celui qui est propre à l'Angleterre, à la Prusse, à la Russie, aux états Autrichiens? Quel est donc ce nouveau droit public cosmopolite qui pretend refondre les differents peuples et les jetter tous au même moule? Que sont ces idées philantropiques, ces formules *libérales* devenues le Talisman si vanté de notre âge, et au creuset desquelles les politiques de nos jours entreprennent de transformer à leur gré les nations, comme les alchimistes pretendent posseder l'art de transformer à leur gré les métaux?

Il n'en est pas des loix d'une nation comme des territoires sur lesquels une puissance aurait étendu sa domination, soit par des conquêtes, soit par les accroissements qu'elles lui auraient procuré, (et qui) l'auraient porté à une telle superiorité de moyens, de force et de richesse, que l'excès même de ces moyens la rendrait une juste cause d'alarmes pour les autres puissances. On ne peut pas nier que pour assurer leur indépendance contre une invasion qui ne serait que trop à redouter, celles-ci n'eussent le droit de réunir leurs efforts pour faire rentrer le colosse qui les menacerait, dans ses limites naturelles, soit en s'affranchissant de l'empire exclusif qu'il s'attribuerait sur une grande partie des opérations commerciales auxquelles elles seraient appellées comme lui à prendre part, soit en faisant rentrer les dominations d'un ordre inférieur qu'il aurait envahies, dans leur existence souveraine.

Ces dominations inférieures sous lesquelles les peuples trouvent peut-être le plus haut degré de bonheur parceque, renfermées dans des bornes resserrées, le souverain peut aisément y étendre ses soins paternels sur toute leur surface et que n'étant pas obligées à de grandes dépenses publiques, elles n'exigent que de faibles secours en hommes et en argent, sont au système politique d'un continent, ce que les fibres sont au système anatomique du corps humain, qui en unissant les gros muscles les uns avec les autres, les tiennent cependant à une distance reciproque suffisante pour qu'il ne puissent pas se nuire entre eux [1].

Mais à moins que les loix d'une nation n'offensent la nature au point d'être un sujet d'horreur et d'epouvante pour l'humanité, quel droit ont les puissances qui peuvent être en rapports avec elle, à s'immiscer dans sa législation, et à la contraindre par la force des armes, à adopter tel ou tel genre de gouvernement qu'elle n'aurait pas consenti dans ses antiques et véritables formes constitutionnelles qui peuvent seules exprimer son libre consentement? Ne serait-ce pas la soumettre à la servitude la plus humiliante et la plus oppressive et en prétendant prévenir le retour des violentes convulsions qui l'auraient agitée, la forcer malgré elle à faire naître de sa faiblesse même et du sens intime de sa dignité offensée, des convulsions encore plus violentes dont le terme et les effets ne sauraient se prévoir, surtout si cette nation quoiqu'affaiblie par une longue suite de calamités, contenait dans son sein une multitude de bras disposés par l'énergie de leurs ressentimens à se venger d'un pareil outrage?

Que si croyant donner appui au souverain légitime de cette nation, les puissances alliées produisaient cette annonce de leur intervention armée, comme lui étant diplomatiquement promise, une telle promesse ne conduirait-elle pas à la suppo-

---

[1]. Cette conception de l'*état-tampon* a été développé depuis, sous d'autres images, mais avec des vues analogues.

sition d'une demande formée ? et quelle funeste impression ne ferait-elle pas sur les esprits et sur les cœurs ?

Ces puissances amies pourraient-elles rendre au souverain qu'elles voudraient servir, un plus mauvais office que de mettre ainsi dans une opposition aussi révoltante les vues *libérales* qu'elles professent hautement être les leurs, et une violence que rien ne saurait pallier ? La crainte, quelle qu'elle soit, n'est jamais durable. Elle peut suspendre les efforts, mais les profonds ressentiments restent, et le fiel qu'ils laissent dans les âmes est un foyer de dangers toujours renaissants.

Lassées de tant de ravages et de barbaries qu'ont exercé les différents gouvernemens qui se sont succédés en France depuis 1792 jusqu'en 1814, les puissances alliées ont enfin pris la noble résolution de les faire cesser. Si les efforts généreux qu'elles ont fait, n'ayant pas été couronnés de succès, elles eussent succombé dans cette vertueuse entreprise, si, par exemple, l'Angleterre accablée par de grands revers, avait été forcée de recourir à la demande de la paix, et si la France lui eût imposé, en la lui accordant, l'obligation de changer son antique gouvernement malgré le vœu d'une très grande partie des hommes attachés à sa conservation, et de n'avoir plus ni parlement ni chambre haute, ni chambre basse, ni rien de tout ce qui constitue son régime intérieur, croit-on qu'elle n'eût grievement à se plaindre, et qu'elle n'eût pas senti profondément l'injustice d'un pareil abus de la force ?

La question est dans un sens inverse la même pour la France. La terrible révolution qu'elle a essuyée y est exécrée par tous les honnêtes gens qu'elle a encore le bonheur de posséder dans son sein. Tous ont invoqué avec ardeur le secours des puissances alliées pour briser les fers des différentes tyrannies révolutionnaires sous lesquelles ils gemissaient depuis vingt-cinq ans. Tous demandaient la paix, et la majeure partie d'entre eux ne voyait le repos de leur malheureuse patrie que dans le rétablissement de leur ancienne constitution si outrageusement violée ; et au lieu de se rendre à ce vœu légitime, les puissances alliées, secondant les vues perfides des hommes mauvais que la notoriété publique dénonce à grands cris comme traîtres envers leur pays, contempteurs de toutes les loix divines et humaines, et causes premières de toutes les dévastations que l'Europe a essuyées, et des flots de sang qui depuis vingt-cinq ans y ont été répandus, annoncent à la nation française qu'elles emploieront la force des armes, si elle resiste à reconnaître un genre de gouvernement qui est non seulement étranger à ses antiques et louables coutumes, mais qui est incompatible avec son caractère national, et qui repose sur la violation manifeste des droits les plus sacrés.

Ces puissances si respectables et si imposantes dont l'intervention était attendue par tous les honnêtes gens français, comme un secours protecteur descendu du ciel, se sont-elles rendu compte de tout ce que renferme cette annonce, et de la violence à laquelle elle les engage? En ont-elles calculé les effrayants et désastreux résultats, si ce n'est pour le repos du continent européen, à coup sûr pour celui de l'intérieur de la France? Est-il prudent de mesurer toutes les nations sur la même échelle, et n'est-ce pas une erreur dangereuse que de croire que ce qui est bon et utile à un peuple, puisse être également bon et avantageux à un autre?

La nation française est composée du Roi et des trois ordres politiques du clergé, de la noblesse et du Tiers. Son gouvernement est une monarchie simple tempérée par les loix. Le roi y jouit de la plénitude de la souveraineté non à titre patrimonial, mais à titre d'usurfruit (*sic*) perpétuel, transmissible en son entier dans la race régnante tant qu'elle subsiste parmi les mâles en ligne légitime, par ordre de primogéniture, à l'exclusion des filles et des mâles qui en proviendraient.

Il ne peut pas plus altérer la souveraineté en renonçant à ses prérogatives que la transporter hors de la ligne de sa succession. Il réunit entre ses mains et sans partage la double puissance législative et exécutive. Il ne peut en déplacer l'exercice ni en tout ni en partie. Des contre-poids, paisibles par leur nature, s'opposent à ce que ces deux puissances dégénèrent en arbitraire. Ils consistent dans les trois ordres politiques du Clergé, de la Noblesse et du Tiers, intermédiaires constitutionnels entre le Roi souverain et ce que dans to. les pays, on appelle le peuple, et dans les grands corps de magistrature vérificateurs des loix purement réglementaires afin de constater qu'elles ne portent aucune atteinte aux lois fondamentales et constitutives de l'état. Les trois ordres sont représentés dans les grandes assemblées nationales appelées états généraux, qu'il appartient au Roi seul de convoquer et de dissoudre lorsqu'il le juge à propos, par leurs députés mandataires qu'ils élisent librement dans les assemblées partielles préalables à la tenue des états généraux, en sorte que chaque ordre ait les siens propres, et leur donne ses mandats et ses instructions. Leur charge est de consentir ou de refuser tout changement aux lois constitutives de la Monarchie que le Roi proposerait, soit pour les abroger, soit pour y en ajouter de nouvelles, comme aussi de fixer pour une certaine durée de tems l'impôt ordinaire, celui qui est indispensable pour maintenir l'action du gouvernement, de manière qu'il soit toujours au niveau de ses besoins dans toutes ses parties, et d'accorder ou de refuser l'impôt extraordinaire qui ne peut jamais avoir d'autre destination que de pourvoir à des dépenses passagères et dont le retard ne compromet ni le bon ordre, ni la sureté de l'état : c'est une loi fondamentale et constitutive en France que la propriété légitime, à quelque date qu'elle remonte, est inviolable et que la religion catholique apostolique et romaine peut seule y exercer publiquement son culte et ses solennités, et y jouir seule de la liberté de répandre son enseignement parmi les peuples.

Cet échantillon de la véritable constitution française suffit pour montrer, si on veut bien réfléchir sur le caractère national du peuple à qui le tems l'avait donnée, combien ce genre de gouvernement était conforme à ses vraies convenances, et combien il était sage, juste et simple dans ses moyens. Tout y trouvait la place qu'il devait occuper dans l'ordre de ces convenances sur lesquelles il est si important de ne pas se méprendre. Tout concourait à y maintenir l'unité. En garantissant la tranquillité du dedans il rassurait celle du dehors. Les convulsions qui sont toujours le résultat de l'intervention du grand nombre, et la révolution française en a donné la preuve la moins équivoque, n'étaient point à craindre dans ce genre de gouvernement, pour l'intérieur de la France, et les puissances environnantes n'avaient pas à en appréhender les violentes secousses. Jamais depuis l'existence du trône des descendants d'Hugues Capet, l'Europe n'a été agitée, on peut même dire bouleversée, comme elle l'a été depuis que la France a changé son gouvernement en y introduisant le grand nombre. Ses forces intrinsèques sont aujourd'hui dans l'abattement; mais des principes éminemment convulsifs se renferment dans l'ordre des choses actuellement établi que les puissances alliées annoncent vouloir soutenir par la force des armes.

Quels changemens a opéré cet ordre de choses actuel! D'une monarchie simple et tempérée par des loix de tout tems existantes, il en a fait une monarchie complexe qui détruit ces loix, sans respecter même une des principales de celles qui tiennent essentiellement au droit naturel, à la religion et à la morale. Y a-t-il rien qui tienne plus essentiellement aux droits naturels que l'inviolabilité des propriétés et leur transmission héréditaire? Y a-t-il rien qui offense plus la Divinité que l'Indifférentisme religieux qui résulte nécessairement de la mise en parité de la religion qu'Elle a donnée elle-même avec les différents cultes par lesquels les hommes l'ont plus ou moins dénaturée? Y a-t-il rien qui blesse plus grièvement la morale que la persévérance volontaire dans les grandes injustices tant qu'elles sont réparables en tout ou en parties? Et ces trois bases fondamentales de tout bon ordre social ne sont-elles pas au moins fortement ébranlées par celui qui est actuellement établi en France?

En ne donnant au Roi que le tiers de l'exercice de la puissance législative par le partage qu'il en fait, l'ordre de choses actuellement établi subordonne aux deux parties co-partageantes cet exercice, le pouvoir exécutif, puisque celui-cy par sa nature est responsable envers la puissance simple ou complexe de qui la loi provient, et par là il met en doute si le Roi réunit en lui la plénitude de la souveraineté, car lorsqu'il ne peut faire aucune loi, non pas constitutive, mais pûrement (sic) réglementaire, sans le concours actif des deux parties co-partageantes l'exercice de la puissance législative, il est au moins douteux si, malgré l'initiative et la sanction qui lui sont réservées, il est pleinement souverain.

Les deux parties co-partageantes avec le Roi l'exercice de la puissance législative, sont dans ce nouvel ordre de choses actuellement établi, la chambre des pairs et la chambre des députés des départements, institués par la charte constitutionnelle en vertu de la proclamation du roi Louis XVIII, du 2 mai 1814, proclamation et charte qu'on ne peut pas soutenir avoir été consenties par la nation, qui ne se trouve que dans les éléments qui la composent avec le Roi, c'est-à-dire que dans ses trois ordres politiques du Clergé, de la Noblesse et du Tiers. Ces trois ordres distincts en qui la nation consiste, n'ont été assemblés individuellement nulle part comme tels. Ils n'ont ni délibéré, ni été écoutés sur l'acceptation ou le refus de cette proclamation et de la charte constitutionnelle. Ils ne les ont donc pas consenties, et par conséquent la nation n'y a pas donné son consentement. Elles n'ont tout au plus reçu que celui de la foule ou de la multitude qui ne peut jamais être que très équivoque. Or dans aucun pays civilisé, et particulièrement en France, la foule ou la multitude ne forme pas la nation.

L'institution de ces deux chambres anéantit à la fois le Clergé, la Noblesse et le Tiers.

Le Clergé : car quoique le Roi dise dans le préambule de la charte constitutionnelle qu'il *a remplacé par la chambre des députés ces anciennes assemblées du Champ de Mars et du Champ de May* dans lesquelles il est incontestable que le Clergé était compris comme partie intégrante de la nation, il ne lui est assigné par cette charge comme corps de clergé, aucune place dans l'une et l'autre chambre. Peut-être quelques-uns de ses membres peuvent-ils y être admis, mais comme simples individus, et non comme ordre du clergé, et en si petit nombre qu'ils ne compteront pour rien dans la représentation nationale.

La Noblesse : car qu'aura-t-elle de réel n'ayant plus de propriétés nobles? Elle ne tiendra son existence que de l'opinion, et l'opinion ne donne pas de réalité effective. La Noblesse put-elle même en conserver qu'elqu'une (sic) d'après les dispositions de la charte constitutionnelle qui lui sont relatives, la composition de la chambre des pairs dans laquelle le Roi peut appeler tel non noble qu'il lui convient, ou la lui fait perdre ou la concentre uniquement dans la Chambre des pairs, en sorte que les nobles qui ne seront pas admis dans cette Chambre (et peuvent-ils l'être tous?) n'auront rien d'effectif dans leur existence, ne seront rien dans l'ordre politique de l'Etat. La pairie étant déclarée héréditaire, et les pairs étant nommés par le Roi, comment peuvent-ils être considérés comme représentants de la nation? Les *Leudes* l'étaient à la vérité sous les deux premières races des Rois de France, non par un brevet que ces Rois leur donnaient, mais par eux-mêmes; parce que, comme ordre politique dans l'état, ils entraient dans la composition de la nation qui ne connaissait alors d'autre contre-poids à opposer à l'autorité royale que l'aristocratie de ce qu'on appelait les grands, *proceres*, aristocratie qui pouvait être dangéreuse (sic), que le tems avait purgée de ses abus, et contre laquelle on s'est tant élevé de nos jours. Mais aujourd'hui, y a-t-il rien de plus contradictoire dans les termes qu'une représentation *héréditaire* qui n'est pas choisie par la partie intéressée qu'elle représente ? La Nation trouve-t-elle dans la Chambre des pairs, un des trois éléments essentiels de sa représentation nationale ? Elle n'a comme nation aucun rapport avec cette Chambre, et ne peut voir en elle qu'une grande extension de conseil *héréditaire* que le Roi s'est donné.

Le Tiers : ce ne sera que dans la Chambre des Députés des départements, que se renfermera proprement la représentation nationale. Au lieu de trois espèces de représentations dont la nation a joui au moins depuis 1309, sous le règne de Philippe le Bel, et qui avait (sic) chacune la charge de veiller aux intérêts personnels de leurs commettants, celles formées séparément par les trois ordres du Clergé, de la Noblesse et du Tiers, elle n'en aura qu'une, puisée indistinctement dans les nobles et les non nobles, puisque le clergé ne trouve sa place nulle part dans la charte constitutionnelle, c'est-à-dire dans la foule ou la multitude ; car lorsqu'une grande masse d'individus, même distingués par une certaine quotité de contribution à d'impôt, sont confondus entre eux, ils ne sont autre chose que la foule ou la multitude qui, suivant les notions les plus communes en politique, n'est jamais apte à prononcer un vœu.

Dans cette confusion des nobles et des non nobles, même de quelque portion du clergé, en supposant qu'il soit admis à faire partie de cette foule, le tiers disparaît ; car si l'opinion accorde encore quelque considération au Clergé et à la Noblesse, il est plus que vraisemblable qu'ils fourniront la majeure partie des membres de la Chambre des Deputés des départements. Si non, ou ils y seront dans une infériorité extrême comparativement aux non nobles ou autrement le Tiers, ou ils en seront entierement exclus. Dans le premier cas, ils n'auront qu'une part insignifiante à la représentation nationale. Dans le second cas, ils n'en auront aucune. Ils seront dans l'Etat, comme s'ils n'étaient pas.

Le grand intérêt de la conservation des propriétés est humainement parlant la cause originelle de la souveraineté. Ça été pour les mettre à couvert de toute invasion que les hommes se sont soumis à une autorité souveraine, ou de leur propre volonté ou contraints par la force, car si c'est la force qui les a rangés sous cette autorité, ils n'ont fini par en sentir le prix que parce qu'elle était la protectrice de leurs propriétés, sans quoi le besoin de les défendre réunissant tous les propriétaires qui se sont multipliés, en raison de ce que les propriétés devenues plus étendues se sont divisées, ils se seraient détachés d'une autorité dont ils n'auraient tiré aucun secours, d'autant plus aisément que n'étant appuyée par aucun d'eux, et restant solitaire, elle eût été dans l'impuissance de résister à tous. Si on consulte la religion, elle ordonne bien aux sujets de rester soumis à leur souverain légitime, même lorsqu'il est injuste envers eux, mais elle ne leur fait pas un devoir de consolider son injustice par leur consentement. Le même commandement de Dieu qui défend de prendre et même de désirer le bien d'autrui pour le retenir injustement, interdit au souverain, par une conséquence immédiate, d'en autoriser l'usurpation manifeste et l'inique rétention. Lié par ces deux obligations réciproques, si le souverain n'a point d'égard à celle que lui prescrivent le droit naturel, la religion et la morale, comment peut-il se flatter que les sujets seront plus fidèles à observer celle qui leur est imposée par le Ciel?

L'invasion des propriétés légitimes qui existaient hier, surtout lorsqu'il est notoire qu'elle a été l'attentat du crime, et qu'elle porte sur des propriétaires à qui évidemment il n'y a pas d'autre reproche à faire que d'avoir été constamment fidèles à leurs devoirs les plus sacrés, ne peut pas être sanctionnée aujourd'hui, sans que cette sanction funeste n'attire nécessairement une invasion pareille sur les propriétés illégitimes (*sic*) qui existeront demain. C'est ici que les réactions sont inévitables, parce qu'il n'est aucune force en politique qui puisse anéantir les justes ressentimens qui les nécessitent. La patience de la vertu peut donner un tems à l'injustice démontrée, dans l'espoir d'en obtenir enfin la réparation Mais elle a un terme, et un moment ne peut pas ne pas arriver où, forcée de briser les liens par lesquels elle s'était garottée elle-même, elle ne connaît plus de frein.

Quelque dépense qu'on fasse en discours oratoires, en protestations de fraternité, en provocations à la paix, on ne persuadera jamais à un grand nombre d'hommes qui ont le sens intime d'un mérite qui a triomphé des plus terribles épreuves, que cette paix qu'ils désirent avec ardeur, doive se faire par le sacrifice des droits les plus inattaquables à des droits vicieux notoirement usurpés. Jamais on ne leur persuadera que les propriétés légitimes qui leur ont été enlevées par une violence, que les ruines qu'elle a laissées après elle attestent à grands cris, soient possédées par leurs détenteurs actuels à titre onéreux, surtout si on remonte aux prix auxquels elles ont été achetées, et si on compare leur valeur réelle à ces prix dérisoires. Le seul titre onéreux qu'ils puissent leur reconnaître, et sans doute il n'en est point à qui cette qualité ne convienne mieux au tribunal de la conscience, tant il pese sur elle, est celui de vol manifeste de première ou de seconde main. Jamais ils ne se persuaderont que pour s'être genereusement devoués à la cause la plus honorable, pour avoir été abandonnés par leurs appuis naturels et assaillis de maux, leur existence comme parties de la même société civile, leurs justes droits ne datent que du moment actuel, et que le principe sacré, le principe éternel de l'inviolabilité des propriétés légitimes ne doive être appliqué qu'à celles qui ne datent que d'aujourd'hui. La force, quelque oppressive qu'elle soit, n'empêchera jamais que deux et deux ne fassent quatre.

On affecte de donner le nom de confiscation aux vols faits par la révolution. Que prétend-on par cette confusion de mots, et la subversion des idées qui leur sont attachées? Ce qu'on a toujours entendu par confiscation, est une peine légale décernée par un pouvoir légitime. Or, soutiendra-t-on que les envahissements de propriétés decrétés par les revolutionnaires de 1789 et des années suivantes aient eû quelque chose de légal, et soient provenus d'un pouvoir qui eut le droit de les autoriser? Qu'on se prononce enfin sur cette question de qui dépend la stabilité de l'ordre social! Car au milieu de cet abus des mots, de ce bouleversement des principes reconnus de tous tems, il faut finir par s'entendre, si on ne veut pas ressembler aux constructeurs de la tour de Babel. Que dirait d'une législation qui, pour empêcher les vols à l'avenir, ordonnerait que ceux qui auraient été commis notoirement et récemment resteraient à perpétuité entre les mains de leurs auteurs, acteurs, receleurs ou détenteurs?

On va encore plus loin : on met en avant pour écarter de la confiscation légale tout ce qu'elle a de moral, que depuis Tibere jusqu'à nos jours, elle n'a été autre chose qu'une indemnité, et que la proposer pour être employée contre les grands malfaiteurs révolutionnaires serait sortir d'une des dispositions de la Charte constitutionnelle, comme si l'application au fisc d'une portion de biens quelconque pouvait indemniser le public d'un grand crime commis. Le rappel de Tibère est peu honorable pour la memoire de St Louis qui confisqua le comté de Bretagne sur Pierre Mauclerc issu de la maison de France, pour celle de Louis XIII qui confisca pareillement tous les biens du Maréchal de Monmorenci, le plus grand personnage de son tems, et pour celle de tant d'autres de nos rois.

Si on voulait bien entrer dans le véritable esprit de la confiscation, on reconnaitrait qu'elle est un supplément de peine dans lequel consiste son effet moral. Tel homme prend aisément son parti sur la perte de sa vie à laquelle il s'expose par le crime qu'il médite, qui ne le prend pas de même sur la misère à laquelle il réduira ses enfans. Cette consideration l'arrête, et la société est préservée d'un crime projetté. Quelle barbarie, s'écrient les philantropes! Est-il juste que des enfans souffrent des grands égaremens de leur père? Mais on demande à ces hommes si sensibles pour les coupables, et si peu pour la sûreté de la société et des honnêtes gens: est-il bien juste que que des enfans souvent incapables de rien mériter par eux-mêmes pendant toute leur vie jouissent, à l'exclusion de plusieurs autres bons sujets, des grands avantages accordés au mérite de leur père? Qui ne voit que dans l'un et l'autre cas l'esprit de la loi a eu un double but moral, celui de prévenir le mal et celui de provoquer le bien? Mais quand on s'est placé dans un système faux, il est tout simple que les idées et l'emploi des mots s'en ressentent et que la morale, qui peut seule redresser dans les bonnes voies un peuple égaré, ne soit comptée pour rien.

Le principe fondamental de l'inviolabilité des propriétés ne saurait être appliqué par les souverains uniquement à celles qui justement ou injustement possédées ou acquises ne datent que de leur règne. Les grands intérêts publics et privés dont elles sont la base, ont avec eux des rapports semblables à ceux qu'ils ont avec leurs sujets. Ce sont ces intérêts réels et réciproques qui consolident et perpétuent les empires. Ce sont les opinions flottantes dans le vuide, et qui ne sont fixées par aucune réalité actuelle, qui les ébranlent et les renversent. Que veulent les intérets réels? La conservation de l'ordre de choses légalement établi ou sa restauration. Que veulent les opinions, qui n'étant attachées à rien d'effectif, sont avides de se changer en intérets réels? Le renversement de cet ordre.

Voilà la cause première, la cause peut-être unique de la révolution française. Toutes les autres qu'on a cherché à lui donner prennent leur source en elle. Trompé par une perfide philosophie déguisée sous la fausse couleur de vues *libérales*, le gouvernement s'est prononcé à découvert ou en secret contre les intérêts réels, et s'est déclaré pour les opinions ardentes à s'emparer de quelque réalité. Celles-ci l'ont flatté d'un grand accroissement de force et de pouvoir. Quel a été le résultat de ces belles promesses? Les intérêts légitimes ont été foulés aux pieds et le trône avec eux.

Que si du conflit des intérêts qui demandent à rentrer dans ce qui leur a été si injustement enlevé et des opinions qui osent prétendre ne pas se désemparer de ce qu'elles ont si atrocement envahi, il est à appréhender qu'il ne sorte de nouvelles convulsions, ne serait-ce pas de la magnanimité et de la prévoyance des puissances alliées de manifester qu'en annonçant qu'elles emploiront la force des armes, leur intention est d'en faire usage pour soutenir les droits imprescriptibles de la justice et non pour appuyer les odieux efforts de l'iniquité qui aurait échoué devant la grande âme, l'âme sensible et bienfaisante de Louis XVIII, si les mêmes vues politiques qui l'ont retabli sur son Trône, s'étaient également proposées de le rétablir dans la puissance d'être juste, en l'affranchissant des obstacles que lui opposaient les principaux auteurs et acteurs de la révolution, si intéressés à entraver toute marche retrograde à son égard? Le débordement des opinions a ouvert en Europe un immense volcan dont les bouches menacent toute sa surface. Est-il une seule des puissances alliées à qui la prudence permette de se tenir assurée qu'elle ne sera jamais atteinte par quelqu'une des violentes éruptions qui peuvent sortir des différents crateres de ce volcan, dont plusieurs ne sont pas encore bien connus? Quel secours auront-elles à trouver dans la fidelité de leurs sujets, lorsque ceux qui voudraient se prononcer pour elles seront convaincus par l'exemple de la France qu'elles ne devront avoir en perspective d'autre témoignage de gratitude à recueillir que le sacrifice de leurs propriétés légitimes ordonné et protégé en faveur du crime qui les leur aura ravis par les massacres et par le vol?

A la suite de la grande convulsion politique qui a été occasionnée en Europe par la guerre de trente ans et de toutes celles qui y ont été suscitées par les guerres qui ont plus ou moins troublées (sic) son repos depuis cette époque, en est-il une seule qui n'ait été terminée par la restitution des propriétés privées qui avaient été envahies, de quelque manière que ce fut, sur les particuliers? Tous les grands traités de paix qui ont été faits depuis celui de Munster en 1648, ont stipulé la restitution de ces propriétés. Par quelle fatalité les puissances alliées ont-elles perdu de vue ce grand exemple en morale dans le traité qu'elles ont signé en 1814 à Paris? N'est-il pas annoncé par là au moins indirectement aux peuples, aux hommes qui ne possèdent rien, toujours en plus grand nombre que ceux qui possèdent, que les révolutions sont un acte de justice, et n'est-ce pas les y inviter?

Persuadera-t-on jamais à qui que ce soit que Louis XVIII ne souffre pas dans le fond de son âme si amie de l'équité, d'avoir été contraint de sacrifier ceux de ses sujets dont la fidelité n'a été obscurcie par aucun nuage, à la rapine odieuse des grands acteurs révolutionnaires ou à la mauvaise foi des acquéreurs qui se sont hasardés à être leurs dupes, et de sanctionner en quelque sorte par cela seul tous les attentats de la révolution? Qui pourra jamais croire que dès le début de son établissement, si ardemment désiré, sur le trône de ses peres, il ait voulu par une décision prématurée, prévenir l'effet paisible et salutaire qu'aurait produit pour la restitution des propriétés si iniquement enlevées, la seule suspension de toute décision à cet égard? Elle eut amené avec elle des accomodemens à l'amiable, et avec eux le retour à la morale et à la paix? A qui tombera-t-il sous le sens que, séduit par la maxime révolutionnaire qu'en toute chose il faut marcher avec le tems, comme si lorsque le tems est à l'impiété et aux massacres, il faille être impie et massacreur, il ait de son plein gré préféré la violation des belles et antiques coutumes nationales à de nouvelles loix qui subvertissent la vraie constitution française, et qui, d'une monarchie, où tout, écartant l'arbitraire par la sagesse et la simplicité de ses contrepoids, assurait la subordination et le repos, font une monarchie orageuse qui, par la complication de ses moyens, est néces-

— 198 —

sairement placée dans l'alternative toujours funeste pour la tranquillité intérieure et extérieure des empires du trop ou du trop peu de pouvoir?

A quoi doit-on attribuer cette déviation de la marche que l'éternelle justice prescrivait et que la prévoyance indiquait pour la résurrection de la France, si ce n'est à des considérations qui ont opprimé la liberté de Louis XVIII, la générosité de ses vues, et dont il n'aurait pas été difficile aux puissances alliées de l'affranchir?

La révolution a commencé en France par la foule; elle s'y est envenimée par la foule; tous ses paroxismes ont été provoqués par la foule. Pense-t-on qu'elle puisse trouver son remede dans la foule, qu'elle qu'en soit la composition? A-t-on jamais vu une seule de celles qui ont bouleversé les nations, se terminer par ses propres œuvres, par les mêmes pricipes, les mêmes agens, les mêmes moyens qui l'avaient suscitée?

Les novateurs révolutionnaires et les mystiques philantropes, leurs adjudans, qui ventent (*sic*) comme merveilleux ce que la justice et la droite raison reprouvent de concert, et qui donnent pour mesure de l'idée qu'on doit se former des grands bouleversemens nationaux, les avantages personnels qu'ils en retirent ou qu'ils espèrent en retirer, ne manquent pas de justifier les résultats de ceux que la France a essuyés depuis vingt-cinq ans, par des exemples tirés de quelques autres peuples, à qui de tels bouleversements ont valu une grande existence[1]. On se borne pour toute réponse à ces impitoyables

---

1. C'est au Danemark et à la Révolution de 1660, plus sans doute qu'à celle de l'Angleterre, que pensait Bonneval, si on en juge par l'avertissement de son *Précis historique* inédit, cité précédemment en icte. Le voici : « Jamais on ne s'est plus entretenu de révolutions qu'aujourd'hui. Cette matiere si affligeante occupe presque tous les esprits. Mais elle n'est pas envisagée du même œil. Les uns ne voient dans ces grandes convulsions qu'une crise passagère qui, en changeant l'ordre social établi, lui en substitue un meilleur. Les autres les regardent comme le fléau des sociétés, d'où rien de bon ne peut sortir. La révolution qui s'est opérée en Danemark, en 1660 excuseroit les premiers, si un fait isolé pouvoit servir de base suffisante à un jugement qui, pour être sain, demande une

et inguérissables remueurs du genre humain, à leur rappeler la fable du cierge qui n'est pas une des moindres de celles du bon Lafontaine. Cet homme, peut-être unique en son espèce, ne se donnait pas pour être un profond politique, mais il excellait en droiture et en bon sens :

> Un cierge vit la terre en brique au feu durcie
> Vaincre l'effort des ans. Il eut la même envie ;
> Et nouvel Empédocle [1] aux flammes condamné
>   Par sa propre et pure folie,
> Il se lança dedans. Ce fut mal raisonné :
> Ce cierge ne savait grain de philosophie.

---

exacte comparaison avec des faits parallèles. Les seconds sont pleinement justifiés par cette comparaison. Ils en concluent avec fondement que rien n'est plus redoutable pour les corps politiques, et pour les hommes en particulier, qu'une révolution, puisque dans le grand nombre des catastrophes appelées de ce nom, dont l'histoire a transmis le souvenir, celle du Danemark est la seule à peu près qui n'ait pas été une source de maux, et qui ait eu des résultats heureux.

Cette diversité d'opinions est le motif qui a déterminé à donner au public un précis de révolution danoise. Quoique l'espace de près d'un siècle et demi se soit placé entre elle et le temps présent, elle peut être en quelque manière considérée comme contemporaine, et par cela même, on a pensé que le tableau qu'elle présente serait d'autant plus instructif.

Les observations qui accompagnent ce précis montreront à quelles causes le Danemark a dû que l'époque de 1660 ne fut pas pour lui celle de tous les genres de calamités ; et le prodige même de la réunion de ces causes, convaincra les hommes honnêtes qui n'ont pas une idée arrêtée sur les révolutions, que parmi toutes les plaies qui peuvent affliger l'humanité, il n'en est pas de plus funestes et qui soient plus difficiles à guérir.

La partie historique de cet ouvrage est tirée de l'histoire de Danemark, de M. P(aul)-H(enri) Mallet (1730-1807), troisième édition, imprimée à Genève en 1788. Cette histoire est réputée à juste titre une des meilleures qui aient paru sur ce pays. L'introduction qui occupe le premier volume peut être mise à côté des introductions aux histoires de Charles Quint et de l'Amérique, par Robertson. On s'est attaché, dans cette sorte d'extrait, à rendre le plus qu'on a pu les propres paroles de M. Mallet. » — C'est moins ce rôle subalterne d'abréviateur que la dimension de cet écrit inédit (137 pages in-8) qui interdit de faire entrer dans la série des *Œuvres de Bonneval sur la Révolution française* où il mérite une place importante. Nous sommes obligés de le mentionner seulement.

[1]. Empédocle était un philosophe ancien qui, ne pouvant comprendre les merveilles du mont Etna, se jetta dedans par une vanité ridicule ; et, trouvant l'action belle, de peur d'en perdre le fruit et que la postérité ne l'ignorât, laissa ses pantoufles au pied du mont. (Note de Bonneval ou mieux, de La Fontaine, que le chanoine a simplement transcrite).

Tout en tout est divers : ôtez-vous de l'esprit
Qu'aucun être ait été composé sur le vôtre
L'Empédocle de cire au brasier se fondit :
Il n'était pas plus fou que l'autre[1].

**

Fidèle aux principes qui ont inspiré son œuvre politique *sur la véritable Constitution française*, l'abbé de Bonneval développe avec complaisance sa protestation et son manifeste pour la non intervention des alliés dans le régime intérieur de la France. Au fond il a souci, comme il l'a formellement indiqué, de laisser une porte ouverte aux réformes qu'il regarde comme essentielles, « la révocation des deux... injustices consacrées par la charte » (non acceptation de la nation et biens des émigrés maintenus aux nouveaux propriétaires) et la restitution de « la religion catholique dans ses justes droits », par la révocation du Concordat de 1801.

C'est en vertu des principes même de la véritable constitution française et de ses traditions les plus anciennes que l'abbé de Bonneval condamne l'intervention malencontreuse des puissances. Il la juge de nature à fortifier « l'ordre établi », ordre qui, à ses yeux est le renversement même de tout état social digne de ce nom. Ce qu'il nomme « la cause première, la cause peut-être unique de la révolution française », c'est l'oubli du « principe fondamental de l'inviolabilité des propriétés ». Or cet oubli, selon lui, perce dans les notes diplomatiques dont il combat l'influence.

En somme le *Mémoire* de l'exilé de Vienne qui ne cessa d'envoyer à la cour des princes et au roi Louis XVIII les conseils d'un serviteur dévoué, et parfois importun, se rattache surtout à son rôle de publiciste. Ses œuvres antérieures ont contribué à éclairer l'histoire religieuse de la Révolution française. Celle-ci est comme la transition vers une autre

---

1. *La Fontaine*, liv. ix, fable 12. *Le Cierge*. Ed. des grands écrivains, t. II, p. 416-419.

série de traités inédits, ceux qui se rapportent surtout à l'histoire du premier empire et de la Restauration.

Avant d'aborder ce nouvel aspect du rôle de Bonneval, il n'était pas inutile de marquer, par la publication de ces *Observations*, l'état d'âme de ce prêtre pour qui religion et monarchie ne faisaient qu'un seul dogme, et dont les études sur la *Constitution française* dirigèrent jusqu'à la fin le zèle et les efforts. Son travail sur les biens des émigrés, envoyé à la fin de 1816 au duc d'Angoulême, nous semble éclairer à merveille une page écrite sur la Société française en 1814. Bonneval, comme l'entourage du comte d'Artois dont M. Gilbert Stenger décrit la surprise, dès avant la Charte, s'attendait certainement à une refonte complète de l'état de choses existant : « Tous, dit cet écrivain, pensaient que la vieille monarchie du siècle passé serait restaurée, et quand ils lurent dans le *Moniteur*, la phrase prêtée au prince répondant aux salutations de bienvenue que *rien n'était changé en France, qu'il n'y avait qu'un Français de plus*, ce fut, parmi eux, un tolle de colère... Comment! rien de changé!... Comment! les lois infâmes de Bonaparte régenteraient encore le royaume! comment! le divorce persisterait; le droit d'aînesse resterait aboli et l'éducation de la jeunesse contaminée par les plus mauvaises doctrines!... Et puis, le Sénat, ce corps avide, composé des séides de *l'usurpateur*, n'avait-il pas la prétention d'imposer au roi une constitution! »[1]

Cette impression est confirmée par l'étude complète des autres écrits de Bonneval, d'un caractère purement politique, qui nous le montrent adversaire résolu du gouvernement de Bonaparte et conseiller assidu des Bourbons remontés sur le trône.

---

[1]. Gilbert Stenger. *La Société française en 1814*, dans la *Grande Revue*, 16 décembre 1906, p. 610.

INDEX ALPHABÉTIQUE

NOTA. — Les noms de personnes sont imprimés en lettres capitales droites ; les noms de lieux, en capitales penchées ; les indications bibliographiques, en lettres italiques ; en romain, les titres des principales matières. Le chiffre désigne la page ; suivi de l'exposant, il renvoie aux notes ; enfermé entre parenthèses, il indique la partie d'une note prolongée commençant à une page antérieure.

A

ABIU, 39.
ABRAHAM, 86.
Abrégé de l'Ancien Testament, 149.
ACHAZ, 149.
ADAM, 131.
AFRIQUE, 9.
ALAIS, cf. Bausset, 125, 126, 127, 139, 163.
ALLEMAGNE, 2, 5.
AMBROISE (S.) 46-48, 76.
AMÉRIQUE, 35, 36, (197).
Ami de la Religion, 1, 89.
AMIENS, 71¹, 127².
AIX, 2 (4).
ANGERS, 79.
ANGLETERRE, 172, 183, 196¹.
ANGOULÊME (duc d'), 174¹, 199.
Annales catholiques, 83¹, 94¹.
    » *religieuses*, cf. Sicard, 83, 92¹, 122, 123¹, 141, 143, 147, 150, 152, 159.
APOLLON, 175.
ARCHIMÈDE, 142¹.
Art de vérifier les dates, 173.
ARTOIS (Cte d'), 199.
ASSÉ, cf. Dugué, 152.
Assemblée du Clergé (1780), 3¹.
Assemblée constituante, 2, 3, 6, 10, (129), 130, 166.
AUGUSTE, 59, 60.
AURIBEAU, cf. d'Hesmivy.
AUTRICHE, 181.
AVIGNON, 162.
AZÉMA, 152.

B

BAAL, 146.
BABEL, 192.
BABYLONE, 143, 146.
BAILLY, 72, 157¹.
BARDON (Achille), 126¹.
BARRÈRE, 87.
BATZ (de), 173, 174.
BAUSSET (card. de), 125-127, 131¹, 139, 150.
BEAUCHESNE (Gabriel), 93¹.
BÉLIAL, 62.
BELLEY, 71¹.
BELGIQUE, 176.
Belvédère, 175.
BERNIS, 13, 26, 81¹.
BÉZART, 152.
Bibliothèque Mazarine, 2², 15¹, 81¹, 164
Bibliothèque nationale, 3¹, 83¹, 126¹, 142¹.
Bien de (pour bien des), 21.
BLOIS, 71¹, 131, 182.
BOISGELIN, 3¹, (4).
BONAPARTE, 1, 160, 179, 199.
BONNEVAL, év. de Senez, 162.
    » (Louis-Sixte), 1, 13, 15, 26, 27, 58¹, 62¹, 75, 76, 78-81, 83, 92¹, 94¹, 110¹, 121, 123, 125-127, 129¹, 140, 141, 147, 150, 152, 155², 156², 159, 163, 172, 173, 196¹, 197¹, 198, 199.
BORDEAUX, 71¹, 121¹.
BOSSUET, 60, 71, 133, (143).
BOULOGNE (abbé de), 83¹.
Bourbons, 78, 199.
BRETAGNE, 192.
BRISSOT, 72.
Bulletin du Bibliophile, 1.

C

CAHORS, 71¹.
CALABRE, 2.
CALVIN, 8.
Calvinistes, 7.
CAMBRAI, 71¹.
CAMPANELLI (card.), 26.
CAMUS, 6.

CAPO D'ISTRIA, 177.
CARCASSONNE, 71¹.
CARRIER, 86.
CASTLEREAG, 173, 174, 176, 177.
CÉPHAS, 54.
CÉSAR, 59, 60.
CHARLEMAGNE, 104.
CHARLES-QUINT, (197).
Charte, 179, 187, 192.
CHARTRES, 71¹.
CHER, 131¹.
CHÉROT (Henri, S. J.,) 93¹.
Clergé de France, 130, 136, 184.
» » Paris, 138, 139, 172.
CLERMONT, 163.
Concordat, 15, 164, 172, 198.
CONSTANCE, 9.
Constituante, 128.
Constitution civile du clergé, 1-3, 6, 10, 12, 14-16, 29, 41, 52, 61, 85, 97, 127, (129), 130, 150, 152.
Constitution de la France, 7, 24, 52, 73, 127-130, 134, 138, 185, 195, 198.
Constitutionnels (prêtres), 15, 16, 123, 147, 156, (157).
Convention, 82, 84, 85, 89-91, 97, 103, 106, 108, 111, 151, 152, 165.
CORINTHIENS, 61, 62.
CYPRIEN (S.), 71.

D

DANEMARK, 164, 196¹, (197).
DAVID, 119.
Décatholiciser, 157.
DESBOIS, 71¹.
DETZINGEN, cf. ŒTTINGEN, 2, 13.
Directoire, 165, 179.
Doctrinaires, (122).
DOMITIEN, 135.
DOUILLANT, 163.
DRACIS, cf. Sicard, 83¹, 121¹, 153, 157, 161.
DUGUÉ D'ASSÉ, 152.
DUMOLARD, 165, 169, 171, 173.
DUPONT DE NEMOURS, 6.
DURAND-MAILLANE, (122).

E

Économistes, 4-7.

ELÉAZAR, 121.
ELISABETH (Mᵐᵉ), 73.
EMERY, 137, 160, 163.
EMPÉDOCLE, 197.
Encyclopédistes, 4, 5.
Épicurésime, 148.
ESCHASSÉRIAUX LE JEUNE, 152.
ESTIUS, 68.
États généraux de 1789, 1, 2, 13, 15, 27, 158, 166, 172.
ETHAI, 39.
EUROPE, 5, 57, 73, 135, 145, 165, 173, 174, 176, 178, 181, 184, 186, 194.
Évêques administrateurs, 3¹.
EZÉCHIAS, 149.

F

FAUCHET, 72.
FELLER, 1.
FERRAND, 164.
FRANCE, 2-5, 9-13, 16-20, 22, 23, 30-32, 37, 38, 41, 42, 44, 46, 46-49, 51, 52, 54, 55, 60, 62, 65, 66, 71¹, 72-74, 76, 77, 84, 93¹, 100, 104-106, 109, 111, 112, 115, 118, 120, 121, 132-139, 143, 145, 153, 160, 162, 164, 165, 168, 169, 171, 172, 174, 178, 180, 183-188, 192, 194, 196, 198, 199.
FRETEAU, 6.
FRIBOURG, 163.

G

Gallicanisme, 9, 14.
GENÈVE, (197).
GERDIL (card.), 162.
GERSON, 71.
GOBEL, 72.
GRÉGOIRE LE GRAND (S.), 137.
GRÉGOIRE, 71¹.
GRISELLE (Eugène), 93¹, 129¹, 16¹¹.
GUILLON, 83¹, (85).

H

HARDENBERG, 177.
HENRI VIII, 8.

HESMIVY D'AURIBEAU, 81¹.
HOMBRES (d'), 126¹.
HUGUES CAPET, 185.

I

INDE, 87, 98.
ISAAC, 88.
ISAURE, 161.
ISRAÉLITES, 146.

J

JACOB, 88.
Jansénisme, 6.
JAUFFRET, 83¹.
JEAN CHRYSOSTOME (S.), 60, 100.
JOIADA, 56, 58¹.
JOAS, 56.
Journal de la Religion, 142-144.
JUIGNÉ, 139, 161.
JURIEU, 139.

L

LA FONTAINE, 197, 198¹.
LA LUZERNE, 150
L'AMOURETTE, 72.
LANJUINAIS, 152.
LANDES, 71¹.
LAPLAIGNE, 152.
LECLERC (Henri), 129¹.
LE CLERC, 83¹.
LECOFFRE, 79¹.
Lettre encyclique de plusieurs évêques, 71¹.
Lettres à ses Commettants, 2.
LÉVI, 69.
LOUIS (S.), 120, 192.
LOUIS XIII, 192.
LOUIS XV, 6.
LOUIS XVI, 1, 6, 12, 13, 56, 71, 73, 79, 128, 165.
LOUIS XVII, 56, 58¹.
LOUIS XVIII, 126¹, 178, 187, 194-196, 198.
LOUVET, 152.
LUCERNE, 161.
LUTHER, 8.
LUTHÉRIENS, 7.
LYON, 87.

M

MACHAULT (de,) 127², (129).
MALLET, (Paul-Henri), (197).

MALTE, 13.
Mariage des prêtres, 154¹.
MARIE-ANTOINETTE, 56, 71.
MARSEILLE, 2.
MARTINEAU, 6.
MAUCLERC (Pierre), 192.
MAUREPAS, 2¹.
MAURY (card.), 163.
MEILLOC, 79, 80.
MEAUX, 71¹.
MÉDICIS, 175.
MERCIER, 147.
MÉRIC (Elie), 163¹.
METTERNICH, 177.
MICHAUD, 1.
MOISE, 46-48.
MONTMORENCY, 192.
Monsieur, 164.
MONTESQUIEU, 157¹.
MUNSTER, 195.

N

NADAB, 89.
NANCY, 164³.
NANTES, 87.
NAPLES, 127, 128, 158, 163.
NAPOLÉON, 163.
NECKER, 77.
NEMOURS, 6.
NÉRON, 60, 135.
NIMES, 126.
NINIVITES, 88.
Notre-Dame de Paris, 1.

O

ŒTTINGEN, 2.
ORANGES, 87.

P

PALMÉ, 163¹.
PARIS, 1, 2, 3¹, 13, 71, 77, 79¹, 83¹, 87, 92³, 93¹, 94², 121-123, 125¹, 127, 129¹, 131¹, 138, 139, 141, 143, 143-145, 154, 157¹, 160, 163¹, 164¹, 172, 179, 195.
PAUL (S.), 54, 58-60, 62, 67, 68, 75.
PÉPIN, 152.

PHILIPPE LE BEL, 189.
Philosophisme, 3, 4, 68, 79.
PHINÉES, 39.
PHOCAS, 187.
PICOT, 83¹.
PIE VI, 12, 15, 26, 27, 71, 78, 79, 117, 121¹, 130, 131, 161.
PIERRE (S.), 11, 55, 58, 61, 62, 69, 117.
PRIMAT, 71¹.
Protestantisme, 6.
PRUSSE, 181.

R

RABAUT SAINT-ETIENNE, 6.
Raison (déesse), 159.
République, 28-30, 34, 40-43, 46, 68, 71¹, 72, 76, 84, 88, 90, 97, 99, 102, 105, 151, 152, 159, 160.
Restauration, 163, 164, 172, 199.
Révolution, 4, 6, 8, 11, 14, 15, 76, 112, 126¹, 141, (143), 163, 165, 169, 172-175, 179, 183, 191, 192, 197, 198, 199.
Revue chrétienne, 76.
Revue (La Grande), 199.
RICHELIEU (duc de), 174, 177, 179.
Riennistes, 4.
ROBERTSON, 197.
ROBESPIERRE, 86, 92, 104.
ROMAINS, 59.
ROME, 1-3, 10, 11, 13, 17, 18, 22, 26, 81, 93¹, 158, 159, 161-163, 175.
ROUX, 162.
ROYER, 71¹.
ROUSSEAU (J.-J.), 4.
RUBENS, 175.
Rue des Noyers, 71¹.
» Saint-Jacques, 71¹.
RUSSIE, 181.

S

SAINT-DIÉ, 71¹.
SAINT-ÉTIENNE de Vienne, 6, 172.
SAINT-LAZARE (122).
SAINT-MARIN,
SAINT-NICOLAS du Chardonnet, 122.
SAINT-PAPOUL, 121.
SAINT-SULPICE, (122).
SAURINE, 71¹.
SAVOIE, 161.
Soumission passive, 160.

SÉEZ, 71¹.
SENEZ, 162.
SE.. ET (Marius), 3¹.
SICARD (abbé), 83, 93³, 121¹, 122, 147, 150, 153, 157¹, 159.
SICARD (chan.), 126, 127³, (129), 131¹.
SIMONIN, (144).
SION, 146.
SODOME, 145.
SOMME, 152.
Sorbonne, (122).
SOUABE, 2, 13.
SOULIGNAC, 152.
STAEL (Mme de), 76, 78.
STRENGER, (Gilbert), 199.
STUTTGARD, 13.
SYLVIUS, 31, 33.

T

TARBES, 71¹.
TERTULLIEN, 160.
THÉMINES, 131¹.
THÉODOSE, 46, 47.
THOMAS D'AQUIN (S.), 31-33.
THESSALONIQUE, 46, 47.
TIBÈRE, 192.
TOSCANE, 175.
TOURS, 71¹.
TRENTE, 11.

U

UZUREAU, 79.

V

Vendôme (place), 144.
VENISE, 57.
VÉNUS, 175.
VESOUL, 71¹.
VERSAILLES, 153-157.
VIENNE, 1, 2, 82, 129¹, 163, 172, 198.
VIGNERON, 152.
VOIDEL, 79.
VOLTAIRE, 4.

W

WELLINGTON, 177.

Z

ZELADA (card.), 1, 2, 12, 15

INDEX CHRONOLOGIQUE

1742. — Naissance de l'abbé de Bonneval	2
1759. — Bonneval, chanoine de Paris	3
1780. 16 septembre. — Lettre sur l'assemblée du clergé	3 [1]
1790. 4 février. — Serment à la Constitution	128 [1]
— 6 » — Protestation de M. de Machault	127 [1], (129)
— 10 juillet. — Vote sur la Constitution civile	79
— 24 août. — Louis XVI accepte la constitution civile	79
— 27 novembre. — Décret exécutoire de la constitution civile	3
— 15 décembre. — Lettre écrite d'Œttingen	2
— 26 » — Sanction du décret par Louis XVI	79
1791. Constitution	24
— 16 mars. — Condamnation de la constitution civile	79
— 13 avril. — Bref de Pie VI	79 [2], 130, 131
— 3 mai. — Lettre des évêques au Pape	131 [1]
— 14 septembre. — Constitution acceptée par le roi	131
— 15 » — Protestation des évêques	126, (129)
1792. 14 août. — Serment de liberté-égalité	80
— 3 septembre. — Complément de la formule du serment	80
1793. octobre. — Mémoire contre les jureurs	26 et suiv.
— 1ᵉʳ novembre. — Mort de Bailly	157 [1]
1794. 30 mai. — Décret sur la promesse de fidélité	104, 117
— 24 juin. — Constitution	80
— 27 juillet. — Coup d'Etat du 9 Thermidor	80
— 18 septembre. — La Convention vote la liberté des cultes	80
— 28 » — id.	104, 107, 112, 117
— 2 octobre. — Mort du cardinal de Bernis	81
— 25 décembre. — Réouverture de Saint-Nicolas du Chardonnet	122
1795. février. — Lettre écrite de Fribourg	163
— 21 » — Loi sur la liberté des cultes	80
— avril. — Mémoire de Bonneval sur le serment	27, 29
— 15 mars. — Première encyclique des 4 évêques	71 [1]
— 30 mai. — Décret sur le serment	28
— » — Loi autorisant les communes à rendre les églises	80, 81, 84, 86, 89
1795. 28 septembre. — Second décret sur le serment	28, 83, 134
— 28 octobre. — Loi sur la police des cultes	129
— 13 décembre. — Seconde encyclique des évêques constitutionnels	71 [1]
1796. 1ᵉʳ mars. — Mémoire sur le synode de Versailles	154 [1]
1797. 24 août. — Loi abrogeant la peine de mort contre les prêtres réfractaires	81
1797. 1 septembre. — Suppression des *Annales catholiques*	83 [1]
— 4 » — Révolution du 18 fructidor an V	81, 83 [1]
1799. — Bonneval à Vienne	1, 82
— 9 novembre. — Coup d'Etat du 18 brumaire	81, 83 [1]
— 18 décembre. — Arrêté sur la promesse de fidélité	81
1800. 8 janvier. — *Annales philosophiques*	83 [1]
— 11 janvier. — Loi exigeant la promesse de fidélité	81
1814. 2 mai. — Proclamation de la Charte, par Louis XVIII	167

TABLE DES MATIÈRES

I
Mémoire sur la Constitution Civile du Clergé. 1

II
Mémoire contre les prêtres jureurs 15

III
Deux Traités contre le Serment de 1795 27

I. *Point de Serment à la République*, (avril 1795) 28

IV
II. De l'acte de soumission aux lois de la République (décembre 1793). 83

V
Observations sur la décision du Conseil d'administration du diocèse de Paris 125

VI
Documents contemporains refutant Bonneval. 141

VII
Mémoire sommaire sur la restitution des biens des émigrés, (7 novembre 1814) 163

VIII
Observations sommaires sur la note de Lord Castlereagh, (décembre 1815) 173

Index alphabétique 201

Index chronologique 205

ARTHUR SAVAÈTE, ÉDITEUR, 76, RUE DES SAINTS-PÈRES, PARIS

Nous avons entrepris, sous le titre : Politique, Littérature, Théologie, Philosophie, Arts, Sciences et Religion, la publication de plusieurs séries d'ouvrages d'actualité, dus à des écrivains de grand mérite et du meilleur renom. Nous recommandons donc instamment ces œuvres faites pour dissiper les doutes et les erreurs dont souffre actuellement l'opinion publique ou pour donner, à ceux qui les rechercheront, des distractions littéraires, instructives et honnêtes. Ces séries iront chaque jour se complétant. Ces ouvrages sont en grande majorité du format in-8° carré ou raisin.

Collection Arthur Savaète à 0 fr. 25

La Nécessité du parti catholique, par l'abbé Vial.
Les Abeilles, parallèle entre les abeilles et les religieuses dans leur couvent, par le P. Hilaire.
L'union nécessaire (Conférence), par le P. Léon.
Pour nos anciens élèves (Conférence), par le P. Léon.
Politique et le Clergé (La) (Conférence), par le P. Léon.
Devoir des femmes chrétiennes (Le) (Conférence), par le P. Léon.
Notre faiblesse (Conférence), par le P. Léon.
Pour la Jeunesse de nos Écoles (Conférence), par le P. Léon.
Politique et Patriotisme : Lettre à M. Lemire, député d'Hazebrouck, par Mgr J. Fèvre. (2° *Lettre au même*, voir collection à 0 fr. 40 ci-après).

Collection Arthur Savaète à 0 fr. 40

Louis Pasteur, le savant et le chrétien, par l'abbé Flahaut.
La seconde aux Corinthiens, lettre à l'abbé Lemire, par Mgr Justin Fèvre.
Lettre ouverte à M. Massé, député, sur la liberté de l'enseignement privé, suivie du projet de loi relatif à cet enseignement, par X.

Collection Arthur Savaète à 0 fr. 50

Le Concile national, par Mgr Justin Fèvre. In-8° br.
Les Catholiques et les élections, par Mgr Delamaire, archevêque de Cambrai. In-8° br.
Les Jaunes, leur origine et leur avenir, par Ferdinand Cochet, O. P. M.
La trahison du Grand Rabbin de France : révélations accablantes, par l'abbé Vial.
Pourquoi faut-il être antisémite, *du même* (0 fr. 50 franco).
Passion et Passion, la Passion du Sauveur et des religieux en France, par Jean Lefaure.
La vénérable Jeanne d'Arc : petite vie abrégée, en vers, par l'abbé Malassagne.

Collection Arthur Savaète à 0 fr. 75

Un poète abbé (Delille), par Louis Audiat.
Proscription des Religieuses enseignantes, par Mgr Justin Fèvre.
Proscription des Ordres religieux (La). Protestation d'un croyant, par Mgr Justin Fèvre.
La crise maçonnique en France, par François Veuillot.
La situation religieuse aux États-Unis : Réalités et illusions, par le R. P. At.
Taine, esthète, philosophe et historien, par le P. At. In-8 carré.
Caro, philosophe, par le P. At. In-8 carré.
Une Inspiratrice de Liszt : la princesse Carolyne Sayn-Wittgenstein, par Albert Savine.

L'Abomination et la Désolation. Lettre aux évêques de France, par Mgr Justin Fèvre.

Lettre encyclique de S. S. Pie X sur les doctrines des Modernistes, suivie des propositions condamnées (ou Nouveau Syllabus, in-8°).

Magnificat, élévation et commentaires, par le P. Le Tallec, S. J. Relié : 1 fr. 50.

Les Partis Conservateurs et le Clergé devant les leçons du scrutin, par Paul Lapeyre.

L'Erreur capitale du Clergé français au XIX° siècle et la Liberté de l'enseignement. Réponse aux Fantaisies de l'abbé Garilhe, par le Père Fontaine.

Les Fantaisies d'un Erudit et l'orthodoxie catholique, par le P. Fontaine.

Collection Arthur Savaète à 1 franc

Botrel, le barde breton, poésies et chansons chrét., av. portraits, par J. Renault.

Catholiques ou Francs-Maçons, par X.

Louis Veuillot (sa vie, ses œuvres), par M. l'abbé Louis Bascoul.

Victor Palmé, sa vie, son œuvre par Mgr Justin Fèvre.

Le Juif Talmudiste, par Rohling et Lamarque.

Le Bienheureux Pape Urbain V, par dom Bérengier.

A qui appartiennent les Églises, par l'abbé Verdier, lic. en droit canon.

La duchesse de La Rochefoucauld-Doudeauville, par Mgr Tilloy.

L'Histoire courte de la Météorologie en Hongrie, par François Fenyve. in-8 carré.

Collection Arthur Savaète à 1 fr. 50

Massacre des Mobiles de la Marne à Passavant (1870), par l'abbé Patoux. In-8°.

Mgr Merry del Val, sous-secrétaire d'Etat de S. S. Pie X, avec portrait, par Mgr Justin Fèvre.

Gratry : Sa philosophie, son apologétique, par le R. P. At.

Clef de « Volupté », Sainte-Beuve, Victor Hugo et Lamennais, par Christian Maréchal.

Constantin-le-Grand. Etudes nouvelles sur son baptême et sa vie chrétienne par le R. P. Philpin de Rivière, in-8°.

L'Église et la Démocratie, par le R. P. At.

Rimes d'un croyant (poésies), par le comte du Fresnel

Rimes d'un Père (poésies), *du même*.

Rimes d'un soldat (poésies), *du même*.

Mise en accusation du ministère Combes, par Mgr Justin Fèvre.

Un missionnaire poitevin en Chine, par dom Chamard.

Primevères (poésies), par dom Fourier Bonnard.

Mgr Le Camus et les études ecclésiastiques au grand Séminaire de La Rochelle, par deux prêtres du diocèse.

Mgr Paul Guérin, *sa vie, ses œuvres*, par Mgr J. Fèvre.

La Passion de Jésus-Christ, drame en vers, in-12 broché, par l'abbé Dubois

La Langue française et son orthographe devant une chambre académique ou Solution de la Question orthographique, par L. Gonthier, avec approbation de Louis Havet, de l'Institut, et de Paul Passy, directeur de l'Ecole des Hautes Etudes.

Collection Arthur Savaète à 2 francs

Le Centenaire de Mgr Dupanloup, par Mgr Justin Fèvre.

Le cas de M. Henri Lasserre, Lourdes et Rome, par l'abbé Paulin Moniquet.

Pie X, Pontife et Souverain, avec portrait, par Mgr Justin Fèvre.
La Puissance divine du sacerdoce catholique, par Mgr Justin Fèvre.
Lettres de Y. à Z. (1re série), Dupanloup et son historien, par V., docteur en théologie et droit canonique.
Lettres de Y. à Z. (2e série), la Justice de l'Histoire, Grégoire VII et Bossuet, du même.
Lettres de Y. à Z. (3e série), réponse à M. Ingold, Bossuet et le Jansénisme, du même.
Lettres de Y. à Z. : L'affadissement du sel. Catholicisme et libéralisme, 4e série.
Les Espagnols d'autrefois, par dom Rabory.
Parmi les nôtres, roman, par Dange. In-8° br.
Lamennais et Victor Hugo, In-8°, par Christian Maréchal.
La Fille du Sonneur, par Eliane de Kernac.
Un Complot libéral contre la Sainte Eglise. Réponse à la supplique des vingt-quatre cardinaux laïques à l'épiscopat français, par Mgr Justin Fèvre. In-8° carré.
Etudes sur la Révocation de l'Edit de Nantes : Poètes Cévenols, par l'abbé Rouquette. (Voir le complément dans les coll. à 3 fr. 50 et 7 fr. 50).
Histoire de Monseigneur Parisis, évêque de Langres, par Mgr Justin Fèvre.
Etude sur Joseph de Maistre, par E. F. et Arthur Savaète.
Le Sens littéral du texte biblique et les Sciences profanes : Pluralité des Mondes ; les Six Jours de la Création ; Job et son livre, in-8 carré, par l'abbé Chauvel.
Voix Canadiennes : Vers l'Abîme, documents inédits de Mgr Bourget, Mgr Laflèche, etc., par Arthur Savaète. In-8°.
Causeries Franco-Canadiennes : Wilfrid Laurier ; les Biens des Jésuites ; le Tri-Centenaire ; l'Avenir du Canada, par Arthur Savaète.
Le Moine Bénédictin, par Dom Besse.
Napoléon 1er à l'Ecole royale de Brienne, avec 2 gravures. In-18 broché, par M. A. Assier.
Liber Psalmorum hebraicæ veritati restitutus, par le P. François de Bénéjac.
L'Emile Zola « de Paris », par Merlier.
Colonel comte de Villebois-Mareuil, l'héroïsme français au Transvaal, par Simon, marquis de Beau-Carré.
Le Trio, juifs protestants et francs-maçons, par Jules Aper.
Catalogues épiscopaux, réponse à l'abbé Duchesne, sur l'origine des diocèses dans les Gaules, par l'abbé Trouet.
Actes de Saint-Denis de Paris, par le chanoine Davin.
Anne d'Orléans, première reine de Sardaigne, par la comtesse de Faverges.
Au pays de Sainte Germaine, étude d'hagiographie et d'art, par Henri Lambercy.
Les idées d'un vieux Goupillon, ou le pourquoi de la guerre atroce que la Toge et le Bistouri font au Sabre ou au Goupillon, essai politique. In-8° br.
Les Etapes d'un poète (poésies), par M. Gérard de Lacmer. In-12 br.
Le médecin et les médicaments chez soi, par le Dr Trosseille, in-12 (recommandé)
La femme et la mère. Soins à donner à l'une et à l'autre, *du même*.

Collection Arthur Savaète à 2 fr. 50

Séjour des jeunes Français et Françaises à l'étranger, par l'abbé Mocquillon. In-12.
Etudes sur la Révolution.

Les Liens intimes entre le Paradis Terrestre et le Calvaire : Fruit défendu et l'arbre de vie, par l'abbé Chauvel.
Grande Escroquerie (la), veau-légat des Congrégations, par Jos. Lamarque.
La Cuvette du Vatican, par Mgr Guérin.
Le Saint National, par Henri Marchand.
Jérusalem, cinq ans après, une fuite en Égypte, par Mme Ravélaire.
Faut-il fermer Lourdes, au nom de l'Hygiène, réponse de 4.500 médecins : Non, par le Dr Vincent.

Collection Arthur Savaète à 2 francs

Nazareth ou les *Lois chrétiennes de la Famille*. Conférences prêchées par le R. P. Constant, des Frères Prêcheurs.
Le Père Aubry et la réforme des Études ecclésiastiques, par Mgr Justin Fèvre.
Sainte Marie-Madeleine, d'après les Écritures et la tradition, tome I, par M. l'abbé M. Sicard. (Tome II, voir collection à 5 francs).
Les Leçons de l'Histoire contemporaine, par Arthur Savaète, in-8°.
Le Socialisme, ce qu'il est, par l'abbé Patoux. In-8° carré.
L'abbé du Chayla ou le Clergé des Cévennes (1700 à 1703). La vérité sur la guerre des Camisards, origine, faits et conséquences, documents inédits, par l'abbé Rouquette. In-8 carré. (Voir complément coll. à 2 fr. et 7 fr. 50).
Le vrai Féminisme, le vrai rôle de la Femme dans la Société, par l'abbé Rouquette, in-8°.
Études de l'Histoire juive, avant Jésus-Christ, par l'abbé Barret, in-8°.
Études de l'Histoire juive : le Messie, *du même*.
Conférences religieuses, par le R. P. Constant, tome III. (Voir tomes I, II, IV et V dans les collections à 5 fr. et 3 fr. 50).
Le Mariage de Paul Larivière, par Gontran de Métigny, in-8 carré.
Historiettes et petits Riens, par l'abbé Baulez.
Le Roman de l'Espagne héroïque, par Gaston Routier.
Désolation dans le Sanctuaire (La), par Mgr Justin Fèvre.
Abomination dans le Saint Lieu (L') par Mgr Justin Fèvre.
Carnet d'un officier, Œuvre posthume, considérations philosophiques du commandant Léon Guez, chef d'état-major, par dom Rabory.
Zuléma, roman héroïque, par Arthur Savaète.
Légendes Hagiographiques (les), par le P. Delehaye, bollandiste. 2e édit.
Le Bossuet de la prédication contemporaine, par l'abbé Regourd. In-8° br.
Les Pensées de l'éternelle Vie, par Mme Nottat.

Collection Arthur Savaète à 2 fr. 50

Autour d'une brochure : Le prétendu mariage de Bossuet. 7 lettres ouvertes à M. Arthur Savaète, directeur de la *Revue du Monde Catholique*, par Z., docteur ès lettres, suivi d'une étude sur le même sujet de Mgr Justin Fèvre.
Notre-Dame de Chartres, histoire et description de la cathédrale, par Alexandre Assier.
Charles Périn, le créateur de l'économie politique chrétienne, par Mgr Fèvre.
L'Histoire du droit canon gallican : 1° L'Organisation nationale du clergé de France ; 2° les remontrances du clergé de France ; 3° curiosités liturgiques ; par le R. P. At.
M. Émile Ollivier, sa vie, ses œuvres, son action politique, par Mgr J. Fèvre.
Jésus-Christ, prototype de l'humanité. In-8° broché, par Mgr Fèvre.
La Chine supérieure à la France, par Tong Ouên Hién, mandarin chinois.

ARTHUR SAVAÈTE, ÉDITEUR, 76, RUE DES SAINTS-PÈRES, PARIS

Conférences religieuses, par le R. P. Constant, tome II. (Voir tomes I, III et IV et V dans les collections à 3 et 4 francs).

Rome au XX° siècle, par M. Denis Guibert, Vol. in-12.

La Cour de Gambetta, par Francis Laur, documents inédits. In-12 carré.

Les Églises orientales, par Mgr Tilloy.

Le Juif sectaire, par l'abbé Vial.

La Question macédonienne, par Gaston Routier, in-18.

La Macédoine et les Puissances, du même.

Dix-huit années de Scolasticat et de Régence, en diverses maisons de la C¹ᵉ de Jésus, par Jules Rumette.

Légendes de Mort et d'Amour, par Gaston Routier, in-12.

L'Art d'être heureux, par Victor Vidal.

Origines de Notre-Dame de Lourdes (Les), par l'abbé Paulin Moniquet.

Roman d'un Jésuite (le), par Benguy d'Hagverne.

La Dame Blanche du Val d'Halid, par Arthur Savaète.

La Main noire, suite du précédent, par Arthur Savaète.

Styles et Caractères, par G. Legrand.

Grandeur et décadence des Français, par Gaston Routier.

Au jour le jour, nouvelles, par Fritz Masoin.

Le Mont Saint-Michel, « au Péril de la Mer », illustré, par E. Goethals.

Les Miracles historiques du Saint Sacrement, par le P. Eugène Coult.

Notre-Dame de Lourdes, par H. Lasserre.

Bernadette, par H. Lasserre.

Les Episodes miraculeux de Notre-Dame de Lourdes, par H. Lasserre.

Collection Arthur Savaète à 4 francs

La Botanique médicale, au Presbytère et dans la Famille. Plantes hygiéniques et leur emploi dans toutes les maladies, par un curé de campagne. In-8° carré.

Quarante-cinq assemblées de la Sorbonne pour la censure du primat, et des prélats de Hongrie, qui ont condamné la Déclaration du clergé de France en 1682, par le chanoine Davin.

Grippart, histoire d'un bien de moine ; nombreuses illustrations, par le R. P. Charles Clair, de la Société de Jésus.

Un parfait catholique, Jean-Marie d'Estrade, bienfaiteur de Bagnères-de-Bigorre, par l'abbé Paulin Moniquet (franco 4 fr. 50).

Signes de la fin d'un Monde (les), avec suppᵗ, 3ᵉ édit., par Jean-du-Valdor.

La Liberté de conscience en face des erreurs modernes, par l'abbé A. Patoux-Gros vol. in-8° br.

L'éternelle Question, par Mme Nottat.

Collection Arthur Savaète à 5 francs

Etude critique sur Bossuet, par le chanoine Davin.

Conférences religieuses : Péchés de la langue ; Merveilles de la loi des saints ; l'Incarnation, la Lumière et divers sujets, par le P. Constant, des Pères Prêcheurs. 2 volumes à 5 francs (voir pour le compl. collections à 3 fr. et 3 fr. 50.)

Les Juifs devant l'Eglise et l'Histoire, par le R. P. Constant.

Vie nouvelle du saint curé d'Ars, par Jean d'Arche.

Soirées Franco-Russes, 4° Soirée, Choses d'Orient, questions arménienne grecque, macédonienne, par Arthur Savaète (voir 1ʳᵉ, 2ᵉ et 3ᵉ Soirées dans les coll. à 2 fr., 3 fr. et 3 fr. 50).

La Vénérable Jeanne d'Arc. In-8° broché, par l'abbé Malassagne.

ARTHUR SAVAÈTE, ÉDITEUR, 76, RUE DES SAINTS-PÈRES, PARIS

Sainte Marie-Madeleine, son histoire et son culte, par l'abbé Sicard, tome II. In-8°. (Voir tome I à la collection à 3 francs).
Vie de la Bienheureuse Mère Julie Billiart (3e édition), par le P. Ch. Clair, revue et augmentée par le P. E. Grisello, S. J. In-9.
Voyage d'un Allemand en France en 1874, par H. Hansjacob, traduit de l'allemand par M. Virat, Fort in-8°.
Joseph Reinach historien, révision de l'histoire de l'affaire Dreyfus, par Dutrait-Crozon, préface par Charles Maurras.
Chinois et Chinoiseries, illustré, par Pol Korigan.
L'Art de faire un homme (éducation rationnelle et moderne), par l'abbé Macquillan.
Rivales amies (les), roman, par Arthur Savaète.
Voyage chez les Anciens, ou l'économie rurale dans l'antiquité, par le chanoine Beauredon.
Rôle de la Papauté dans la Société (le), par le chanoine Fournier.
En Tyrol, Histoire et Légende (poésies) illustré, par le R. P. Ch. Clair S.-J.

Collection Arthur Savaète à 6 francs

L'Allemagne, tome 1er, les Germains et le Catholicisme, par Mgr Justin Fèvre.
L'Allemagne, tome II. Le Protestantisme et l'Empire, du même.
Le Pontificat de Léon XIII, tomes 43e, 44e de l'Histoire universelle de l'Église de l'abbé Darras, continuée par Mgr Justin Fèvre. 2 forts volumes, 12 francs. (Nous fournissons tous autres volumes du grand Darras au prix de 6 francs.
Darras, le tome V et dernier du petit Darras, par Mgr Justin Fèvre. In-8°. 6 fr.
Estelle, poème en vers français et en vers provençaux en regard, par T. Houchart.
Le divin Voyageur, magn. illustrations.
Le Pape et la Liberté, par le P. Constant.
Notice et Souvenirs de Famille par la Comtesse de Rœderer.
Les Folies du Temps en matière de religion, par Poujoulat.
Le cardinal Gousset, sa vie, ses œuvres, son influence, par M. le chanoine Gousset, in-8° avec portrait.

Collection Arthur Savaète à 7 fr. 50

Études sur la Révocation de l'Édit de Nantes en Languedoc, tome III. Les Fugitifs, leurs biens ; listes détaillées et complètes de tous les émigrés, par l'abbé Rouquette. (Voir tomes I et II dans collections à 2 fr. et 3 fr.)
Fleur merveilleuse de Woxindon (La), par le P. Spillmann, traduit de l'allemand.
L'Exégèse Traditionnelle et l'Exégèse Critique, par l'abbé Dessailly.
Origine et Progrès de l'Education en Amérique, par Charles Barneaud.
Alphonse XIII, roi d'Espagne, illustré, par Gaston Routier.
La Servante de D'eu : *Louise-Edmée Ancelot*. Veuve de M° Lachaud, avocat à Paris, par l'abbé Paulin Moniquet.

Collection Arthur Savaète à 8 francs

Les Représentants du Peuple en mission près les armées 1793-1797. D'après le dépôt de la Guerre, les séances de la Convention, les archives nationales, par Bonnal de Ganges, conservateur des archives au dépôt de la Guerre, 4 volumes :

Tome I. — Le conseil exécutif et les représentants . . . . 8 fr
Tome II. — Les partis et les représentants aux armées. . . . . . . 8 fr.

ARTHUR SAVAÈTE, ÉDITEUR, 76, RUE DES SAINTS-PÈRES, PARIS

Tome III. — Les volontaires et les représentants aux frontières . . . . . . 6 fr.
Tome IV. — Les représentants et l'œuvre des armées . . . . 8 fr.
Soirées Franco-Russes : 1re Soirée : Mort de Louis II de Bavière ; 2e Soirée : Mort de Rodolphe ; 3e Soirée : Boëra et Afrikanders ; les 3 soirées réunies en un seul vol. avec portrait de l'auteur, par Arthur Savaète. (Chaque soirée se vend séparément : la 1re, 2 fr. ; la 2e, 3 fr. 50 ; la 3e, 3 fr. 50 ; la 4e, Choses d'Orient, 5 francs.)
Passion méditée au pied du St-Sacrement (La), en 3 volumes, par le P. Jos. Chauvin.
Origines et Responsabilités de l'insurrection vendéenne, par Dom Chamard.
Les Anges et les temps présents, par l'abbé Grand Clément. In-8.

Collection Arthur Savaète à 10 fr.

Histoire de l'Abbaye Royale et de l'ordre des chanoines réguliers de Saint-Victor de Paris, de l'origine à 1500, tome I, par Fourier Bonnard. 10 fr.
La même, de 1500 à 1792, par le même, tome II, (ouvrage couronné par l'Académie). 10 fr.
Mgr d'Hulst (recueil de souvenirs), avec un portrait, couverture parchemin.
Bibliotheca hagiographica græca des Bollandistes, 1 vol. 10 fr., relié 13 fr.

Memento. — Nos grandes Publications

Acta Sanctorum des Bollandistes, 66 vol. in folio, 3660 fr. broché, net. 2400 fr.
Le même, relié demi-chagrin 4050 francs. net 2800 fr.
Le même, relié pleine toile 4000 fr., net 3600 fr.
Acta Sanctorum à la portée de tous : Nous fournissons toute Vie de Saint en feuilles détachées de la grande collection des Bollandistes, à raison de 5 *francs* la feuille in folio de 8 pages sur deux colonnes.
Acta Sanctorum derniers volumes parus : le *Propylæum ad Acta Sanctorum novembris*, in-folio *60 francs* ; le tome II de Novembre (pars prior), fort in folio 75 *francs* ; le tome VI d'octobre (réédition Savaète), 75 *francs*.
Auctaria ad Acta Sanctorum Octobris, fascicule de 250 pages, manquant à la plupart des collections : *25 francs*.
Acta Sanctorum des bollandistes, pour paraître en 1908 et 1909, 1° *le tome II de novembre* (pars posterior), 75 francs ; et 2° *le tome III de novembre*, 75 francs. (Souscrire dès ce jour).
Acta Sanctorum : Suppléments aux bollandistes, par l'abbé Narbey, tome I, petit in-folio *60 francs*. ; tome II, les 24 premières livraisons parues *40 fr.*
Gallia Christiana, 12 vol. in-folio, 900 fr., net . . . . 180 fr.
Histoire littéraire de la France, 17 vol. in-4°, 350 fr., net. . . . 100 fr.
Dictionnaire des Dictionnaires, par Mgr P. Guérin, 6 vol. in-4°, 180 fr net 45 fr. Le même, relié 210 fr., net . . . . 75 fr.
Analecta Bollandiana des Pères Bollandistes, 25 vol. à 15 fr. le volume ; les 25 volumes . . . . 375 fr.
Compendiosa Sancti Thomæ Aquinatis Summa theologica, par M. l'abbé Maurel, approuvé par S. Em. le card. Bourret. Cet ouvrage réduit en traités avec leurs divisions et subdivisions, avec l'indication des questions de la *Somme* correspondantes, 5 vol. in-12 . . . . 18 fr.
Traité théorique et pratique du Droit canonique (en français) à l'usage du Clergé et des Séminaires, par Mgr Anselme Tilloy.
1. Partie du maître. 2 forts volumes in-8 . . . . 15 fr.
2. Partie de l'élève. 2 forts volumes in-12 . . . . 10 fr.
Monumenta Ecclesiæ Liturgica, par les RR. PP. Bénédictins. Le tome I, *Relliquiæ* liturgicæ *Vetustissimæ*. Sectio prima. 1 fort vol. gr. in-4° CCXVI — 276-204. Prix . . . . 75 fr.

Le tome V. *Liturgia mozarabica vetus. Liber Ordinum*, in-4°, 60 fr. ; rel 65 fr. Cette collection se composera d'environ 15 tomes qui formeront chacun un tout complet.

S. Bonaventuræ *opera omnia*, par l'abbé Peltier, 15 vol. in-4°. br. . . 400 fr.
Joannis Duns Scoti *opera omnia*. 26 vol. in-4°, br. . . . . 600 fr.
S. Thomæ Aquinatis *opera omnia*. 34 vol. in-4°, br. . . . . . . 450 fr.
Divi Thomæ Aquinatis Catena aurea, 3 vol. 16 fr. ; en gros caract., rel. 24 fr.
Saint Augustin (œuvres complètes), traduction bénédictine, par Mgr Peyrone. etc., avec texte latin, 34 vol. . . . . 350 fr.
Saint Jean Chrysostome (œuvres complètes) traduction française de l'abbé Bareille, avec texte grec. 21 vol. in-4°, br. . . . . 420 fr.
— Texte français seul, 21 vol. in-8. . . . . 126 fr.
Saint Jérôme (œuvres complètes) traduit par l'abbé Bareille et Mgr Peyrone 18 vol. in-4°, br . . . . 216 fr.
Summa Summæ S. Thomæ, par Billuart, etc. 6 vol. in-12, br. . . . 26 fr.
Saint Thomas d'Aquin, commentaires des épîtres de saint Paul, traduit par l'abbé Bralé. 6 vol. in-8. . . . . 45 fr.
Saint Thomas d'Aquin, Somme théologique, trad. en français et annotée, par Lachat. 16 vol. in-8 . . . . 128 fr.
Saint Thomas d'Aquin, Opuscules théologiques et philosophiques traduit par Bandel, etc. 7 vol. in-8, broché . . . . 42 fr.
Clypeus theologiæ thomisticæ autore Joanne Baptista Gonet. 6 v. in-4°, br. 120 fr.
Dogmata theologica Dionysii Petavii, S. J, 8 vol. in-4°, broché . 100 fr.
Ioannis de Lugo, S. J, *opera omnia*, 8 vol. in-4°, br. . . . . . . 300 fr.
Collegii Salmanticensis Cursus theologicus, 20 vol. in-4°, br. . . . 200 fr.
Chaque volume séparé. . . . . 10 fr.
Ludovici Thomassini Dogmata theologica, par Ecalle. 7 vol. in-4°, br. 120 fr.
Louis de Grenade (œuvres complètes), traduites de l'espagnol et du latin par Bareille, etc. 22 vol. in-8°, br. . . . . 180 fr.
Commentaria in Scripturam Sacram R. P. Cornelii a Lapide, S. J., revus par Mgr Péronne et Crampon. 26 vol. in-4°, br. . . . . 200 fr.
Id. Une collection d'occasion en 26 vol., br. . . . . 150 fr.
Œuvres complètes de Bossuet, par Lachat, 31 vol. in-8, br. . . . 100 fr.
Les mêmes, commentaires, par Guillaume. 10 forts vol. in-4°, br. . 70 fr.
Œuvres de Saint Alphonse de Liguori, traduit par l'abbé Peltier. 20 v. in-8, broché . . . . 120 fr.
Cours de religion, d'après le P. Wilmers, S. J., par l'abbé Grosse. 7 vol. in-8, br. . . . . 45 fr.
Grand Catéchisme du P. Canisius, traduit par l'abbé Peltier. 7 vol. in-8, br. 36 fr.
Bible d'Allioli, traduite par l'abbé Gimarey. 8 vol. in-8°, br. . . . 40 fr.
La Sainte Bible à l'usage des Familles, a paru le tome I, fort vol. in-8° jésus illustré et pouvant être mis entre toutes les mains. L'ouvrage formera 3 volumes. Chaque volume broché, 12 fr., relié . . . . 15 fr.
Vies des Saints de Ribadeneira pour lecture en famille. 1 fort vol. in-4°, br. 16 fr., relié . . . . 20 fr.
La même, édition originale en un et deux vol. in-folio, reliés plein veau. 50 fr.
Petits Bollandistes (Les), Vie des Saints, par Mgr Guérin, complétés par Don Piolin. 20 vol. in-8, net : 90 fr. — Edition originale, relié veau. 19 fr.
La Vie des Saints, par Mgr Guérin, d'après Giry, etc. 4 v. in-12, 16 fr., rel. 25 fr.
Les Saints militaires, vies et notices avec martyrologe, par l'abbé Profillet. 6 vol. in-12 . . . . 20 fr.
Histoire universelle de l'Église, par l'abbé Darras, continuée par Mgr Justin Fèvre. 46 vol. in-8°. . . . . 276 fr.

Librairie SAVAÈTE, ÉDITEUR, 76, RUE DES SAINTS-PÈRES, PARIS

La chasse à travers les âges, par le comte de Chabot, couronné par l'Académie, prix à l'Exposition de 1900, édition rare et recherchée.
Prix, broché : 50 fr. — Papier Japon : 150 fr.

Histoire de saint Vincent Ferrier par le P. Fages. 2 forts vol. illustrés et le Procès de sa canonisation, 1 vol. ; Prix des 3 vol. . . . . . 20 fr.

La Vie des Saints, par Mgr Guérin, illustré par Yan d'Argent, sur japon. 200 fr.
Papier de luxe, 1 ou 2 vol. relié : 65 fr. Édition populaire en 4 vol. in-8°, br. ill. 29 fr.

Épisodes miraculeux de N.-D. de Lourdes, par H. Lasserre, broché, 25 fr. relié, 30 et . . . . 35 fr.

N.-D. de Lourdes, du même, broché, 25 fr. Relié, 30 et . . . . . 35 fr.

La Chevalerie, par Léon Gautier, 1 fort volume, relié, 30 et . . . . 35 fr.

Imbert de Saint-Amand, in-4°, ill. La Cour de l'Impératrice Joséphine, 38 fr.
La jeunesse de Louis-Philippe et de la Reine Marie-Amélie. . . . 30 fr.
La Cour de Louis XVIII. 30 fr. — La Cour de Charles X. . . . . 30 fr.
La duchesse de Berry. . . . . 30 fr.

La Papauté devant l'histoire, par le chanoine François Fournier, édition luxueuse et illustrée du portrait de l'auteur, de celui de tous les papes avec leurs armoiries respectives, figurines, lettrines, culs-de-lampes. 2 forts volumes grand in-4° de plus de 908 pages chacun, broché, 50 fr. et relié : 60 et 65 fr.

Les Conciles généraux et particuliers et le Concile du Vatican, par Mgr Guérin, nouvelle édition. 4 vol. in-8° 23 50

Histoire critique du catholicisme libéral en France jusqu'au pontificat de Léon XIII, par Mgr Justin Fèvre, complément de toutes les Histoires de l'Église. 1 vol. in-8, 556 pages . . . . 5 fr.

Vie de sainte Thérèse, par les RR. PP. Bollandistes, un fort v. in-folio ill. 75 fr.

Vita Jesu Christi, par Ludolphus de Saxonia. 1 fort vol. in-folio. . . 50 fr.
Diverses reliures : 55, 60 et . . . . 75 fr.

VA PARAITRE EN OCTOBRE

COMPENDIOSA SUMMA THEOLOGICA
SANCTI THOMÆ AQUINATIS

Par l'abbé MAUREL

En 5 volumes in-12 dont 4 sont en vente

PRIX : 18 FRANCS

C'est, par un travail long et consciencieux, auquel le cardinal Bourret a rendu un précieux hommage, la Somme de saint Thomas réduite en traité méthodique et mise ainsi à la portée de tous.

PATROLOGIA SYRIACA

PUBLIÉE SOUS LA DIRECTION DE

Mgr GRAFFIN, PRÉLAT DE SA SAINTETÉ

PROFESSEUR A L'INSTITUT CATHOLIQUE DE PARIS.

Cette collection, entreprise par Mgr Graffin avant la Patrologie orientale, forme maintenant une partie de cette dernière.

Tandis que la Patrologie orientale admet des traductions en langues vulgaires et superpose le texte à sa traduction, la Patrologie syriaque ne comporte que des traductions latines et juxtapose (sur colonnes parallèles) le texte et sa traduction. De plus, la Patrologie syriaque donne un texte vocalisé avec les variantes de tous les manuscrits accessibles et ajoute des tables des matières et de tous les mots syriaques employés par chaque auteur; elle suit à peu près l'ordre chronologique et entend donner des éditions aussi définitives qu'on peut le faire aujourd'hui. En somme, ces deux publications (Patrologie orientale et Patrologie syriaque) se complètent et ne contiendront pas les mêmes textes syriaques.

Ont déjà paru. :

TOME I. — APHRAATE, **Homélie I-XXII** (écrites en syriaque de 337 à 345 au temps de la persécution de Sapor II).

Un volume gr. in-8°, format de Migne, de LXXX pages et 1053 colonnes, 30 francs.

TOME II, — *a).* APHRAATE, **Homélie XXIII**, Table des matières et des mots syriaques d'Aphraate 1-489 ; — *b).* BARDESANE, **Le livre des lois des pays** (écrit vers l'an 200), Table des matières et des mots syriaques de Bardesane, 490-658 ; — *c).* **Siméon Bar Sabbâé** (martyrisé sous Sapor en 341). Les diverses rédactions de son histoire et les hymnes qui lui sont attribuées ; Tables des matières et des mots, 659-1055 ; — *d).* **L'apocalypse de Baruch,** 1056-1207 ; — *e).* **Lettre de Baruch,** Table des mots et des matières pour les apocryphes de Baruch, 1208-1306 ; —*f).* **Testament d'Adam,** 1307-1361 ; — *g).* **Appendice au testament d'Adam** : Le texte grec des Apotelesmata (talismans) d'Apollonius de Tyane, Table des mots syriaques et des noms propres grecs.

Un volume gr. in-8°, format de Migne, 1428 pages ou colonnes, 30 fr.

Va paraître :

TOME IV. — **Le livre des degrés,** ouvrage ascétique syrien du IV° siècle, publié par le Dr M. KMOSKO, professeur à la faculté de Budapesth.

En préparation :

TOME III. — **Clementis Romani opera.** Quæ supersunt syriace.

ARTHUR SAVAÈTE, ÉDITEUR, 76, RUE DES SAINTS-PÈRES, PARIS

NOTRE-DAME DE LOURDES
PAR
H. LASSERRE

1 vol. in-12 de xii-404 pages, orné de 2 gravures. Prix : 3 fr. 50
LE MÊME, 1 vol. in-8° illustré. Prix . . . . 3 fr. 50
LE MÊME, 2° édition illustrée, ornée de 15 gravures, titre rouge et noir. 1 vol. grand in-8° de viii-388 pages. Prix. . . . . 7 fr. 50
LE MÊME, un beau vol. in-4° illustré d'encadrements variés à chaque page et de chromolithographies. Broché. . . . . 25 fr.
Relié percaline avec plaques spéciales, tranches dorées . . . . . 30 fr.
Relié dos chagrin, tranches et ornements dorés . . . . 35 fr.

Les Épisodes miraculeux de Lourdes
Du même. In-12, br. Prix : 3 fr. 50

LES MÊMES, 1 vol. grand in-8°, broché. Prix . . . . 7 fr. 50
LES MÊMES (Édition artistique Palmé). Un beau vol. in-4° illustré par YAN'DARGENT. Encadrements variés à chaque page et chromolithographie. Broché . . . . 25 fr.
Relié percaline, plaques spéciales, tranches dorées. . . . . . . 30 fr.
Relié dos chagrin, tranches et ornements dorés . . . . 35 fr.
Relié amateur, dos et coins chagrin, tranche supérieure dorée. . . 35 fr.

BERNADETTE, SŒUR MARIE-BERNARD

1 beau volume in-18 jésus de 430 pages, illustré de nombreuses gravures, quatorzième édition. Prix. . . . . 3 fr.
— Le même, un vol. in-8° illustré, broché . . . . 7 fr. 50

MOIS DE MARIE DE N.-D. DE LOURDES

Abrégé de Notre-Dame de Lourdes, divisé en 31 lectures avec une prière spéciale à la fin de chaque lecture. 1 vol. in-18 jésus, 19 × 12. Prix . . . . 2 fr.

Nouveau Mois de Marie de Notre-Dame de Lourdes

Récents épisodes avec une prière spéciale après chaque lecture, faisant suite au Mois de Marie de Notre-Dame de Lourdes. 1 volume in-18 jésus, 19 × 12. Prix. . . . . 2 fr.

LE CAS DE M. HENRI LASSERRE
LOURDES et ROME
Par l'Abbé PAULIN-MONIQUET

1 vol. in-8° carré . . . . 2 fr.

LES ORIGINES DE N.-D. DE LOURDES

Défense des Évêques de Tarbes et des Missionnaires de Lourdes, examen critique de divers écrits de M. H. Lasserre par l'abbé PAULIN MONIQUET. 1 vol. in-12 de 500 . . . . 3 fr. 50

ARTHUR SAVAÈTE, ÉDITEUR, — 76, RUE DES SAINTS-PÈRES, — PARIS.

OCCASIONS pour nos CLIENTS

Gallia Christiana, chacun des tomes suivants : I, II, III, IV, V-VII, VIII, IX, X, XI, XII et XIII, forts volumes in-folio, *neufs*, au lieu de 75 fr.	15 fr.
Dictionnaire des Dictionnaires, 6 forts vol. in-4° sur 3 col., au lieu de 180 fr.	45 fr.
et reliés 1/2 chagrin	75 fr.
Encyclopédie populaire, de Pierre CONIL, 2 forts vol. reliés 32 fr., net.	16 fr.
Vie des Saints, de Mgr GUÉRIN, illustrée par VAN DAROENT, édit. princeps sur papier japon 200 fr., net.	100 fr.
Suarez, opera omnia, édition VIVÈS, 30 vol. 800 fr., net	400 fr.
Saint Augustin, édition MIGNE, 16 vol. 160 fr., net	100 fr.
Saint Augustin, édit. Bénédictine, Anvers 1701, 6 vol. in-folio, reliés veau, parfait état.	200 fr.
Biblia Sacra, vulg. édit., Sixte V etc., Lyon 1743, in-4°.	15 fr.
Id. id. édit. 1710 et édit. 1732, grand in-12, relié veau	10 fr.
Id. id. édit. d'Anvers 1631, pl. veau in-4°	25 fr.
Sainte Bible, ancien et nouveau Testament en français, par LE MAISTRE DE SACI, Paris 1714, pl. veau, in-folio	50 fr.
Sainte Bible en français de CARRIÈRE, 15 vol. reliés.	35 fr.
Bibliotheca Veterum Patrum, Paris 1624. On offre le tome II, prix à débattre, ou on demande le tome I, édition 1624, in-folio	
Dictionnaire Encyclopédique de la Théologie de GŒSCHLER, 1/2 rel. 26 vol.	55 fr.
Démonstrations Evangéliques, édit. MIGNE, 20 vol. in-4° 120 fr., net.	70 fr.
Dictionnaire pittoresque d'Histoire naturelle, 9 vol. grand in-8°, relié.	100 fr.
Divi Joannis Chrysostomi opera, édit. 1539, 2 vol. in-folio. On les offre ou on demande les 2 vol. qui manquent.	
Fleurs des Vies des Saints, par RIBADENEIRA, petit in-folio relié	30 fr.
Histoire ancienne, des Egyptiens, Carthaginois, Assyriens, Babyloniens, Mèdes, Perses, Macédoniens et Grecs, par ROLLIN, (Paris 1732), 14 vol. reliés.	30 fr.
Institutiones Philosophicæ, LOUVET, Lexoviis 1829, manuscrit in-12	10 fr.
Lois Ecclésiastiques de France, par Louis d'HÉRICOURT, Paris 1719, in-folio	25 fr.
Saint Alphonse de Liguori, Œuvres complètes, traduit par DUJARDIN, 18 vol.	30 fr.
Bourdaloue, Œuvres complètes, éd. MEQUIGNON, 1823, 16 vol. reliés	45 fr.
Louis de Grenade, Œuvres complètes, par BAREILLE, net	100 fr.
Œuvres de sainte Thérèse, par Arnoult d'ANDELLY, (Paris 1670)	50 fr.
Panégyriques et Sermons de Fléchier, édit. princ., armes de l'auteur, exempl. rare.	125 fr.
Pratique de la perfection chrétienne, de RODRIGUEZ, 6 vol. reliés	18 fr.
Prælectiones Theologicæ per PERRONE, 9 vol., reliés	30 fr.
Prælectiones Theologicæ PERRONNE, coll. MIGNE. 2 vol. in-4°, brochés	12 fr.
Sancti Ambrosini opera, édit. MIGNE, 4 vol.	30 fr.
Scripturæ Sacræ cursus completus, édit. MIGNE, 28 vol.	75 fr.
Theologiæ cursus completus, édit. MIGNE, 28 vol.	75 fr.
Vie de sainte Thérèse, extrait des Bollandistes, un vol. in-folio	40 fr.
Histoire générale de l'Eglise de l'abbé DARRAS, continuée par l'abbé *Bareille* et terminée par *Mgr Justin Fèvre*, 44 vol.	100 fr.
Histoire générale de l'Eglise de DARRAS, résumée et terminée par *Mgr Justin Fèvre*, 5 vol	24 fr.
Collegii Salmanticensis cursus theologicus, volumes séparés au lieu de 10 fr.	5 fr.
La collection entière, 20 vol. in-4°, broché.	150 fr.
Cours complet de Théologie dogmatique, de PERRONE, édit. Vivès, état neuf. 6 vol. in-8°	20 fr.
Cours de Religion, d'après WILMERS avec table par l'abbé GROSSE. 7 vol. in-8° brochés, neuf 45 fr. net	25 fr.
Dogmata Theologica Dionysii Petavii, par J.-B. POURNIALS, 8 vol. in-8° 100 fr., net.	60 fr.
Dogmata Theologica Ludovici Thomassini, édit. VIVÈS, 7 vol. in-4° 120 fr., net.	70 fr.
Histoire apologétique de la Papauté, par Mgr Justin FÈVRE, 7 vol. in-8° 40 fr. net.	30 fr.

ARTHUR SAVAÈTE, ÉDITEUR. — 76, RUE DES SAINTS-PÈRES, PARIS.

OCCASIONS pour nos CLIENTS

———— SUITE. ————

La Papauté devant l'Histoire, par le Chanoine FOURNIER, 2 vol. in-4° illustrés 50 fr. net.	35 fr.
Joannis Duns Scotti opera omnia, édit. VIVÈS, 26 vol. in-4° 800 fr. net	400 fr.
Joannis de Lugo opera omnia, édit. VIVÈS, 8 vol. in-4° 300 fr., net.	150 fr.
Œuvres de Saint Jean Chrysostome, trad. en français par l'abbé BAREILLE, 21 vol. 420 fr., net.	250 fr.
Saint Jérôme, œuvres complètes, trad. en français par BAREILLE et PERRONE, 18 vol. in-4° 216 fr., net.	120 fr.
Roberti Bellarmini opera omnia, par Mgr FÈVRE. 12 vol. in-4° 200 fr., net.	150 fr.
Saint Thomas d'Aquin, opuscules théologiques et philosophiques, traduits par BANDEL, etc. 7 vol. in-8° 42 fr., net.	25 fr.
Saint Thomas d'Aquin, commentaires sur les Epîtres de St Paul, 6 vol. in-8° 36 fr., net.	20 fr.
Sancti Bonaventuræ opera omnia, par PELTIER, 15 vol. in-4° 400 fr., net	250 fr.
Sainte Bible, nouveau commentaire d'ALLIOLI, 8 vol. in-8° 48 fr., net	30 fr.
Somme Théologique de St Thomas, par LACHAT, 16 vol in-8° 128 fr., net	80 fr.
Summa Summæ S. Thomæ, par BILLUART, 6 vol. in-12	20 fr.
Theologiæ Suarez Summa par NOEL, 4 vol. in-8°	20 fr.
Vies des Saints, extraits populaires pour lectures de famille de RIBADENEIRA.	15 fr.
Les Représentants du peuple en Mission près des armées, par BONNAL DE GANGES, archiviste au ministère de la Guerre, 4 vol. 32 fr., net.	20 fr.
La Chasse à travers les Ages, par le C° de CHABOT, vol. illustré, broché	50 fr.
Papier japon	100 fr.
Migne : La plupart des Dictionnaires de théologie, de liturgie, droit canon, et, en général, de sciences religieuses ; de 3 à 4 fr. le vol.	fr.
Conférences Ecclésiastiques sur le mariage où l'on concilie la discipline de l'Église avec la jurisprudence du royaume (1775). 5 vol. reliés.	fr.
Œuvres de saint Léonard de Port Maurice. 3 vol. in-8°	fr.
Catéchisme en chaire, (1856). 3 vol.	fr.
Catéchisme philosophique (1859). 2 vol. in-4°, br.	fr.
Catéchisme du R. P. L. de Grenade (1825). 7 vol. brochés.	fr.
Soirées chrétiennes, Explications du catéchisme par des comparaisons et des exemples, par l'abbé Gridel, (1856). 9 vol. brochés.	fr.
Bibliothèque des Prédicateurs, du R. P. Hondry. 8 vol.	30 fr.
La Somme théologique de Saint Thomas par Billuart. 10 vol. in-8° (Perisse)	25 fr.
Sermons du R. P. Billuart. 2 vol.	fr.
Sainte Bible de Vence, (latin-français) avec Atlas et appendice, renfermant plusieurs dissertations et préfaces. 27 vol.	80 fr.
Institutions théologiques de Libermann (1855). 5 vol. brochés	fr.
Catéchisme de Canisius. 6 vol. in-8°	20 fr.
Œuvres oratoires du cardinal Cl. Villecourt (1861). 5 volumes	fr.
Conférences ecclésiastiques du diocèse d'Angers par Mgr Gousset. 27 vol. bien reliés (1823).	60 fr.
Œuvres du comte de Valmont ou les égarements de la raison. 6 vol. ill. (1807)	fr.
Erreurs de Voltaire (les) (1823). 2 vol.	fr.
Sermons à l'usage des missions, par l'abbé Blin. 4 vol. (1856).	fr.
Instructions familières par Guillet. 4 vol. (1858).	fr.
Instructions morales sur la doctrine chrétienne (1843). 4 vol. in-12	fr.
Tronson. 1 vol.	fr.
Discours de R. Bellarmin. 4 vol. (1855).	fr.
Prônes par Badoire, ou quatre années pastorales. 1 vol. in-8° (coll. Migne).	fr.
Annuaire de Marie. 2 vol. in-12, brochés	fr.
Déification de l'homme par la grâce. par Gridel. 2 vol. in-12, brochés.	fr.
Histoire du Concile de Trente, 3 vol. brochés, édit. Migne	fr.

ARTHUR SAVAÈTE, Éditeur — 76, RUE DES SAINTS-PÈRES. — PARIS

ON SOUSCRIT A NOS BUREAUX AUX "REVUES" CI-APRÈS :

REVUE DU MONDE CATHOLIQUE

Organe bi-mensuel, théologique, philosophique, historique, scientifique, bibliographique, politique et littéraire, fondé en 1861. Directeur : Arthur SAVAÈTE.

Abonnement pour la France, 25 francs ; pour l'étranger, 35 francs.

L'AMI DES LIVRES

Organe mensuel, bibliographique, rédigé avec la collaboration de nombreux écrivains distingués et spécialement avec celle des Bénédictins de France (24e année). Directeur : Arthur SAVAÈTE.

Abonnement : France, 4 francs ; étranger, 5 francs.

La REVUE de L'ORIENT CHRÉTIEN

Recueil trimestriel, rédigé par des Orientalistes éminents et particulièrement par Mgr CHARMETANT, Mgr GRAFFIN, les abbés NAU, BOUSQUET, MANGENOT, LEROY, etc., professeurs à l'Institut catholique de Paris.

Cette Revue est aux diverses Patrologies grecque, latine, orientale et syriaque, ce que sont les *Analecta Bollandiana* aux *Acta Sanctorum* des Bollandistes : une sorte de complément périodique.

Abonnement : France, 12 francs ; étranger, 14 francs.

ANALECTA BOLLANDIANA
DES RR. PP. BOLLANDISTES

Recueil trimestriel : prix, 15 francs, *plus le port*.

LA FEMME CONTEMPORAINE

Revue internationale des intérêts féminins : s'adresse à toutes les femmes dont elle défend les intérêts matériels et moraux.

Abonnement : France, 10 francs ; étranger, 12 francs.

LA JEUNE FILLE CONTEMPORAINE

Revue bi-mensuelle, organe des cercles d'études féminins.

Abonnement : France, 12 francs ; étranger, 14 francs.

Souscrire chez M. A. SAVAÈTE, 76, rue des Saints-Pères, Paris

IMPRIMÉ PAR DESCLÉE, DE BROUWER ET Cie, 41, RUE DU METZ, LILLE

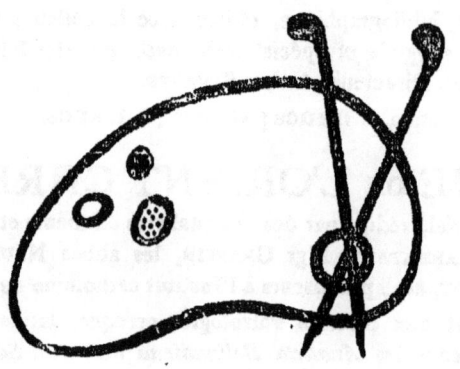

Original en couleur
NF Z 43-120-8

www.ingramcontent.com/pod-product-compliance
Lightning Source LLC
Chambersburg PA
CBHW051909160426
43198CB00012B/1813